幼儿园问题式学习丛书

广东省学前教育"新课程"科学保教示范项目《幼儿园问题式学习课程的构建研究》
（立项编号：2020XQXKCB04）研究成果

U0646566

幼儿园
问题式学习课程
课程架构篇

YOU'ERYUAN
WENTISHI XUEXI KECHENG
KECHENG JIAGOU PIAN

池丽萍 等 ◎著

北京师范大学出版集团
BEIJING NORMAL UNIVERSITY PUBLISHING GROUP
北京师范大学出版社

图书在版编目（CIP）数据

幼儿园问题式学习课程．课程架构篇 ／ 池丽萍等著．—
北京：北京师范大学出版社，2023.12
　　ISBN 978-7-303-28949-3

　　Ⅰ．①幼…　Ⅱ．①池…　Ⅲ．①幼儿园－课程－教学研究
Ⅳ．①G612

中国国家版本馆CIP数据核字（2023）第037335号

图书意见反馈　　gaozhifk@bnupg.com　010-58805079
营销中心电话　　010-58802755　58800035

出版发行：北京师范大学出版社　www.bnup.com
　　　　　北京市西城区新街口外大街12-3号
　　　　　邮政编码：100088
印　　刷：天津旭非印刷有限公司
经　　销：全国新华书店
开　　本：787 mm×1092 mm　1/16
印　　张：16.75
字　　数：324千字
版　　次：2023年12月第1版
印　　次：2023年12月第1次印刷
定　　价：68.00元

策划编辑：苏丽娅　罗佩珍　　责任编辑：郭　瑜
美术编辑：焦　丽　　　　　　　装帧设计：焦　丽
责任校对：陈　民　　　　　　　责任印制：马　洁

编委会

作　　者: 池丽萍　等

课程顾问: 虞永平　潘希武

研究团队: 池丽萍　姜丽云　余悦粤　贺旭雅　王　煦

　　　　　周丽霞　谭　甜　宋　媛　刘　露　陈炯姗

　　　　　刘　颖　陈易萍　俞思慧　李佳欣　史文超

　　　　　杜　伦　邢思远　刘瑞霞　方越丽　梁　茜

以问题式研究探寻问题式学习课程

十多年前池丽萍园长来我办公室，跟我谈她们的问题式学习研究。那是我们的第一次见面，我的印象是池园长很执着，也肯钻研，看了不少书。当时问题式学习主要是中小学在研究，幼儿园还很少有研究的。我感觉这是一个很有价值的课题，值得深入研究。

此后，与池园长的联系慢慢多起来。概括一下我们联系的特征，就是"问题牵引"。我查看了一下我们的微信，绝大部分内容是在讨论池园长提出的问题。实事求是地说，有些问题我也没有答案，我只是在谈我的想法，我怎么看这个问题，如果是我面临这个问题，我会怎么做。讨论的过程，是相互成就的过程，我在与池园长的讨论中，除了给她们提供一些思路和方法外，自己对学习和课程领域的一些问题的认识也更加深入了。

很惭愧，我有的时候因为工作一忙，头绪一多，就把池园长提出的问题给忘了，这时池园长就会用一些方式提醒我。回想一下，我对深圳市第十一幼儿园（下文称：十一幼儿园）的了解基本上是在陪伴她们思考的过程中实现的。后来有机会我去了一趟池园长的幼儿园，感觉它跟我想象的状态差不多。

池园长的团队持之以恒地研究问题式学习，不为"潮流"所动，难能可贵。问题式学习在他们的思想深处扎了根，不只是有理念，而且有了信念。也正因为如此，他们才能克服多重困难，奋力前行。问题式学习首先不是为幼儿园提出来的，没有一个现成的幼儿问题式学习模型，幼儿的学习不同于中小学生，那幼儿如何进行问题式学习呢？答案只能在实践之中，通过多样化的尝试来提升和架构幼儿问题式学习基本模型。池园长带领大家做到了。在此基础上，十一幼儿园的老师们向着一个更高的目标迈进——构建问题式学习课程。这是一项更加艰巨的任务，要将幼儿的全面发展与问题式学习结合起来，用问题式学习支撑幼儿的全面发展。功夫不负有心人，池园长的团队做到了。

大概是2021年9月，池园长给我发信息，说问题式学习将进入4.0版，还给我发来了新的提纲。我感到这是他们踏上的又一个新台阶，真的为他们高兴。我也用更高的要求对他们的提纲提出了一些意见和建议。提完意见，我自己也有点犹豫，是不是要求太高了？会不会为难她们？我不知道池园长看到这些意见的感受，但我看到了答复——只要给我们方向，我们就去努力。最近这几个月，我可以想象池园长团队的艰辛和努力。看到最新一稿的《幼儿园问题式学习课程》，我终于松了一口气，也对这个团队多了几分敬佩。

世上没有不费力气的成果，只有坚持不懈的努力，才能换来赏心悦目的成果。期待十一幼儿园问题式学习课程的5.0版，我会继续陪伴。

虞永平于东航赴湛江班机

2022年1月5日下午

以问题式学习改变概念式思维

　　认识池丽萍园长有十多年了。缘于她主持的一场市规划课题开题报告会，我刚来深圳不久就有机缘与其相逢。那次会议给我留下了深刻的印象，现在依然记得当时研究的主题就是幼儿园问题式学习。前段时间她居然翻出了十多年前的开题会议合影，颇让人唏嘘，让我感叹的并非是似水的年华或易逝的青春，甚至也不是科研的执着——尽管这也非常令人动容，而是照片上的大家看上去那么青春热情、无忧无虑、从容淡定以及发自内心显现出来的真挚灿烂，全凭一腔热情热血，定格了往日的美好！现在还能不能找到这样的图景，我不知道，或许在忙忙碌碌中还有超越的影子。

　　幼儿教育至关重要，学前教育课程建设甚为关键，这些都是常识。问题在于我们是否真正体会到幼儿学习的本质并付诸实践。问题式学习的概念尽管源起于西方，但并不妨碍我们的实践应用。人永远充满着对外部世界的好奇，此乃学习的原生动机；教育不过是一种唤醒和激发，而问题式学习则是好的动机激发方法。而且，问题式学习通过调动幼儿的身心参与，促进其身体体验、感官意识体验的发展，回归真正的学习，改变概念式思维。这难道不应是我们需要去探索的吗？我们的教育存在的主要问题就在于太多的知识传授，我们可能忘记了知识产生的来源，遗忘了具有普遍性和抽象性特点的知识其实来源于生活中的问题。体系化的知识其实隐藏在具体的问题、实验、情境以及微观叙事中，而不是依赖于直接灌输给孩子。任何知识的真实建构都是在具体情境中获得的。池园长及其团队选择问题式学习作为幼儿园教学实践的探索领域，正是深刻认识到了其中的价值。

　　但问题是，我们对问题式学习的概念通常浮在中小学校问题探究式学习上，或者说，探究式学习通常在中小学获得实践模式。能否以及如何在幼儿园推进问题式学习，不好想象，至少当时没有现成的经验模式可参考。这需要一种勇于探索的精神。池园长及其团队采取实证研究，在实践中进一步修订一般意义上的问题式学习相关指标，使其更加符合幼儿学习的特点和实际，较早探索出幼儿问题式学习教学方式；并且，深入探索不同问题类型下的学习方式，整体构建起幼儿问题式学习课程体系、教学方式及其相应的空间建设体系。十多年的实践研究，形成了一套操作性的实践模型，即将出版成书，实为幸事。

　　我更欣赏的是池园长对科研的热爱，一种无功利的热爱。有几次我鼓励她用这些成果去申报一些荣誉或奖励之类的东西时，她似乎没有太大的兴趣。在做事中找到快乐，这也是一种境界。

　　这本书对问题式学习的探讨，走在了教育教学改革的前沿，也或许不是前沿，而是回归了教育的本质。我比较喜欢西方一位哲学家说的话，"有的人走远了，而我就在原地"。这对研究而言还是很重要的。诚然，教学改革是需要鼓励的，但我更想说的是，池园长对研究的热爱和耕耘精神对我们来说更是一种激励。

　　是为序。

深圳市教育科学研究院　潘希武

2022年

目　录

绪　论

21世纪，人类步入智能时代，人工智能、物联网、无人驾驶、量子计算等各种高科技正在逐渐取代人的工作，对人的合作、知识更新和应用知识解决实际问题等能力培养提出了新要求。社会发展对教育提出了新的要求，传统教学着眼于知识传授，以填鸭式呈现给学生大量的概念、海量的知识，学生被动接受并机械记忆教学内容，无法在实践问题和生活情境中重构知识，解决实际问题，发展人适应未来社会所需要的种种能力与品质，我们无法用过去的知识和教学方法教现在的孩子适应未来的生活。

作为学校教育制度的起始阶段，学前教育也在以自己的方式回应着社会的发展。为了回应时代发展与教育变革，我们转变传统教育方式，发现了问题之于幼儿学习与发展的价值，开启了探索幼儿园问题式学习课程的十年长路。在课程建构过程中，我们始终坚持以下几点：坚持儿童为本，从儿童视角审视课程推动课程发展，将儿童发展作为课程核心；坚持以研促教，理论与实践结合不断完善课程，教育理论、研究与实践的融合；坚持整体观和系统观，将问题式学习引入课程、教师培训、家长工作中推动课程生态系统变革，创设良好课程发展环境，建构课程体系。

一、课程研究历程

幼儿园问题式学习课程研究的过程既是一个专业的研究与实践的过程，也是课程研究者们创造自己生命故事的过程。十几年来，问题式学习课程的发展大体经历了四个阶段，每个阶段都是在前一个阶段的基础上对问题式学习认识和实践的不断深化，每一个阶段都对问题式学习在幼儿园中的运用进行了更系统、更综合的思考，一步一个脚印，最终建构了问题式学习完整课程体系。

第一阶段（2008—2012）：幼儿问题式学习模型的创建及有效性评估

我们聚焦教学设计问题，开展了扎实的理论研究，对适用于成人和高年级学生的问题式学习经典模型进行修正，初步构建了适用于幼儿的问题式学习教与学模型。该模型设计将问题式学习划分为两个实施阶段，第一阶段着眼于幼儿个体的认知过程，第二阶段强调幼儿的社会认知过程。为了考察修正后的问题式学习模型的有效性，我们采用了等组前后测实验设计，考察修正后的模型在幼儿园大班教学中的效果。数据显示，实验前实验班和对照班在知识获得、学习主动性、问题解决及合作能力等方面均未发现显著差异。近3个月的实验之后，实验班的成绩都极其显著地高于对照班的成绩，问题式学习模型能有效促进幼儿在知识获得、学习主动性、问题解决及合作等方面的能力的提高。

第二阶段（2013—2015）：问题式学习模型的应用策略研究

为了让理论模型真正在实践中发挥价值，在这一阶段，我们以课题为引领，探索问题式学习模型在幼儿园的实践路径，并累积了一批优秀的问题式学习活动案例。一方面，将问题式学习模型运用在幼儿园主题探究活动中。通过开展"主题情境下基于问题式学习（Problem-Based Learning, PBL）教学的实践研究"课题，构建了以问题式学习为核心的主题实践模式；另一方面，抓住实践研究中的薄弱环节开展了"教与学方式转变下PBL提高幼儿合作学习有效性的行动研究"课题，探讨问题式学习对提高幼儿合作学习能力有效性的影响，系统总结了问题式学习活动中幼儿合作学习的教学指导策略。

第三阶段（2016—2019）：问题式学习课程体系及支持系统的初步构建

问题式学习的学和教是对以往传统教授式模式的颠覆，需要全新的课程理念、聚焦于核心素养的课程目标、以问题为载体的课程内容及相应的学习环境支持。为此，需要系统梳理、总结凝练问题式学习实践经验，对课程各要素进行系统理论思考和研究，构建适宜在幼儿园实践运用的问题式学习课程模式以及相应的支持系统。在这一阶段，我们一方面持续进行理论研究，构建与完善课程体系与方案设计；另一方面不断实践和反思，以研促教，开展学习环境、教师研训、家园共育相关课题研究，构建课程支持系统，同时积累大批优秀实践案例，形成课程资源体系。通过理论与实践不断磨合、修正、完善，我们初步建构了问题式学习课程体系，涵盖课程理念、课程目标、课程内容、学习环境、课程实施、课程评价等课程要素。

第四阶段（2020—　）：问题式学习课程体系的完善

在初步架构了问题式学习课程体系后，我们对问题式学习课程体系各要素进行新一轮系统的、深入的研究，以进一步修正、完善问题式学习课程体系。我们一方面进行文献研究，从理论层面厘清课程架构整体思路及课程各要素之间的关系；另一方面，研磨实践案例，从实践中抽象凝练课程内容、课程组织与实施、课程评价等经验，进一步扩充、完善问题式学习课程理论架构，将"问题"作为课程内容的组织形态，将幼儿园问题式学习活动中的"问题"划分为八大类，探索了3—5岁混龄"随机问题式学习"、4—6岁"专题问题式学习"两类教学设计方式，为一线教师开展问题式学习活动提供科学、有效的指引。我们不断深入探索问题式学习的学习方式与策略，使其适用于适龄幼儿，促进幼儿基于问题解决的个性化学习。问题式学习课程是一个动态发展、不断完善的课程，唯有不断改进和发展，课程才具有强大且持续的生命力，才能实现幼儿的优质学习与发展。

二、幼儿园问题式学习课程框架

问题式学习，顾名思义，最突出的特征就是基于问题的学习。幼儿园问题式学习课程是把学习置于复杂的、有意义的、真实的问题情境中，通过让幼儿自主或合作解决真实的问题，来学习隐含于问题背后的知识经验，形成解决问题的技能，并发展思维能力、学习品质及生活能力的一种课程模式。问题引发幼儿的学习动机，问题也是学习向前发展的推动力，幼儿在发现问题、解决问题以及对问题解决过程的反思中促进各类有益经验的生长。

幼儿园问题式学习课程框架包括课程理念、课程目标、课程内容、学习环境、课程实施、课程评价等核心要素，其中课程理念是问题式学习课程模式的灵魂，课程目标、课程内容、课程实施、课程评价是问题式学习课程模式的主体内容，而学习环境为问题式学习实施提供支持性条件，是问题式学习课程模式能够落到实处的基本保障。见图绪-1：幼儿园问题式学习课程框架图。

（一）课程理念

课程理念是问题式学习课程的灵魂。课程理论基础和课程理念是问题式学习课程一步步建构和发展的基础，保障了问题式学习课程方案的科学性、前瞻性与引领性。我们以皮亚杰儿童认知发展理论、社会建构主义理论、问题解决心理学理论、情境认知理论、陶行知创造教育思想为理论基础，进而形成了我们对儿童、学习、教学和课程的独特理解，建构了幼儿园问题式学习课程理念，并以课程理念为指引进行课程总体框架的架构，通过各课程要素的进一步细化来落实课程理念。

（二）课程目标

在确定课程目标的过程中，我们既考虑幼儿通过进行问题式学习活动所习得的领域知识经验，同时也充分考虑幼儿学习与发展特点、未来社会发展趋势和社会文化对

```
                          ┌──────────┐
                          │ 理论基础 │
                          └────┬─────┘
                               ↓
                          ┌──────────┐
                          │ 课程理念 │
                          └────┬─────┘
                               ↓
                          ┌──────────┐ ◄─ ─ ─ ─ ─ ─ ─ ─ ─ ─ ─ ─ ┐
                          │ 课程目标 │                          │
                          └────┬─────┘                          │
```

领域目标	身体健康和动作发展、语言、认知、社会—情感、审美	核心素养	好奇心、合作问题解决、交流沟通、想象创造、信息素养、元认知

```
                          ┌──────────┐ ◄─ ─ ─ ─ ─ ─ ─ ─ ─ ─ ─ ─ ┐
                     ┌─ ► │ 课程内容 │ ◄─ ─ ─ ─ ─ ─ ┐            │
                     │    └────┬─────┘              │            │
```

领域内容	身体健康和动作发展、语言、认知、社会—情感、审美
	探索发现类问题
	查找搜集类问题
	工程设计类问题
	艺术创作类问题
	动作技能类问题
	人际交往类问题
	沟通表达类问题
	合作守则类问题

学习环境
学习时间
学习空间
问题
问题情境
策略资源库
信息资源
认知工具
学习共同体
社会背景支持

```
                          ┌──────────┐
                          │ 课程实施 │
                          └────┬─────┘
```

专题问题式学习活动	问题式学习的过程模式 感知问题情境、觉察到疑难—认识问题—拟定策略—操作材料试探—评估	随机问题式学习活动

```
                          ┌──────────┐
                          │ 课程评价 │
                          └────┬─────┘
```

学习评价	教学评价	幼儿发展评价

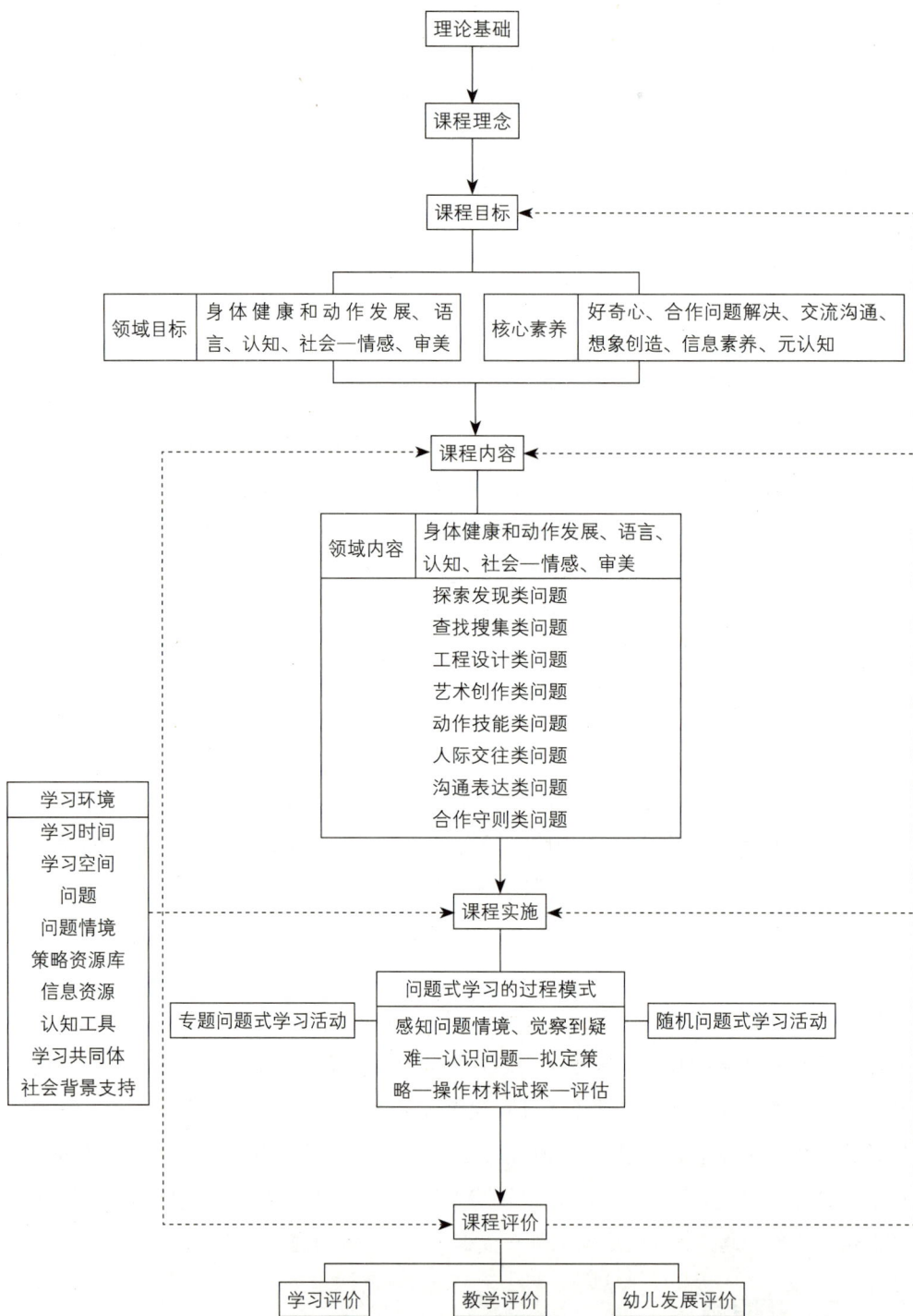

图绪-1　幼儿园问题式学习课程框架图

注：学习环境作为"无言的教师"，对课程内容、课程实施、课程评价的影响是隐性的、持续的。

于教育的要求，关注幼儿终身学习与深度学习所需要的能力与品质，将幼儿能力、态度、价值观等作为课程目标的核心。问题式学习课程目标包括领域目标和核心素养两部分，领域目标包括身体健康和动作发展、语言、认知、社会—情感、审美；核心素养包括好奇心、合作问题解决、交流沟通、想象创造、信息素养、元认知。我们充分尊重幼儿发展的整体性、连续性及个体差异，在设置课程目标时，按照一级、二级、三级进行划分，并不要求某个年龄段的所有幼儿均达到同一水平。

（三）课程内容

在课程内容部分，我们打破以往按照五大领域形式来组织课程内容的做法，将"问题"作为课程内容的组织形态，从大量教学实践案例中归纳凝练了八大类问题作为课程内容，即探索发现类问题、查找搜集类问题、工程设计类问题、艺术创造类问题、沟通表达类问题、人际交往类问题、动作技能类问题、合作守则类问题，我们对不同类型的问题对幼儿发展的价值、幼儿年龄发展特点、背后所隐含的知识经验、学习方式与问题解决路径进行了系统、深入的研究。这八大类问题涵盖了《3—6岁儿童学习与发展指南》（以下简称《指南》）五大领域的核心经验，某一类问题可能涵盖多个领域的经验，也有可能多个问题指向某一领域目标的实现。在课程组织上，我们充分尊重幼儿年龄特点，考虑不同年龄段幼儿认知发展特点和年龄差异，遵循由简单到复杂、由具体到抽象的原则，以学习发展线索组织课程内容，给教师教学实践提供方向指引。

（四）学习环境

学习环境是指促进学习者发展的各种支持性条件的统合，作为幼儿的"第三位老师"，在幼儿的成长与发展中起着不可替代的作用。我们持一种广义的学习环境观，传统意义上的空间、时间是学习环境的一部分，而心理与精神氛围同样也属于学习环境的范畴；家庭、幼儿园是学习环境的重要组成，同时"越过围墙"，把幼儿生活的社区、社会文化等都作为幼儿的学习环境。根据课程精心规划学习环境，将理念中强调的真实性、参与度、吸引力、挑战性蕴含其中，让幼儿在与学习环境的互动中激发学习内驱力，获得高质量的学习与发展。

（五）课程实施

问题式学习课程不断强调幼儿的学，坚持以学定教，幼儿学习在前，教师教学在后。在课程实施方面，我们在研究幼儿问题解决的心理机制及影响因素、幼儿学习方式的基础上，提出教师的教学应遵循观察—评估—设计的循环，在观察的基础上解读幼儿，在对幼儿学习进行深度解读后再进行支持与引导，既尊重幼儿的主体地位，也发挥教师的主导作用。幼儿园问题式学习活动遵循一般的过程模式，即"感知问题情境、觉察到疑难—认识问题—拟定策略—操作材料试探—评估"。同时，我们充分考虑不同年龄段幼儿身心发展特点，从问题式学习一般过程模式衍生出随机问题式学习、专题问题式学习和自我导向问题式学习三大类学习方式，将幼儿的学习自然融入游戏与生活之中，使幼儿在内在动机的驱动下进入问题解决的学习，在创造性解决问题的过程中获得高阶思维的提升，实现深度学习。

（六）课程评价

问题式学习课程评价注重评价的过程性、评价主体和评价方式的多元性，旨在通过多种评价方式促进幼儿学习与发展，提升教师教育教学水平。针对幼儿学习与发展的评价，改变成人为评价主体的方式，强调幼儿对自己解决问题的过程和结果进行自评和同伴互评，引导幼儿总结与回顾，重点突出幼儿学习档案袋对幼儿学习与发展的评价，充分体现评价的情境性、多元性和过程性，使评价真正成为"为了幼儿学习的评价"。针对教师教学的评价，基于教师教学现场，通过活动优化、检核表、案例分析与反思等形式提升教师教学反思能力，促进教师教育教学水平的螺旋式上升。

三、课程丛书概览

幼儿园问题式学习课程丛书系统介绍了幼儿园问题式学习课程的整体架构，并对问题式学习课程配套的学习环境、问题式学习活动案例、教师研训及家长工作坊等支持性要素进行了详细的介绍。

本套丛书既从高位入手，通过《幼儿园问题式学习课程：课程架构篇》一书帮助读者鸟瞰课程全貌，把握问题式学习课程的精髓，同时也在细微处着力，通过《幼儿园问题式学习课程：学习环境篇》《幼儿园问题式学习课程：活动案例篇》为一线实践者描述了幼儿园问题式学习课程的教育现场，帮助他们了解问题式学习课程的细节；而《幼儿园问题式学习课程：教师研训篇》《幼儿园问题式学习课程：家长工作篇》两本书则帮助读者全面了解问题式学习课程，课程不再停留于核心架构的研究与实践，而是通过改变教师研训模式与开展问题式学习家长工作坊打造良好的课程生态系统。后四本书中既有理论，又有生动的实践案例，让读者感受到理论与实践的联结，感受到幼儿园问题式学习课程的独特魅力，使课程落地更具操作性。

第一章　课程理论基础与理念

任何课程开发和建设，都离不开特定的指导思想和理论基础。问题式学习课程的理论基础，既包括与问题式学习密切相关的心理科学、学习科学，甚至包括问题式学习操作方法意义上的科学知识，也包括涉及问题领域的划分与选定及其培养方向或培养追求的教育哲学或教育理论。这些理论或研究领域都有自身的基本概念、范畴和命题，在指导儿童的问题式学习问题上具有交叉性和相互补充性，从不同实践向度共同建构起对"幼儿园教育如何高质量推动儿童发展"命题的综合性回答，进而成为问题式学习课程的理论范畴。本章先陈述了每一个理论的核心观点及对问题式学习课程的启示，继而重点阐述了我们通过理论基础的建构以及实践经验的整合所获得的对幼儿、学习、教学、课程的思考。

～ 第一节　课程理论基础 ～

我们以"基于问题的学习"和"3—6岁儿童发展"为横纵轴，兼顾问题式学习理念以及儿童发展特点两大关键要素，并通过深入的实践研究，建立起能够指导课程建设、反映课程核心观点的理论谱系。问题式学习课程架构的素描和细节的补充主要建立在心理学、教育学的基础上。心理学基础包括皮亚杰儿童认知发展理论、维果茨基文化历史发展理论、问题解决心理学以及情境认知与学习理论。问题式学习课程的教育学基础主要是杜威的教育思想以及我国教育家陶行知基于杜威思想的本土化创新研究。

一、心理学基础

（一）皮亚杰儿童认知建构主义理论

瑞士心理学家，日内瓦学派的创始人让·保罗·皮亚杰通过对心理发展的分析、生物学前提下对于认知机制形成的概述以及对古典认识论的考察等三个方面进行探讨，揭示了人类认知发生与发展的机制，并提出了如同化与顺应、平衡化、儿童自我中心化等概念，以及认识发生发展、儿童认知发展阶段等理论，为儿童早期教育教学活动的有效开展提供了重要的心理学依据。

1. 儿童作为学习者：积极主动的建构者和创造者

儿童是主动的学习者，是意义的创造者。皮亚杰十分重视主体在认识中的作用，把儿童看作一个"独立的变量"，反对传统上的把儿童看作一个"依赖的变量"。在皮亚杰看来，儿童并不只是受教于成人，而且还自己独立地进行学习，真正的学习并不是由教师传授给儿童，而是出自儿童本身。儿童是在与周围环境发生积极互动的过程中，创造关于现实世界的心理结构，不断建构自身的世界认知的基本概念和思维形式，通过参与有意义的、真实的问题情境来建构自己的知识。我们经常会看到类似的情境：一群幼儿常常会入迷地观看一只缓慢前行的蜗牛，并乐于将他们的发现不停地告诉身边的每一个人，他们是这一新认识过程中的小主人。积极主动地探索事物是每一个幼儿向往的，他们不希望别人在他们不需要帮助的时候去打扰他们，我们应该尊重幼儿主动学习的权利。

在问题式学习活动中，问题直接来源于幼儿，由幼儿引发。幼儿迫切想要解决或理解问题，能激发幼儿主动学习的内在动机。在内在动机的驱动下，幼儿更有可能全身心地投入并在探索活动中保持积极的思考和反复操作，努力通过多种途径开展学习，建构问题解决策略。在这一过程中，幼儿形成了能够受益终身的探究自觉。

2. 儿童的问题解决与知识建构：同化、顺应和平衡

皮亚杰强调儿童通过参与有意义的、真实的问题情境来建构自己的知识。皮亚杰用平衡化建构模型来解释认知发展过程中的三个基本步骤：起初，儿童关于某一问题的认识系统处于某个较低发展水平的平衡状态；继而，儿童觉察到某一新事物与其当前认识系统相冲突，已有认识系统无法同化或顺应新事物，从而认识系统处于某种不平衡状态，失衡是儿童发现问题、提出问题的过程；最后，儿童通过修正已有认识系统，使与原有认识系统不协调的新事物得以同化（将新信息与已存在的知识结构相联系并理解）或顺应（由于外在新信息的压力而导致旧信息发展为新信息），平衡得以在某一较高发展水平上重新确立。皮亚杰强调应当把行动与自主解决问题看作学习和发展的核心。

在问题式学习课程中，幼儿在问题解决过程中经历失衡、同化、顺应最终在更高水平确立平衡的过程。幼儿在解决问题的过程中将环境中的新信息与已有经验结合，通过同化或顺应进入幼儿认知结构，实现了对知识经验的进一步理解，成为了幼儿真实生活体验的一部分，是一种"积极的经验"。幼儿不再满足于知识的接收与记忆，而是不断地对知识经验进行批判性理解，在实际生活中迁移和运用所学，不断从浅层学习转向深层学习。

3. 儿童思维发展：具体形象思维到抽象表征思维

皮亚杰建构主义观点认为，学习是由身体动作开始，并形成于这些动作与反应所

产生的感知觉反馈，进而通过符号表征（主要是语言），使儿童能够内化这些效果，并把他们转化成原则、规则和操作运算，从而提高儿童的思维能力。在前运算阶段，皮亚杰认为大约在儿童的2—7岁时，各种感知运动图式开始内化而成为表象或形象图式，特别是语言的出现和发展，促使儿童日益频繁地使用多种符号表达方式来表现自己，如游戏、涂鸦、绘画以及舞蹈和音乐等方式。因此，为学前儿童进行符号化表征提供大量机会，能够帮助他们巩固以前的经验，促使儿童对世界的认识随着时间的推移而逐步建构，并且变得更复杂。在这个过程中，儿童的持续性经验、思维及理解能力先后得到发展，最终能够精确地理解周围的世界。[1]

在问题式学习活动中，教师支持幼儿借助真实的物体、在真实的情境中进行思考和解决问题；支持幼儿通过各种方式讨论问题、表征经验、学习自主解决问题；通过布展、讨论等方式引导儿童进行回顾、总结、反思；用各种方式表征他们已获得的经验，进一步支持幼儿从具体形象思维发展向抽象表征思维发展。

（二）维果茨基社会建构学习理论

维果茨基认为，儿童借助于他们的文化工具，通过积极参与、社会互动来建构自己的知识，这种建构过程既需要儿童的动手操作，也需要教师的支持。根据他的理论，认知总是在社会协调中发展的，这就意味着人的思维（包括记忆、问题解决和批判性思维）的建构过程是社会互动影响的。维果茨基强调了学习的社会本质："有经验的他人"和"最近发展区"。儿童与现实世界建立联系来自于人与社会的关系，在主动建构经验之前，个体最初的发展依赖于他人的经验，个体的高级心理机能都是从社会关系中内化而来的。这是问题式学习课程重视学习的社会性建构的源泉。

1. "有经验的他人"与交互式教学

"有经验的他人"是指当遇到特定的任务、经历特定的过程和识别某一概念时比自己更有技能和经历的他人。这个人或许是成人或许是儿童的同伴。他只需要提供适当的引导来促进儿童的潜在发展。交互式教学就是在这种思想下产生的。交互式教学要求学习者和教师之间角色的互换，在学习过程中个人都承担互换的责任。有经验的他人是教师，也可以是儿童，教师非常严肃地对待儿童的需求，通过不断地给出评论，帮助儿童将他所学习的内容加以内化，为他提供需要发展的内容，并且允许儿童对于现在所学的内容进行反思。[2]

---

[1]［英］安·玛丽·哈尔佩尼、［英］简·皮特森：《皮亚杰导论——给早期儿童教育工作者和学习者的指南》，钱雨译，9页，南京，南京师范大学出版社，2020。

[2]［英］桑德拉·斯米特：《维果茨基导论：给早期儿童教育工作者和学习者的指南》，罗瑶译，158-160，南京，南京师范大学出版社，2020。

儿童认知发展来源于与周围环境的互动，在互动的过程中，成人和同伴的作用是不可忽视的，他们通常起到中介辅助的作用，即向儿童传递新的知识经验、解决问题的新思路、科学的概念等。通过问题式学习活动，有经验的同伴能够在集体面前展示自己的已有经验，同时可以显示出他对同伴存在疑惑的理解，这对于传授者和学习者都有益处，学习者从有经验的同伴中学习有益经验，有经验的同伴从学习者身上学习看待问题的多角度性。问题式学习课程中生成的问题包罗万象，而不同的儿童有着各自擅长的领域，同伴之间传授者和学习者的角色是轮换的。教师在开展问题式学习活动时，积极倾听儿童内心的声音，在儿童面前把自己当作学习者，站在儿童的角度思考儿童学习与发展的内容，并通过与幼儿的对话、思维导图、表征记录等方式呈现儿童在活动中的所思所想，发展儿童反思、自我调节等元认知技能。

2. 最近发展区

维果茨基把最近发展区定义为儿童实际解决问题的水平和在成人的帮助或同伴的合作下解决难题的潜在水平之间的差距。最近发展区的底部是一系列稍具挑战性的问题，儿童可以独立解决；顶部是高难度问题，需要在有经验的他人的协助下才能解决。儿童可以在教师的引导或同伴的帮助下，从现有发展区向更高层次的潜在发展区推进，提升其思维水平和解决实际问题的能力。此外，维果茨基认为游戏不仅有助于儿童自律的发展，它还在儿童的最近发展区内促进他们认知技能的发展并有助于他们把思维和实物、行动分离开来。儿童可以在游戏中实现最近发展区内的发展。

问题式学习课程具有一定的挑战性，并符合或略高于儿童的现有能力水平，重视儿童真实的生活体验，为幼儿创设了贴近幼儿生活、自然有趣的环境，其中蕴含不同的问题情境，儿童在与教师和同伴互动的过程中不断学习各种知识和技能。在问题式学习活动中，教师采取的教学原则处于儿童的"最近发展区"内，关注的不仅是儿童当下的发展，更多的是反思如何支持幼儿进一步发展，把握教学的最佳期。同时，遵循各年龄阶段的幼儿在认知、情感态度、能力、社会性、个性等方面的一般发展规律，确定既与儿童原有经验相适宜，又有利于儿童主动建构的学习内容。在问题式学习课程的实施过程中，混龄班随机问题式学习产生于儿童的游戏中，儿童在游戏中解决问题发展游戏水平，同时实现最近发展区内的成长。混龄班中较大年龄段的儿童开展的活动正好处于较小年龄段儿童的最近发展区内，这种模式有利于他们双方的认知及社会性的发展。

3. 社会交往与持续性分享思维

维果茨基认为，与人交往互动不只是对儿童的社会性产生影响，而且是高级心理过程（如问题解决）的起源。他把儿童的思维发展描述为，从社会水平开始，再到个体水平，就是说，先由人与人之间的活动开始，然后再转变为儿童内部的活动。换句话说，高级心理过程首先出现在人和人之间的协作活动中，在活动中共同建构，然后被儿童内化成自己认知发展的一部分。儿童有机会与成人一起参与到有意义的活动中，他们能够彼此分享意义、参与理解，儿童与成人之间所产生的学习是特殊的，将其称为学习者与成人之间的"持续性的分享思维"。[①]持续性的分享思维体现在问题式学习课程中的各环节，如幼儿可以在日常谈话中分享自己通过电脑、书籍获取的信息，与教师、同伴探讨新的发现，丰富谈话的主题；也可以每天对自己的游戏过程进行回顾，将头脑中的想法运用绘画表征的方式呈现出来，并在集体面前解释说明表征记录；还可以在团体讨论中积极表达自己的想法、贡献自己的策略、评价自我和他人的行为。在持续不断的分享中，幼儿获得独立思考、与人交流、敢于表达的能力，并能够以多种方式建立自己对于事物的理解，不断重组和改造已有认知体系，塑造高阶思维。

当成人使用来自文化方面的工具和实践（语言、地图、计算机、织布机或音乐）把幼儿引向有价值的目标（阅读、写作、编织，跳舞）时，文化就生成了认识。当成人和幼儿一起进行新的实践活动和形成解决问题方案，并成为这个文化群体的成果的一部分，认识即创造了文化。文化工具最重要的是语言，还包括电脑、音乐和艺术。[②]在儿童的社交环境里，像语言、标记、符号、数字和图片等这些工具，可以帮助他们表达感情、需要和想法。问题式学习课程珍视儿童与世界建立联系的文化工具，如口头语言、表征记录、网络信息、绘本资源等，发挥文化工具对儿童学习的价值，为儿童营造了开放的交流环境，形成丰富而有意义的对话内容与交流契机。

（三）问题解决心理学

1. 幼儿的问题与问题解决

问题是问题式学习课程的核心，为了深入理解问题式学习课程，科学解释"问题"这一概念就显得尤为必要。目前使用比较广泛的是美国学者纽厄尔和西蒙（Newell & Simon）的问题定义，他们认为当个体想做某件事，但是不能立刻知道怎样才能完成这件事时，问题就随之产生了。问题必然包含三种成分：给定信息、目标和障碍，可以将问题定义为给定信息与实现的目标之间需要克服某些障碍的情境[③]（如图1-1所示）。在建构主义的观点下，幼儿的问题应该来源于真实世界，学习发生于处理主客体的矛盾中。因此，那些虚假的、抽象的、远离幼儿的生活的问题并不能成为幼儿园课程中"有意义的问题"。

---

① [英] 桑德拉·斯米特：《维果茨基导论：给早期儿童教育工作者和学习者的指南》，罗瑶译，152-154页，南京，南京师范大学出版社，2020。
② [英] 桑德拉·斯米特：《维果茨基导论：给早期儿童教育工作者和学习者的指南》，罗瑶译，43-62页，南京，南京师范大学出版社，2020。
③ 陈琦：《当代教育心理学》，326页，北京，北京师范大学出版社，1997。

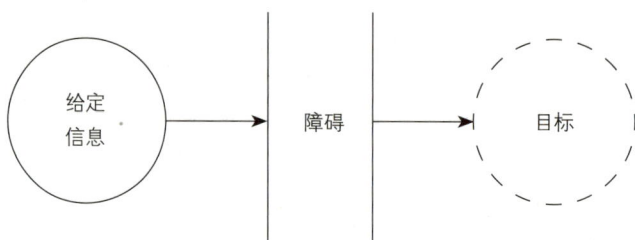

图1-1   问题结构示意图

　　问题意味着存在障碍、差距或矛盾，在问题式学习中，学习发生于幼儿主动发现与提出问题。幼儿的问题来源于真实世界，是其好奇心与兴趣所在，他们的提问过程反映了他们的思维过程。一个提问的产生可以分成心理准备阶段、问题发现阶段和问题提出阶段（如图1-2所示）。在心理准备阶段，幼儿人格中的敏感性、主动性等特质为提问的发生提供了动力和心理倾向，已有图式则提供了认知基础；接着幼儿的注意集中于一定的对象或刺激（即问题指向），发现当前刺激与已有图式的矛盾，出现困惑和不解（即问题识别）；至此幼儿如果产生了提问动机，又有一定的语言表达能力，就会将其疑惑转换成为言语形式或是直接探索尝试，完成提问。幼儿的提问受到其人格特质、已有知识和语言能力等要素共同作用。

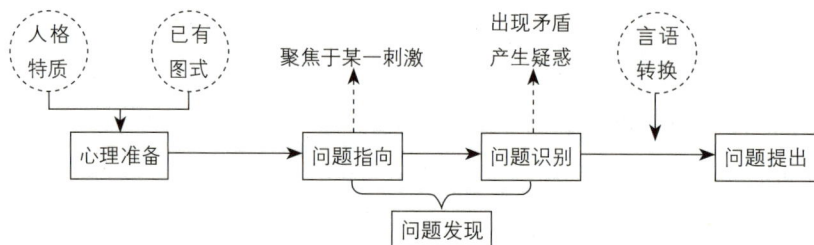

图1-2   幼儿提问的发生机制

　　产生问题后，幼儿需要对问题进行表征。问题表征是指问题解决者需要识别问题的相关信息，并运用个体先前的知识在大脑中建构出某种对问题的表征，也就是将一个外部的问题转化为内部的心理表征的过程。[①]问题表征反映了幼儿对问题的理解程度，包括目标是什么，障碍是什么，以及目标和当前状态的关系等。如果不能正确表征问题，幼儿就会在一个错误的问题空间中搜索信息，也就无法解决问题。

　　在问题解决的过程中，幼儿需要充分调动已有经验，搜索相关信息并在脑海中排列组合以促进目标状态的达成，这一过程也是创造性思维发展的前提。斯蒂芬妮·桑顿认

①张裕鼎：《问题解决策略迁移研究——心理模型的视角》，博士学位论文，华东师范大学，2008。

为，能否成功解决问题与年龄大小并没有多少关系，而是取决于问题解决者所拥有的信息，以及信息中所暗示的策略。这也说明了为什么年龄大的孩子比年龄小的孩子在问题解决过程中表现得更好。随着幼儿年龄增长，生活经验更加丰富，大脑中所储存的信息也不断积累，在面对问题时，可能有更多关于这个问题领域的知识。如果幼儿碰到一个新问题与先前碰到的问题类似，就可以运用之前的策略来解决这个新问题，即我们常说的学习迁移。叶培龙在其关于幼儿问题解决类比迁移的实验研究中证实，学前儿童问题解决中确实存在类比迁移，三岁的幼儿就已具备明显的迁移能力，并且这种迁移能力随着年龄的增加逐渐增强。[①]但是学前儿童的迁移能力还处于不成熟阶段，一般很难自发地在源问题和靶问题之间进行图式归纳，所以需要教师有目的的启发和引导。

问题式学习是一种建构的学习。学习对于幼儿来说是一个主动的过程，是基于自己的经验在解决问题的过程中自然发生的。问题式学习还鼓励幼儿以合作学习的方式解决问题，讨论的过程可以降低幼儿个体的认知负担，共享知识和经验，促进其知识的建构与再建构，并为实现共同的目标而一起合作学习。

2. 高级学习与结构不良领域的问题

斯皮罗等人将学习分成高级学习与初级学习两种，初级学习只要求学生简单再生所学的东西，属于具有还原倾向的简单化学习，涉及的领域主要是结构良好领域；高级学习则是要求学习者能够把握复杂的概念，并运用概念去分析、思考问题以及在新的情境中灵活运用，所涉及到的领域是结构不良问题的学习。

在问题式学习课程中所指向的"问题"就是结构不良问题，这类问题具有来自于真实生活情境、问题表述比较含糊、给定信息不完全、目标不明确、解决方法多样化的特点。[②]传统的教学将复杂的事物从具体的情境中抽离出来分割成部分进行学习，而幼儿在解决问题的过程中，需要在连续的、具有一定情境的条件下深入探究，需要成为主动学习者，积极调动已有经验和知识，寻找新的问题解决路径，完成个人知识的建构和重组。

在解决不良问题的过程中，幼儿需要调动已有的知识，在教师的帮助和解决问题中完成新旧知识的整合，同时需要大胆地想象与创造，寻找问题解决的路径，尝试解决一个又一个生活中的真问题。例如，幼儿在沙池玩耍时想要用木棍搭帐篷，有经验的幼儿会主动提出帐篷是需要支架的，于是把几根木棍插在沙子里，但是他们并不知道这几根木棍要怎么样排列组合才能稳稳地立起来。在教师的支持下，他们尝试了双面胶、绳子、橡皮筋等各种材料，最终发现绳子、橡皮筋和透明胶都能起到固定的作用，但是用透明胶来固定并不美观。这些过程与高阶思维能力中的信息整合能力、建构新知能力、创造性思维、评

---

① 叶培龙：《学前儿童的类比迁移》，硕士学位论文，河南大学，2009。

② 李同吉、吴庆麟：《论解决结构不良问题的能力及其培养》，载《华东师范大学学报（教育科学版）》，2006（1）。

价反思能力密切相关，因此解决结构不良问题与深度学习、发展高阶思维能力密切相关。

（四）情境认知与学习理论

情境认知与学习理论所提倡的"知识具有情境性""在情境中学习"等核心观点对问题式学习课程产生了深刻影响。

1. 问题情境中的学习

情境认知与学习理论认为个体心理常常产生、构成于指导和支持认知过程的环境之中，认知过程的本质是由情境决定的，情境是一切认知活动的基础，知识镶嵌于产生它的情境之中。"知识具有情境性"这一观点为课程建构提供了新的视角，问题式学习课程中的知识并非是学习者个体的内在心理对外部对象的表征方式，或不随人的意志而改变的确定性客观真理，而是学习活动、情境以及个体所处文化的副产品，知识是动态的、不断被建构的。"到情境中去"正是这一学习观念重建的集中体现，个体的认知过程是在具体情境中建构的，知识的学习与迁移不能脱离情境而发生。唯有将幼儿的学习嵌入其所关联的社会和自然情境之中，确保幼儿能够在抽象与具体、概念与概念化、知识与生活之间自由联系与转化，为知识与真实、复杂性的生活建立起联系，学习才会被赋予真正的意义，进而发现知识与生活关系的复杂性意义，有意义的学习才有可能真实发生。

问题式学习课程中，幼儿在一种真实的、冲突的问题情境中学习。问题情境引发幼儿的认知冲突，以此唤起其对新经验的好奇与探究欲望，幼儿会主动参与到周围环境中并与之互动，通过直接感知、实际操作、亲身体验、获取并运用经验，解决真实问题，从而建构认知。在解决问题的过程中，幼儿在学习活动中扮演主要角色，并且他们被鼓励与同伴、教师合作解决问题或者完成任务。这一学习过程具有极强的反思性，幼儿需要基于当下的状态，不断地回顾自己上一阶段或上一步的操作、思考，从而调整自己的学习活动。同时，随着问题式学习活动经历的次数增多、复杂程度变高，幼儿的核心素养也会逐渐发展起来，他们能够将所学的知识、技能，在更广泛、复杂的情境中有效地激活、迁移，运用知识解决现实生活中的问题。

2. 实习场：学习环境的真实性

"实习场"是情境认知与学习理论体系中的一个重要概念，意指一个真实或者拟真的蕴含知识的学习情境。设计实习场的目的是解决传授式教学的抽象化、去境脉化和个性化的问题，使幼儿能够在幼儿园中有机会面对和解决真实生活中可能遇到的问题。实习场是一种探究性的、交往性的、创造性、综合的学习情境，它常常超越学科、领域的疆界，使学习领域、发展领域有机地联系在一起。某种意义上，实习场特指具有"做中学""情境性""真实性"等特征的学习环境。

在问题式学习课程中，学习环境的创设同样需要满足"真实性""问题性"等特征。

问题式学习环境应当是生活化的，具有真实性的，问题必须要来自幼儿真实的生活。一方面，真实的学习环境更能够引发幼儿的内在学习动机，只有是幼儿自己的问题，他们才会全身心地投入到学习活动中，也才会具有更高的信心和更持久的耐心；另一方面，只有在真实的问题情境中进行学习，幼儿才有机会将获得的知识经验迁移运用到幼儿园场域外的现实生活中，从而为知识与真实、复杂性的生活建立起联系。真实的问题式学习环境还需要具有问题性，它要求环境的各个要素是开放的、留白的，问题情境内隐在学习环境中。环境的开放程度越高，环境的探索性和挑战性就会越高，同时幼儿所获得的信息越广泛，造成认知缺口的机会就会越多，那么幼儿展开问题式学习的频率也会增高。因此，问题式学习环境创设要提供一定的留白，将问题适度内隐以增加环境的探索性和挑战性，从而最大限度激发幼儿的好奇心和探索欲。

3. 有意义的学习

"有意义的学习"这一观点是在"获得知识"向"建构知识"转变的背景下诞生的。而后随着情境认知理论的兴起，"有意义的学习"的内涵也被重构。所谓有意义的学习，也可以被称为投入型学习、主动型学习、交互型学习、建构型学习等，是指学习者能对学习负责、能自我控制，选定学习目标并进行自我评价，对学习充满热情，愿意持续学习，知道如何解决问题，与他人合作的学习。儿童有意义的学习是指幼儿在真实的活动情境中，通过直接感知、实际操作、亲身体验、获取并运用经验，解决真实问题，建构认知和获取价值的过程。有意义的学习是超出事实性知识积累的学习，这种学习给幼儿带来的并不是知识的量的积累，而是会使他们的思维、情感等各个方面都获得发展。有意义的学习应当是以幼儿自我体验为核心，他们在与环境互动中建构起对自然、社会以及自身的看法。

有意义的学习主要包括主动的、建构的、意图的、真实的、合作的这五个相互联系的特性。"主动的"是指幼儿是学习的主体，需要保障他们的学习参与权。幼儿的学习应该是在与环境积极的互动中发生的，他们能够借助各种工具来探究事物的特性以及推断各种现象发生的原因。"建构的"是指幼儿需要在先前经验基础上通过一定的判断，对新刺激、新信息进行整合，由此获得更多的理解，并能够将所建构的知识运用到新的情境中去。"意图的"是指学习活动需要体现幼儿的自我意识，反思和自我调节伴随整个问题解决过程，幼儿需要付出更多思考和努力来完成某种高阶、复杂的认知目标。"真实的"是指学习应当是复杂的和情境化的，知识和技能的教学必须基于现实的生活和有益的情境之中。[①] "合作的"是指幼儿的学习是一种社会性、对话性的，他们需要向他人寻求建议和观点启迪，以接触到多样化的思维视角和多样化的问题解决思路。

---

① 钟志贤、肖宁：《用信息技术促进有意义的学习》，载《开放教育研究》，2009（2）。

二、教育学基础

（一）杜威的教育思想

杜威是20世纪初美国著名的实用主义哲学家、教育家和心理学家。杜威针对以课堂为中心，以教科书为中心，以教师为中心，注重强制性的纪律和教师的权威作用的传统教育，在美国哲学家皮尔斯、詹姆斯等人的实用主义哲学基础上，提出实用主义的教育理论。杜威提出的"教育即生长""教育即生活""做中学"等理论都为问题式学习的产生与发展提供了理论基础

1. 教育即生长

杜威认为，在儿童期儿童生长的首要条件是未成熟状态，这种未成熟状态不意味着一无所有或匮乏，也不是指现在没有能力，到了以后才会有，未成熟的状态就是生长的可能性，表示现在就有一种确实存在的势力——即发展的能力，一种积极的、向前发展的力量。杜威认为这种未成熟状态具有依赖性和可塑性。依赖性是一种积极的力量和能力，暗示着某种补偿能力、生长能力。所谓可塑性是儿童为了生长和生活而具有的特殊适应能力，儿童的可塑性具有弹性，儿童可以利用可塑性在环境中吸收信息，与环境取得平衡，同时又能主动调整自己的活动，保持自己的倾向性。可塑性意味着儿童具有从经验中学习的能力，意味着从经验中保持可以用来应对困难的力量。

由于儿童的"未成熟状态"是一种积极的、向前发展的力量和能力，因此，不能用成年期作为一个固定的标准来衡量儿童期。儿童的生长不能单靠外力的作用，主要是通过自己的主动活动、通过经验的不断改造来建构自己的知识经验，使自己不断获得生长和发展。教育的目的就在于通过组织保证继续生长的各种力量，使教育得以继续进行下去。问题式学习课程以儿童的天赋本能为基础，以儿童为中心，尊重儿童的天性和未成熟状态，使建立在儿童原始本能之上的能力、兴趣和需要得以发展，儿童是教育的起点。问题式学习活动的核心问题来源于儿童的兴趣和经验需要，教师围绕儿童的兴趣和经验需要设置学习活动，创设学习环境，激发儿童的学习需要和兴趣，调动他们的学习自觉性和积极性，从儿童的发展规律出发，关注儿童的身心状况，让儿童在社会环境中通过主动的不断认知与接触来获得经验的增长，从而使其得到更加充分与自由的成长。

2. 教育即生活

生活就是发展，而不断发展，不断生长，就是生活，没有教育不能生活。所以我们可以说，教育即生活。在杜威看来，最好的教育就是"在生活中学习"。儿童本能的生长、发展及经验改造过程表现为活动就是儿童的生活，儿童教育不应当是生活的预备，而是儿童现在的生活过程。杜威强调教育的过程是一种社会的过程和生活的过

程，而不是将来生活的准备。儿童的需求必须根据儿童是什么，而不是儿童将来是什么来决定的，只有这样的儿童才能成为对社会生活有建设意义的参与者。杜威认为："因为生活的延续只能通过经久的更新才能达到，所以生活便是一个自我更新的过程。教育和社会生活的关系，正如营养和生殖和生理的生活的关系一样。这种教育首先是通过沟通进行传递。在个人经验成为共同财富之前，沟通乃是一个共同参与经验的过程，通过沟通，参与经验的双方的倾向有所变化"，"教育在它最广的意义上，就是这种生活的社会延续"①。

问题式学习课程坚信儿童的经验是从实际生活中获得的，儿童学习任何事物，都必须参与到各种实际活动中去。教育是儿童生活本身即儿童现在生活的过程，教育内容应与儿童相关的生活经验，与儿童眼前的生活融为一体。教育是儿童不断适应、改造生活的过程，促进儿童在生活中通过自身努力形成适应社会的能力，并进一步促进社会进步和社会改革。儿童的经验源于个体与环境的相互作用，是儿童感知世界的方式，儿童通过生活中的各种活动，丰富并整合了经验，在以后的活动中能更加容易地获取和理解经验。问题式学习的课程内容和幼儿的问题均来源于实际的生活，包括儿童游戏的需要，如搭帐篷、自制跷跷板等；来源于儿童实际生活中遇到的问题，如整改泥巴小路等，以及儿童意外的发现，如探索下雨后草地长出的小蘑菇、探索蝴蝶等。大自然、社会和儿童的生活均是教育的契机。

3. "做中学"

杜威认为，崇尚书本的弊端是没有给儿童提供主动学习的机会，只提供了被动学习的条件——死记硬背。让儿童从实践活动中求学问，即做中学。他认为，思想、观念不可能以观念的形式从一个人传给另一个人。只有当儿童自己考虑问题的种种条件，寻求解决问题的方法时，才算真正在思考。他指责传统教育采取灌输的方式，强迫幼儿静坐静听，否定儿童的自发冲动与活力，剥夺儿童自由活动的机会，忽视幼儿的经验，是对儿童个性与需要的压抑。儿童的兴趣主要是活动，他们通过感觉和肌肉的力量进行观察、思考等活动。活动是儿童观念表达的方式，能够使儿童各方面的经验满意地结合起来。他明确提出："从做中学要比从听中学更是一种较好的方法。"

儿童天生就有探究的欲望和从事活动的需要，这种本能以身体活动的方式表现出来，儿童正是从自己做事情的活动开始自然发展的，儿童是在"做"的过程中掌握知识，发展判断力和思维能力，获得生长的。"做中学"更能激发儿童的学习兴趣，让他们亲身感受实践活动的美丽，通过持续不断的实践活动的锻炼，儿童的经验也会及时更新，旧的、不合时宜的经验会随着社会的变化而发生变化，这有利于儿童解决生活

---

① ［美］杜威：《民主主义与教育》，王承绪译，3页，北京，人民教育出版社，1990。

中不断出现的新问题。问题式学习课程摒弃传统的教师教、儿童学的方式，主张儿童在动手操作中建构自己的知识经验，将教师的教与儿童的学融为一体。如儿童在造船的过程中由于对船的了解不够，产生了"船总是下沉""船不能载人""船的构造是什么样的"等一系列问题，教师带儿童实地参观船，让儿童现场记录船的形状、构造等，儿童回园后用竹子成功造出了可以载人的船。教师通过对儿童好奇好问、喜欢动手操作的天性加以引导，尊重儿童的已有经验和兴趣需要，支持儿童选择有意义的学习活动，给他们从事活动和游戏的机会，指导儿童在忙碌、愉快而有意义的学习活动中发展自己的能力。游戏是最基本的活动，为儿童提供了丰富的操作和学习机会，是"做中学"在幼儿教育阶段的重要实施方式。

（二）陶行知创造教育思想

陶行知认为人一生下来就有创造的潜能，一旦有合适的环境，其创造性就能萌芽、开花、结果。教育者要在儿童自身的基础上，采取合理的措施，善用环境的力量，以启发、解放和培养儿童的创造力。问题式学习课程充分尊重幼儿创造力发展的规律，将想象创造作为幼儿学习与发展的目标之一，支持幼儿在问题解决过程中运用和发展想象力与创造力，培养创造性思维。

1. 儿童有创造的潜能

我们发现儿童有创造力，认识儿童有创造力，就须进一步把儿童的创造力解放出来。[1]教育不能创造什么，但能启发儿童创造力以从事于创造之工作。陶行知充分肯定了创造教育的根本职能就是启发、解放和培养儿童的创造力。创造力的培养，需要教师走到儿童中去，通过引导、参与，和儿童共同去创造，通过"六大解放"，把学习的基本自由还给儿童。解放幼儿的头脑，发展创造性思维。幼儿的头脑被各种思想束缚，没有得到真正的解放，幼儿就难以产生创造性思维。问题式学习充分尊重幼儿的兴趣，鼓励幼儿多思考，如游戏的不同玩法、多种策略解决问题等，充分发挥幼儿的发散性思维和聚敛性思维。解放幼儿的双手，发展幼儿的动手操作能力。现代儿童心理学理论告诉我们，"动作是建构智力大厦的砖瓦"[2]。幼儿天生好动，在活动中容易积累经验并产生积极情绪，而积极的情绪是问题意识产生的推动力和"激活剂"。因此，问题式学习变静态的学习过程为动态的学习过程，让幼儿在动手操作中积极活动，在活动中丰富知识、产生问题。[3]解放幼儿的眼睛，发展幼儿的注意力和观察力。大力主张让幼儿多观察大自然、大社会的万千现象，进行分析、探究，用双眼去观察世界，

---

① 陶行知：《中国教育改造》，210页，合肥，安徽人民出版社，2019。
② 姜新生：《幼儿问题意识培养的理性思考》，载《学前教育研究》，2008（3）。
③ 姜新生：《幼儿问题意识培养的理性思考》，载《学前教育研究》，2008（3）。

并通过对现实生活的认识了解，提高观察能力、分析解决问题的能力和创造力。解放幼儿的嘴巴，让幼儿多说多问。儿童的提问是对其兴趣倾向、生活经验、思维以及言语水平的反映，对促进幼儿语言、认知、注意力、读写能力和批判性思维的发展起着重要作用。解放幼儿的空间，让幼儿多接触大自然和大社会。创造力的培养需要广泛而灵活的知识经验，改变以集体学习为主的状况，让幼儿更多地投入到大自然与大社会中去，认识事物的多样性，感受世界的丰富性，有利于拓宽幼儿的认知层面，激活问题源。解放幼儿的时间，给幼儿留有充分的时间探索材料、看书、思考问题，培养幼儿的批判性思维，培养创造力。

2. 培养儿童的问题意识

陶行知指出："学贵知疑，大疑则大进，小疑则小进，不疑则不进"，他重视"疑"的价值，有了疑难，就是成功的一半，疑难是创造之师，是幼儿追求真理、创造的内驱力。所谓"疑难"，即幼儿的问题意识，有了它，教师毋庸频挥教鞭，学生仍自强不息。如果儿童自学或听讲产生不了疑难，不仅表明儿童消极被动，学而无益，不能创造，而且也说明教师治教无方，不能引导创造。幼儿遇到的问题超出当前已有的知识经验时，提出问题可以让他们在需要时准确获取目标信息。此外，儿童受鼓励提出自己感兴趣的问题，会大大激发其探索的兴趣，更主动探索和解决问题。幼儿的问题意识愈强，主动解决问题的意识也会随之增强，主动探索的时间和频次也就越来越高。

提问能表明理智上的兴趣和具有某些逻辑技能，幼儿天生好奇好问，有着强烈的求知欲，儿童心灵深处都存在着使自己成为发现者、研究者、探索者的愿望。问题式学习课程鼓励幼儿自主探索环境，自由游戏，并在探究过程中提出问题，通过搜集信息资源和相关案例，扩充幼儿的知识经验，引导幼儿采用多种策略解决问题。问题是幼儿好奇心的表现，也是幼儿培养创造性思维的前提。当孩子提不出问题时，教师可以通过适当的师幼互动引导儿童提问。教师要注意体察幼儿心中的疑惑，帮助他们提出最本质的、最想问的问题。

～ 第二节　课程理念 ～

课程理念犹如灯塔，指引课程方向，引领课程实践。问题式学习课程的核心理念是"天性、包容、生长"，这是我们幼儿观、学习观和教学观的高度概括。对幼儿天性的认识构成我们的幼儿观，幼儿在建构过程中的经验生长构成我们的学习观，课程与教学充分接纳、包容所有幼儿，促进所有幼儿的学习与发展构成我们的教学观。我们遵循幼儿的天性，用包容所有幼儿的教学方式支持幼儿在问题解决中生长有益经验。

　　问题式学习课程理念不是无源之水、无本之木，而是在长期的研究、实践和学习中形成的成果。我们的理念来自近十年的课程研究与实践，问题式学习课程是在研究与实践中一步步成长起来的课程，我们以研促教，一方面开展自上而下的理论与课题研究，用研究的思路为课程提供基于科学的、实证的证据；另一方面扎根实践，从实践中不断汲取养分，结出经验之果。我们的理念不是空泛的口号，不是华而不实的装饰品，课程理念已经融入我们的思想与气质，体现在每一位问题式学习参与者的行动中。

一、我们眼中的幼儿

　　没有幼儿便没有幼儿教育，幼儿是课程的出发点。我们的幼儿形象是最本真、最真实的幼儿，幼儿的天性是什么样的，我们眼中的幼儿就是什么样的，课程就选择最适宜幼儿的方式组织和开展。幼儿的天性是我们儿童观的核心。我们发现幼儿天性中蕴含着各种本能的力量，天生就有主动发展的倾向，这些本能的力量和发展的倾向表现为好奇好问的行动，表现为解决问题的能力。幼儿不是等待上色的白板，每个幼儿出生时就有了自己人生独特的底色，幼儿的发展既有阶段性的特征，也表现出明显的个体差异。

（一）幼儿天生好奇、好问

　　幼儿天生就有好奇心与求知欲，渴望探索和学习是人与生俱来的倾向，他们急切地探索着环境中的各个方面，以了解自己和自己所处的世界。人天生就有探究的本能，儿童本能的力量、他实现自己冲动的要求，是压制不住的。人类对认识和理解的欲望和满足基本需要一样迫切。在好奇心的驱使下，孩子们敏锐地感受着周围的事物，他们从不满足于只用眼睛看，他们用嘴巴咬，用鼻子闻，用手抓，用各种感官探索、操作新奇的事物；一旦孩子们学会了说话，他们总是在不断地提问："这是什么？""那是什么？""为什么？"他们并不会因答案而满足，相反，他们想知道更多，"为什么晚上就看不到太阳呢""毛毛虫怎么会变成蝴蝶呢？"他们不断追问，就像科学家从来不对自己的研究感到满足，孩子们不断地发现新的问题。

　　好奇心是学习者的第一美德，不仅包括感官经验，还蕴含着积极的信息加工过程，积极的情绪体验也伴随着出现，是智慧富有活力的最持久最可靠的特征之一。好奇历来被视为是人类求知的最原始的内在动力。儿童的天性包含着儿童多方面的内在需要，正是这些内在需要构成了儿童发展的动力来源。他们被具有巨大能量潜力的成千上万个神经元推动着，被因为渴望长大和认真成长而产生的力量推动着，也被引导他们去寻找所有事物原有的难以置信的好奇心推动着。好奇是幼儿学习最主要的动机，天生的认知需求与探究本能使幼儿积极主动参加学习活动。

（二）幼儿是主动的学习者、有能力的问题解决者

学习是幼儿的学习，儿童是意义的创造者。他们通过参与那些有意义的、真实的问题情境来建构自己的知识。儿童是主动的学习者，真正的学习并不是由教师传授给儿童，而是出自儿童本身。孩子出生时就具有了某种学习的本能，他们能够识别人的声音、区分有生命和无生命物体，他们对空间、动作、数字、因果关系具有一种本能的认识。儿童是问题解决者，因好奇产生疑惑和问题：儿童试图解决他们所面临的问题，他们也寻求新的挑战。

幼儿是有能力的问题解决者，幼儿身体动作、认知与思维能力、情绪情感等的发展为其问题解决提供了强有力的保障。未出生的胎儿就有了认知声音、味道的能力，新生儿从生命一开始就具备了令人惊叹的技能，他们的基本潜能中蕴含着解释世界和日常推理所必需的心理加工能力，婴儿出生时就具备某种推理能力，辨认当前事物与记忆中事物之间的相似性，1岁幼儿能学会辨认物体的数量、大小、形状、颜色和方位，2—3岁幼儿的口头语言迅速发展。这些基本能力为幼儿的问题解决提供了可能。

幼儿园阶段幼儿的逻辑思维、推理等认知能力获得大幅度发展，4—6岁是幼儿图像视觉辨认、形状知觉形成的最佳时期。5岁左右是幼儿掌握数概念的最佳时期，同时幼儿期还是好奇心、求知欲、想象力、创造性等非智力品质形成的关键时期。幼儿在某些方面会表现出极强的先天认知能力，包括数字、语言、视觉记忆等各方面，幼儿还具有很强的模仿力、想象力和创造力，即使是比较高级的策略能力、元认知能力，在研究中也发现幼儿是具有这样的先天基础的。这些能力支持幼儿识别、理解和分析问题，对简单的问题或他们熟悉的概念进行逻辑推理，并能利用知识和自身经验去寻求问题的解决方法。

幼儿就像一台拥有灵活大脑的学习机器一样，他们可以更多地了解周围的世界，甚至能够看到、听到、感受和体验到比成年人更多的东西。幼儿缺乏知识，但他们具有利用他们理解的知识进行推理的能力。幼儿并不是一张一无所知的白纸，他们乐于提出问题，敢于直面问题，也有能力解决问题。

（三）幼儿发展蕴含着个体差异性与无限可能性

幼儿是发展变化的个体，幼儿的发展是一个整体的、持续的、渐进的过程，表现出一定的阶段性特征。同时每个幼儿在沿着相似进程发展的过程中，各自的发展速度和到达某一水平的时间不完全相同。幼儿的发展并非千人一面，而是表现出强烈的个

体差异。孩子之所以是孩子，是因为他们在成长中体验生活的各种可能性，他们的发展也蕴含着不确定性和无限的希望。

每个幼儿有着自己独特的遗传结构和生长环境，幼儿发展的个体差异是先天因素与后天因素相互作用的结果。儿童高级神经活动过程的特征——强度、平衡性、灵活性，奠定了其气质类型的基础，为智力品质和性格的形成和发展染上了一层底色，使之易于朝向某个方向发展，在新生儿身上就可以发现气质的差异，不同气质的孩子发展有巨大差异，幼儿成长过程中非共享的生长环境使幼儿间的个体差异愈发明显，多血质的幼儿容易形成敏捷的思维品质和活泼乐观的性格，而抑郁质的幼儿则更易发展为内向、深沉的性格。多元智能理论区分了八种不同的智能，每位幼儿身上都蕴藏着每一种智能的潜能，但由于遗传与环境的影响，每位幼儿的智能发展程度存在差异。

幼儿的学习方式和发展速度各有不同，在不同学习与发展领域的表现也存在明显差异。脑功能的单侧优势可以影响儿童的个性和学习方式，即使是年幼的儿童，在学习上也存在着个体差异，世界上没有两片一模一样的树叶，同样，世界上也没有两个发展完全相同的孩子，千人千品，万人万相，每一个幼儿都是有独特底色的生命，他们有自己的个性、禀赋和生活道路，也有着自己的发展节奏，每一位儿童身上都充满着无限的生长可能与希望。

二、我们眼中的学习

没有幼儿的学，便没有教师的教。学习是什么？幼儿如何学习？怎样的学习才是有质量的学习……对于这些问题的认识便是我们的学习观，我们对学习的看法直接决定了教学的组织与实施。在问题式学习课程中，我们认为幼儿的学习意味着经验的生长，经验是整体的，幼儿的学习是整体的而非分科的，是从一个整体到另一个整体；幼儿的生长是动态的，学习是幼儿主动建构的过程，幼儿是主动的、有能力的学习者，通过个体建构和社会建构实现经验生长。在对学习本质的理解过程中，我们发现问题解决是幼儿经验生长的有效途径，能支持幼儿建构式学习的发生。

（一）学习是幼儿个体主动建构的过程

知识不是外在于人而存在的，而是经由个体与世界的互动而建构的。知识的主动建构模型指出学与教需要对知识进行主动建构。幼儿在建构中学习，通过自己特有的方式与周围环境互动，主动地探索周围的社会环境、自然环境和物质世界。

幼儿的学习是建立在直接经验的基础上的，通过观察、感知、操作、体验、模仿进行有意义的自我建构。吾听吾忘，吾见吾记，吾做吾悟。幼儿的学习就像说话、走路、奔跑等生活中的技能一样，在直接的而有意义的方式中自然习得的。幼儿自己的生活既是幼儿学习的内容，也是幼儿学习的途径，在生活中发现问题、解决问题。游戏是最适合幼儿天性的活动，是幼儿完全自主、自发、全身心投入的活动，游戏中的幼儿是积极主动的"自我指导的学习者"。

幼儿个体主动建构的过程不仅体现在操作上和外显的行动上，更表现为心理的建构，积极主动的建构者即意味着幼儿学习的内在动机被激发。学习首要根基于儿童本能的、冲动的态度和活动。内在动机驱动下的学习是主动的，过程也是探究的，幼儿乐在其中，是在愉悦的状态下对未知世界的主动探究，幼儿愿意投入更多的时间在学习上。内在动机意味着幼儿内心的觉醒，支持幼儿更高质量的意识建构，加深幼儿对世界的认识。儿童的认知发展基本过程包括同化和顺应；幼儿是主动的学习者，他们通过参与那些有意义的、真实的问题情境来建构自己的知识。在任何一个情境下，幼儿并不会等待对自己提出问题或形成关于想法、原则或感觉的策略，不管在任何时候、任何地方，幼儿一直于学习与理解的建构与获得中扮演主动、积极的角色①。

幼儿是自己生活的意义建构者，以自己的方式建构对于事物的理解，他们一开始就将他们的信念、理解、文化实践带进学习中，并在学习的过程中建构自己的意义。学习是基于体验的身体的活动，是身体所经历的时间，是可逆的、循环的、多重的，是过去与现在的结合，是不断积累的"积雪"一样的时间。每个幼儿都有他自己的"古老"故事，每个人"古老"故事有相似的地方，也有不同的地方，这就是幼儿已有的经验。幼儿的学习就是在原有经验上演绎一个"现代"故事。学习者在"古老"故事的基础上，对"现代故事"进行自我解释和演绎，形成"个人"故事。

（二）学习是幼儿在人际互动中社会建构的过程

学习既是幼儿个体建构的过程，也是社会建构的过程。个体与世界的这种互动建构包含了个体与物质环境互动获得的直接经验，也包含与他人进行社会互动产生的经验。学习是一个社会的意义建构过程，社会交往和社会文化是个体学习的源泉。幼儿从一生下来就既是一个生物的人，又是一个社会的人，他从来都不是单一、孤立地存在的，而是被包围在各种社会物体、媒介和关系中，与多方面发生联系，在与周围的人和社会环境的相互作用中学习和发展。②儿童的许多重要认知技能是在与父母、老师以及更有能力的同伴的社会交往中逐渐发展起来的。参与活动的过程，尤其是与有经验的同伴或成人一起解决问题，是儿童获得技能的主要途径之一。合作解决问题的伙

①［美］爱德华兹等：《儿童的一百种语言》，罗雅芬等译，65页，南京，南京师范大学出版社，2006。
②洪秀敏：《儿童社会性交往的生态学分析》，载《学前教育研究》，2003（4）。

伴可能对问题本身有不同的理解，这种差异可能会导致观念上的冲突，这样的冲突会促使幼儿改变他们的观念，并采用新的策略，是幼儿技能发展的基本要素。

个人参与社会意识的过程从出生时就无意识地开始了，它不断发展个人的能力，熏染他的意识，形成他的习惯，锻炼他的思想，并激发他的感情和情绪，由于这种不知不觉的教育，个人便渐渐分享人类曾经积累下来的智慧和道德的财富，他就成为一个固有文化资本的继承者。情境学习理论指出，不论日常生活中的学习，还是幼儿园中专门的学习活动，无一例外地发生在其所处的社会文化之中，幼儿活动的资源与材料来自社会，幼儿活动的过程与意义与社会文化相关。幼儿在他们所处的文化中交流学习，理解并解释他们正在做的活动和解决的问题。[1]布迪厄认为价值观和存在之道是被作为惯习一代代传承下来的，惯习是"持久的系统和可迁移的心智倾向"，它界定了"能做的和不能做的事情，能说的和不能说的话"，而这些都与即将到来的"可能的"未来有关。幼儿在社会文化中生活，与社会文化互动的过程中，社会生活习惯和价值观可以被每一个幼儿有意识或无意识习得。

（三）问题与问题解决支持幼儿有意义的学习

波普尔有言，全部的生活都是问题解决的过程。人的一生中，问题无时不在无处不在，我们无数次在问题中挣扎徘徊，最终在解决问题的过程中成熟长大。幼儿有限的经验与未发展成熟的身体机能使他们在生活与游戏中会遇到很多问题："怎么系鞋带""怎么做一辆会滚动的车""为什么树叶会变黄""深圳为什么不下雪"……幼儿的真实生活便是充满问题的世界，问题是乔装的学习契机，学习是从问题出发，动员自己与伙伴的经验与知识，直至解决问题的协同探究的过程。幼儿在问题解决中获得学习与发展。

1. 问题引发幼儿内在动机

问题意味着冲突，能提出问题就说明幼儿的认知发生了冲突，在个体成长和合作过程中，冲突是发展性进程的源泉。引起儿童认知上的冲突，引起最佳或最大限度的不平衡，就能解放儿童的求知欲和好奇心，这正是幼儿智慧发展的动力。冲突与矛盾是幼儿学习过程中前进的动因，当挑战来临时，一旦幼儿接受协助而发现质疑及追根究底的快乐时，便爆发出动机与兴趣。知之者不如好之者，好之者不如乐之者。在考察问题、研究背景、分析可能的解决办法时，学习就成为一种力求有所发现的活动，对学习者来说，能动性的学习不但是更饶有趣味，更引人入胜，而且更能加强对学习材料的理解能力，因为学习者是在为自己寻找知识，然后又主动地使用知识和技能来完成一项课题。在面临认知冲突时，幼儿的认知兴趣与求知欲会被激发起来，而只有

---

[1] 杨焓：《情境学习理论及其对教学改革的启示》，硕士学位论文，华中师范大学，2012。

学习者具有学习的动机和意识，有意义的学习才会发生。

2. 幼儿在问题解决中扩展经验，发展高级思维能力与创造力

问题解决的过程便是知识建构的过程。在问题情境中学习的幼儿，学习动机强烈，他们的探索活动伴随着自身积极的思考和反复的操作，在操作过程中他们与真实的生活不断互动，获得真实的认识和体验。研究表明：在解决问题的情境下建构的知识更容易被理解、被保留、更易于转化，这种在情境中建构的知识不仅形象而且可提取性非常强。幼儿通过问题解决的过程实现了对知识经验的深入理解，知识不再是外在于幼儿的符号，而是成为了幼儿真实生活体验的一部分，与幼儿的已有经验结合，通过同化或顺应进入幼儿认知结构，是一种"积极的经验"。幼儿不再满足于知识的接收与记忆，而是不断地对知识经验进行批判性理解。在实际生活中迁移和运用所学，进而从浅层学习转向深层学习。

为了能够有效解决问题，幼儿必须有目的地去了解问题发生的情境脉络。分析问题的现状、目标和障碍，调取已有经验并搜集信息，学习新的知识和经验，并将这些知识和经验纳入原有的认知结构和迁移到新的情境中，批判地、创造性地思考，学会合理地做决定，学会调整利益冲突。问题解决过程中会不断出现新的难题，解决新的难题需要创造性行为，创新的行动将促使孩子产生全新的策略和想法。幼儿尝试问题的过程中会遇到挫折与困难，为此，幼儿必然对自己的策略进行分析和反思，并对接下来的行动进行假设和计划，这个过程也是其元认知能力的发展过程。在问题解决过程中，幼儿的逻辑推理能力、创造力与想象力、探索能力、信息素养、元认知等能力都得到了充分的发展。

3. 幼儿在问题解决中学习社会交往，发展自我意识

问题解决不仅意味着知识经验的增加，认知技能的发展，还会促进幼儿的社会性发展，帮助幼儿体验各种情绪情感，发展幼儿坚持、合作、乐观、热情等珍贵品质。

成功解决问题并带来一定的价值会让幼儿感受到"天生我才必有用"，体验成功、自豪的情绪情感，对自己充满信心，发展幼儿的自我效能感；真实生活中复杂问题的解决往往需要一段时间，幼儿的坚持性得到发展；在问题解决过程中幼儿也会遇到很多挫折，锤炼不怕失败、敢于面对的勇气与信心，学会正视并调节自己的消极情绪，不断尝试各种策略直到解决问题，这是最真实、最自然的挫折教育。在解决一个又一个问题的过程中，幼儿在潜移默化中养成乐观向上的性格，积极面对生活中各种挫折，乐于探索、敢于探索。

儿童要成为成熟的问题解决者，要掌握必需的技能，关键步骤之一是共同参与解决问题。幼儿的问题解决过程往往是和同伴和成人合作进行的，在合作的过程中，解决问题的伙伴往往对问题本身和问题解决会有不同的理解，幼儿逐渐学会采择他人的观点，从他人的角度看待问题，逐渐去自我中心。在与同伴或成人发生冲突时，幼儿

学习如何解决冲突，学会观察、倾听他人，学习与他人更好地交往，幼儿在问题解决过程中逐渐将社会文化与社会规范内化，实现从生物人到社会人的转变。

（四）幼儿在真实的生活和游戏中学习成长

幼儿存在的本真状态是生活，因此，教育的过程就是生活的过程——既非完美生活的准备，亦非外在于生活的过程，教育就是当下的生活。幼儿的生活是整体的、活动的生活，是自由奔跑、满怀热情的生活，是操作、体验、感知的生活，是发现与探究各种真实问题的生活。幼儿的学习主要不是在成人主宰的课堂中进行，而是在他们自己的生活中展开的。生活既是幼儿学习的内容，也是幼儿学习的途径。通过在生活中学习，幼儿在生活中发现问题、解决问题，可以更好地适应生活。

游戏是幼儿极有意义的学习过程和学习方式。游戏是最适合幼儿天性的活动，是幼儿完全自主、自发、全身心投入的活动，因此游戏中的幼儿是积极主动的"自我指导的学习者"，幼儿在游戏中学习的效果最好。同时，游戏具有重要的生物适应功能。动物生来不成熟的本能，正是通过游戏加以练习变得成熟起来。从这个角度说，幼儿对游戏的需要可以看作是生物性的本能驱动，同时也是一种重要的学习方式。

三、我们眼中的课程

课程观是人们对课程的基本看法，具体来说，课程观需要回答课程的本质、课程的价值、课程的要素与结构、课程中人的地位等基本问题。课程观支配着课程设计、课程实施，影响着学生发展。结合国内外关于课程观的主流观点以及对问题式学习课程儿童观、学习观、教学观的认识，我们尝试对课程观的四个基本问题作出回答，形成了我们自己眼中对于问题式学习课程的理解，即课程是幼儿的"问题—解决"活动；课程以幼儿为本；课程是联系的、开放的；课程是师幼共建的。

（一）课程是幼儿的"问题–解决"活动

课程观的核心是对"课程是什么"这一本质问题的看法，在我们看来，我们眼中的问题式学习课程是幼儿的"问题—解决"活动。首先，课程是活动，教师提供一个丰富的学习环境，幼儿通过与周围环境的相互作用来建构自己对周围世界的理解，课程具有行动性、生成性、整体性和真实性，课程不是教师预先设计好了的、有待传授给幼儿的割裂的学科领域知识。其次，课程是幼儿的"问题—解决"活动，事实上，课程必须要能促进幼儿有益经验的生长，必须蕴含教育性、发展性，必须能促进幼儿在现有发展水平基础上向前发展。因此，那些不见教师支持、只见幼儿放任自流的无意义活动，不能称之为课程。问题式学习课程强调幼儿通过与周围学习环境的相互作用，在真实的游戏活动中发现问题、分析问题和解决问题，学习隐含于问题背后的知识经验。这些问题是真实的、复杂的、结构不良的问题，对于幼儿学习具有一定的挑战性，能够促进幼儿经验的不断生长。

（二）课程着眼于幼儿整体发展

在我们看来，课程建设首先要思考"课程的最终目的是什么"。我们认为课程的最终目的是培养完整的儿童。从儿童真正的发展来看，人所具备的发展潜力与可能性绝不是这种个人价值和社会价值简单的二分法所能解决得了的，当前学前教育的价值更应关心的是儿童发展的整体性问题。[①]在课程实施中，幼儿的发展不应被割裂为一个一个的学科领域，幼儿不是有待被知识填满的容器，而是自主的、有创造力的、完整的个体。课程不应该只关注幼儿某一个方面的发展，如向幼儿传授预先准备好的、固定的学科领域知识，让幼儿掌握一定的知识技能以适应未来社会对人才的需求，而应着眼于幼儿整体、全面的发展。幼儿园课程改革要向幼儿的生活世界回归，向"人"回归，看见幼儿的兴趣和需要，重视幼儿生活的价值和意义，引导幼儿在与周围真实环境的相互作用中发现问题、解决问题，进而习得隐含于问题背后的情感态度价值观、知识技能、学习品质，促进幼儿全面发展。

（三）课程具有关联性

后现代主义课程观的代表人物多尔提出以"丰富性""回归性""关联性""严密性"为标准的后现代课程设计思路，从而达到了对具有工具理性的"泰勒原理"的真正超越。[②]其中，"关联性"这一标准对于我们如何认识问题式学习课程具有一定的启示。"关联性"一是指教育联系，即在构建课程网络时要考虑一系列的关系；二是指文化联系，即与课程之外的文化相联系。从课程内部结构来看，幼儿园问题式学习课程包括课程理念、课程目标、课程内容、学习环境、课程组织实施、课程评价等要素，课程结构要素不是孤立的、零散的，而是相互联系的。从课程与外部文化的关系来看，课程与当地社区、社会乃至世界文化相联系。幼儿园课程不能仅仅局限于幼儿园这个场域，而应与幼儿园所处的社区、社区乃至世界产生联系，当地文化、社会发展需求会对幼儿园课程各要素提出新的要求，促进课程要素在与社会文化互动中不断丰富、变革和完善，进而迸发出强大的生命力，因此课程是开放的，而不是僵死的、固定不变的。

[①] 王春燕：《中国学前课程百年发展与变革的历史研究》，269页，北京，教育科学出版社，2004。
[②] 黄文涛：《多尔的后现代课程观及其对我国教育的启示》，载《高等函授学报（哲学社会科学版）》，2002（3）。

幼儿园问题式学习课程强调与周围社区，社会产生联系，譬如在问题式学习活动中，幼儿可以通过参访社区，社会中的博物馆、美术馆、科技馆等获取自己所想搜集的信息，社区、社会的专业人员、家长、物质资源等都是幼儿园课程可以利用的资源。此外，问题式学习课程契合国内外关于人才核心素养的定位，强调培养富有好奇心、善于合作和沟通、富有想象力和创造力、善于解决问题的新时代儿童。

（四）课程是师幼共同建构的过程

在后现代课程观影响下，有学者提出课程创生取向。课程创生取向是指真正的课程是教师与儿童联合缔造和创生的教育经验，课程实施在本质上是在具体的教育情境中缔造新的教育经验的过程，课程创设不应局限于课程实施领域，而应扩展到课程设计、课程实施、课程评价及课程资源开发与利用各个方面。[1]因此，从课程设计到课程实施的整个环节，不应该是教师的"独角戏"，而应该是教师和幼儿共同建构的过程。教师和幼儿都是课程建设与实施的主体，教师不是知识的拥有者、权威者、控制者，而是转变为幼儿学习的观察者、支持者、引导者、合作者，幼儿也不是被动地接受教师传递的知识技能，而是发挥自身积极性和主动性参与到课程创造中来，在师幼对话和协商中共同创造课程经验。

在问题式学习课程中，教师和幼儿形成一个学习共同体，围绕一个共同的目标，不断进行对话、协作、反思，建构对于问题意义的理解。在整个课程实施过程中，既不是教师单方面地进行知识的传授，也不是放任幼儿进行无意义的、"表面热闹"的游戏，而是充分发挥教师和幼儿的主体性，围绕问题发现和问题解决共同建构有益经验的过程。

四、我们眼中的教学

有了课程才有教学。我们的教学观建立在对幼儿和学习的认识上，坚持"包容"的教育理念。包容，意味着我们对幼儿学习方式和发展特点的理解、接纳与支持，理解包容所谓的问题、错误与麻烦，将问题与错误视作学习的契机，在学习环境中为幼儿创设发现问题、解决问题的空间，提供相互支持、充满安全感与归属感并接纳每一位幼儿的精神氛围；教师通过多元角色支持幼儿多样化的学习需求，彰显每一位幼儿的个性与天赋，让每一位幼儿都能在包容的环境中自由呼吸，自主学习，获得自己应有的发展，真正实现自己的生命价值。

---

[1]向海英：《学前教育课程创生研究》，博士学位论文，山东师范大学，2010。

（一）环境支持幼儿的问题式学习

1. 充分重视和理解学习环境的价值

我们坚信幼儿是有能力的问题解决者，他们在真实生活与游戏中学习，在真实的问题情境中发现问题、解决问题，在与周围环境的互动中进行自我建构与社会建构。这些观念让我们重新审视学习环境的价值，重视学习环境在课程中的重要地位，扩展对环境内涵的理解，将环境作为"无言的教师"进行精心的规划与设计，使其真正发挥支持幼儿问题式学习的功能，成为联结理念与实践的一座桥梁。

学习环境对幼儿的学习和发展起着重要作用。社会生态系统理论明确指出，儿童是通过与家庭环境、与所在社区环境的互动而得到发展的。幼儿期是大脑快速发展的时期，经历塑造着大脑，但幼儿的经历受制于他们周围的环境，环境质量对幼儿大脑的发展有至关重要的影响。学习环境是幼儿生活的空间，幼儿在与周围世界的互动中扩展经验、认识世界，环境向幼儿传递了什么，儿童便会倾向于成为什么。

学习环境是支架幼儿问题式学习的"无言的教师"。问题产生于情境中，隐藏在环境中，没有环境便没有问题。学习环境创设的质量决定了幼儿遇到的问题种类，有挑战性的物质环境支持幼儿在与材料的互动中发现问题、解决问题，从而获得问题解决能力及自我价值感；学习材料的全面性能够帮助幼儿在问题解决的过程中能够获得经验的全面生长，不仅能感受艺术创作的魅力，也能体验生命成长的喜悦和科学探究的乐趣。有吸引力的学习环境能最大限度地引发幼儿的学习兴趣与内在动机；开放的学习环境支持每一位在其中活动的幼儿都能发现和解决在其最近发展区内的问题；真实的学习环境让幼儿的学习与生活交织在一起，遇到的每一个问题都是生活中可能会遇到的复杂的、有挑战性的问题。

在学习环境中，支持性的关系网络和心理氛围让幼儿敢于提出问题、乐于探究、愿意解决问题。体验了归属感的幼儿知道"我被爱"，知道如何团结他人；体验了掌控感的儿童知道"我能成功"，帮助幼儿建立积极的自我概念；体验了独立感的儿童知道"我有能力做决定"，为幼儿提供自我控制和内在规范的能力；体验了慷慨感的幼儿知道"我有生活目标"，培养幼儿的爱心与同情心。关系是早期教育的核心，高质量的同伴关系、师幼关系、家园关系等，影响儿童的社会技能、经验生长以及大脑的发展。高质量的教育氛围，能够让儿童感到安全，让幼儿敢于面对挑战，愿意接受挑战。

2. 超越幼儿园物质环境：广义的学习环境观

我们吸取了生态系统理论的观点，将幼儿的学习环境视作有机的生态系统，并坚持广义的学习环境观，以幼儿的问题式学习为中心，从空间、时间与关系三个维度上拓展了学习环境的内涵和外延。

从空间维度上看，幼儿园与家庭是幼儿学习最为紧密的环境，这也是生态系统理论中所说的微观环境系统，绝大部分的问题蕴含其中。空间不仅支持幼儿发现问题，同样支持幼儿解决问题，环境中各种相关案例、信息资源为幼儿自主解决问题提供强有力的支持。孩子并非温室的花朵、庭院的马匹，幼儿的学习由近及远，跨越学校围墙与家门的界限，扩展至幼儿生活的整个社区；社区的建筑、设施、动植物等都是幼儿问题式学习的优质资源。周遭环境中的事物成为教室空间的延伸，幼儿的学习与更广阔的社会生活联系在一起。教育应当使幼儿成为社区生活的主动参与者，带领幼儿进入公共生活的范畴。

从时间维度上看，学习环境不仅精心安排幼儿当下的时间，还从幼儿当下的生活出发，不断向两端延伸，带领幼儿触摸过去的记忆，感受未来的生活脉动。过去、现在和未来都蕴含在学习环境中。我们不仅关注幼儿当前的时间，还重视通过材料、人和文化让幼儿感受过去、现在和未来的时间，他们既是过去时间的载体，同样也预示着未来生活的雏形。

从关系维度上看，学习环境为幼儿的问题式学习提供积极情感、关系与氛围的支持。学习环境不仅是凝固的空间环境和物质材料或时间，更是一个流动的、有生命力的系统，在这个环境中，看不见、摸不着但能真切感受到的关系网络是使学习环境富有生机和活力的关键。师幼关系、同伴关系、家园关系、教师同事关系等形成了错综复杂的社会关系网络，它们在社会生态系统的不同层面影响着幼儿，而在关系背后流动着的、充满整个空间的无形的氛围和情感更是对幼儿的问题解决有着深远的影响。

3. 创设支持幼儿学习与发展的学习环境

真实的学习环境。学习环境首先意味着创造一个真实的、生活的空间，真实的、生活化的学习环境使幼儿的学习与生活交织在一起，幼儿在学习中生活，在生活中学习，为其终身学习理念的建立埋下种子；真实的学习环境充分尊重幼儿的已有经验，让幼儿感觉学习的需要和兴趣，产生学习的内在动机，自愿学习和在生活中真正理解事物的意义；真实的学习环境使幼儿的学习越过围墙，周遭的环境中的事物成为教室空间的延伸，幼儿的学习与更广阔的社会生活联系在一起。

有挑战性的学习环境。问题构成幼儿学习的挑战性环境。学习环境的挑战性意味着真实的、高影响力的问题蕴含其中，问题串联起环境的各构成要素，在问题求解的过程中，幼儿的好奇心与求知欲得到满足，思维能力得到发展，问题解决能力得到提高，经验得到扩展与加深。环境与材料的层次性支持每一位幼儿发现适合其发展水平的问题，促进每一位幼儿在最近发展区的经验生长。

游戏化的学习环境。学习环境的创设要让幼儿能够玩得起来，投入到各种类型的游戏和活动中。游戏性的学习环境是支持幼儿在游戏中学习的重要条件，能最大限度地引发幼儿的学习兴趣与内在动机。

生成性的学习环境。幼儿是学习的主体,幼儿的学习具有生成性,其意味着学习环境体现幼儿的观点与价值,邀请幼儿参与环境决策,倾听幼儿的环境想法,体现幼儿的经验生长。学习环境应该具有生成性并富有弹性,用以支持幼儿活跃地思维与发展中的学习。

滋养积极关系的学习环境。环境是一个有生命且持续变化的体系,就像一面镜子,呈现出新的关系,不但带来新的想法,也因此丰富了整个学校的生活。学习环境可以支持各种关系的和谐发展,支持幼儿与他人、与环境、与自我对话的发生。幼儿之间的关系因而也成了一种环境,一种让共同建构理论、阐释和理解现实世界得以发生的环境。

(二)教师在教学中发挥主导作用

1. 重新理解教师角色的价值

问题式学习课程充分相信幼儿的能力,尊重幼儿的主体地位。但尊重幼儿不等于让幼儿放纵任性而流为无政府状态,保持幼儿的天真不是教幼儿不假思考地鲁莽蛮行。[①]社会建构主义的观点提醒我们重视社会交往尤其是有能力他人对幼儿问题式学习的影响,最近发展区理论区分了儿童现有水平与其在教师支持下能达到的水平,充分肯定了教师在教育中的重要作用与价值。幼儿的心理发展是在教学过程中,在与成人的交往过程中发生的,正是在这一过程中产生出新的心理生活的形式和新的技能。因此,幼儿今天不能独立完成的事,往往有可能在成人的帮助下完成;幼儿今天只能依靠别人帮助完成的事情,明天他就能独立完成。幼儿与成人之间的互动,使幼儿能参与和处理超过他们能力范围的问题,因为成人提供了很多建议,幼儿能自主地多方面学习,在成人的帮助下,幼儿能做的事情越来越多。幼儿从共同参与解决问题的经验中学会了很多,这也使他们的技能超过了原有的水平而发展到一个新的高度。

近年来各国教育改革持续关注教育质量,逐渐意识到在关注结构质量之外,还要关注教育过程质量。结构质量对学前教育质量产生的影响,需要通过师幼互动质量来转化,师幼互动质量作为过程性质量的主体,是学前教育质量的核心。从生态系统理论来看,教师对儿童发展的作用,不仅是要设计微观系统、中观系统、外观系统和宏观系统,而且在不同的亚系统及其联系中起着独特的主导、调控、中介及缓冲等多种作用,成为儿童发展影响系统中具有动力性的重要组成部分。

教师是幼儿除家长外最熟悉、最信任的成人,是幼儿成长过程中的重要他人。教师为幼儿创设支持其问题解决的物理和心理氛围,与幼儿共同发现高影响力的问题,

---

① 参见〔美〕约翰·杜威:《民主主义与教育》,王承绪译,北京,人民教育出版社,2001。

和幼儿一起解决问题，引导幼儿对问题进行反思，使幼儿在问题解决过程中更多地发生真实的、有意图的、建构的、合作的、主动的有意义学习。教师应该也必须在课程中发挥主导作用，以支持幼儿高质量的问题式学习。

2. 通过多元、动态的教师角色支持幼儿的学习

幼儿观与学习观的变革带来了教师角色和师幼关系的变化，教师不再是纯粹的知识和文化的传授者，为了幼儿的优质学习与发展，教育对教师角色的多元性需求变得迫切，师幼关系的转变也随之发生。教师的角色并不是一成不变的，多元化的角色也并不意味着在同一时间发挥作用。教师角色是动态变化的，根据实际情况不断调整自己的角色。

教师是幼儿学习环境的创设者。教师根据幼儿的已有经验、当下需求与未来发展需求创设高质量的学习环境，并为幼儿提供真实的、有挑战性的、开放的操作材料。教师在精心规划的学习环境中预埋了高影响力问题，激发幼儿的学习动机，引发幼儿的问题式学习。

教师是幼儿活动的观察者。幼儿在前，教师在后，教师只有通过对幼儿的兴趣不断地观察，才能够进入幼儿的生活里面，才能知道他要做什么，用什么教材才能使他工作得最起劲，最有效果。教师只有细心观察幼儿的活动，才能了解幼儿的兴趣与已有经验，确定幼儿当前水平及最近发展区，才能在幼儿问题解决过程中给予最适宜的支持。

教师是幼儿游戏的参与者与合作者。教师只有真正参与到幼儿的游戏中，成为幼儿的游戏伙伴，将自己的经验与幼儿的经验交织在一起，教师才能真正走进幼儿的心里。当教师成了幼儿的游戏伙伴以及问题解决的合作者，可以暂时隐去其教师的身份，以同伴的角色与幼儿交往，在与幼儿平等互动中深入了解幼儿的需求，并以游戏伙伴的活动方式，与幼儿协商解决问题，以更灵活的方式参与到幼儿的问题式学习中。

教师是幼儿问题式学习的支持者与引导者。教师在尊重幼儿学习主体地位的基础上，在细心观察幼儿的前提下，选择适宜的时机，以适宜的方式，不断支架幼儿在最近发展区内的经验生长，引导幼儿主动、自发、合作地学习。一个富有同情心的教师很可能比幼儿自己更清楚地知道他的本能是什么。

第二章 课程目标

　　幼儿园课程目标是幼儿教育目标的具体化，是幼儿园课程设计的指南，也是课程质量评估的准绳。教育是有目的、有计划的行为，幼儿园课程教育目标制定关系到幼儿园课程内容、课程组织方式和教学策略的选择，关系到课程评价的标准以及幼儿是否能得到身心全面发展的问题，为此，我们在制定幼儿园课程目标时，综合考虑多方面的因素，依据科学的原则和方法制定出科学的课程目标。

第一节　概述

一、幼儿园问题式学习课程目标制定依据

　　课程的目标的基本来源是确定课程目标的依据，也是课程特定教育价值观的具体体现。泰勒（R.W.Tyler）认为，当代社会生活的需求、学科的发展、学习者的需要是课程目标的三个来源。在建构课程目标体系时，我们意识到儿童不仅生活于学校之中，而且还生活于社会之中，儿童的成长是一个不断社会化的过程。所以，当代社会生活的需求理应成为课程目标的基本来源之一。信息时代，教育与社会的关系发生了深刻变化，不再是被动地适应社会需要，而是具备了一定的社会改造功能，能够为一个尚未存在的社会培养新人。在勾勒未来人才形象时，不得不提到一个关键概念——核心素养。所谓的核心素养是指能够支撑个体终身发展、适应时代要求的关键能力和必备品格。我国所提出的核心素养框架涵盖了"人文底蕴、科学精神、学会学习、健康生活、责任担当、实践创新"六大素养，这六大素养深刻反映了社会对未来人才的期望，而在《幼儿园教育指导纲要（试行）》（下文简称《纲要》）和《3—6岁儿童学习与发展指南》等国家学前教育政策文件中也强调教育者需要通过各类活动培养幼儿的学习品质，使其具备适应未来生活的基本素质。幼儿园问题式学习课程目标的价值取向与学前教育政策的价值取向一致。此外，课程目标的制定还充分考虑3—6岁幼儿身心发展的一般规律，将目标锁定在幼儿的最近发展区内，目标的建构也体现出层级性，各年

龄阶段的目标相互衔接，体现心理发展的渐进性与连续性。

二、幼儿园问题式学习课程目标建构路径

问题式学习课程目标体系并非简单推演而得到的，而是基于对儿童、对社会、对各学习领域的研究，遵循"理论推演"与"实践反馈"相结合的整合性研究思路构建的。

第一步，通过理论推演初步制定问题式学习的框架。首先，课程研究组根据社会需求及国家政策要求，确定了建构问题式学习课程目标体系的价值取向以及建构原则。接着，在原则的指导下划定了课程目标选择的范畴，分别为我国对学龄前儿童培养的总体要求、各国或组织体所提出的素养框架，以及PBL相关研究中所涉及学习者所获得的学习品质、能力等学习结果。在此基础上，邀请相关专家，将含义相近、层级相当的条目进行有机融合，初步确定了通过问题式学习能获得的关键素养以及学习品质，由此初步制定了问题式学习课程目标框架。紧接着，我们围绕初步确定的核心素养和关键领域展开了更深的理论研究，通过文献分析厘清各素养、各领域的内涵及基本结构，准确把握关键能力的价值定位，提取各目标的关键要素。

第二步，面向教师开展问卷调查，建构指标并修订目标。在课程目标的建构中，理论研究有助于我们厘清课程的理论逻辑，而实践经验则有助于我们把握课程的实践逻辑，从而提高课程目标乃至整个课程的实践性。问题式学习课程已经具有十余年的实践探索经验，从最初的探索性实施到现在的规范实施，在课程的内容、实施、评价方面获得了一定的实践认识，并积累了一大批观察评估记录，这些实践成果对构建问题式学习目标具有很强的参考价值。初步建立基本框架后，通过问卷调查和对观察记录的文本分析，了解到通过实施问题式学习活动，能够有机整合五大领域的经验，对幼儿的合作能力、问题解决能力、交际能力等核心素养有重要的促进作用。基于调查结果，我们修订了原有的目标框架，并与教师共同建构了具体指标。

问题式学习课程目标体系建构后，为了使目标体系更具科学性和可持续性，我们还向社会各界广泛征求意见，认真听取专家学者、管理人员、教研人员、其他一线教师的意见建议，对目标体系初稿进行修改补充。

三、幼儿园问题式学习课程目标体系

问题式学习课程目标体系总共分为两层。处于顶端的是"核心素养"，问题式学习课程六大素养是对儿童在3—6岁阶段发展的共性期待，强调问题式学习的理念、方式以及内容对幼儿发展产生的积极影响。在"核心素养"后是各领域目标，这里的各领

域目标是聚焦于问题式学习课程的，也是问题式学习课程核心素养在各个领域的具体表现。幼儿通过问题式学习建构各类核心经验，并由此获得核心素养的发展，"核心素养"和"领域目标"形成一个闭环，共同为幼儿的终身发展服务（见图2-1）。

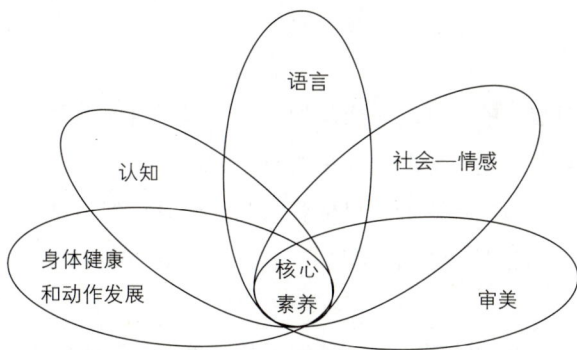

图2-1　核心素养与五大领域目标关系图

（一）核心素养

核心素养是问题式学习课程目标体系的价值指引，是问题式学习课程实践者对幼儿的共性期待，是通过对十几年实践的总结和观察最终形成的。六大核心素养立足于问题式学习本身的价值，同时着眼于幼儿适应未来所必需的品质和能力，对领域目标以及问题式学习活动组织实施具有重要指导作用。

1. 好奇心

好奇、好问、好动是幼儿的天性，是幼儿探索和认识世界的内部动力，同时也是创造性人才的重要心理特征。根据好奇心的结构，幼儿期好奇心素养要求儿童对周围事物和现象感兴趣，能愉快探索；关注未知事物和现象并及时弥补差距；同时能积极面对问题，有解决问题的信心和决心。

2. 合作问题解决

合作问题解决是一种复合型的能力和品质，其发展能够激发幼儿超越他们的潜力去挑战更复杂的问题。合作问题解决素养要求幼儿同时兼具良好的认知和社会技能，能够有效参与到两个及以上的成员组成的团队合作中，协商以达成共识，共享知识、技能，最终形成凝聚团队智慧的问题解决方案。

3. 交流沟通

交流和沟通是语言的基本功能，是幼儿认知发展、人际交往、社会适应的前提条件。交流沟通素养重点强调幼儿语言运用能力的发展，要求幼儿在不同情境下能够具备三方面的能力：进行接受性的沟通；进行富有表现力的交流；积极参与对话。

4. 想象创造

想象是幼儿与生俱来的能力，发展想象创造素养旨在通过保护和发展的想象力来培养幼儿的创造力，以面对日新月异的社会。要求幼儿能主动积极地投入到各类需要想象力参与的活动中，通过活动参与逐步提高其想象创造的流畅性、灵活性、独创性、精密性。

5. 信息素养

信息素养是指对信息的识别、获取、加工、迁移运用的态度、方法和能力。幼儿时期是信息素养的启蒙时期，能助力儿童的自主学习，拓宽知识经验。根据信息素养的结构以及其在幼儿阶段的启蒙性，目标要求儿童能意识到信息的重要性，具有运用信息解决问题的能力，能恰当地使用信息。

6. 元认知

元认知对幼儿自我意识的形成、计划能力的培养、自我调控能力的发展具有直接影响，也是幼儿进行深度学习的重要基础。依据元认知结构要素，发展学龄前儿童的核心素养，目标要求幼儿逐步建构起清晰的自我认识，初步具有自我调控的能力，并在参与活动中获得积极的自我体验。

（二）领域目标

领域目标是问题式学习课程核心素养目标的细化，是根据不同的领域提出幼儿发展的要求。问题式学习课程中所提出健康、认知、语言、社会—情感、审美五大领域与《纲要》《指南》中的提法是趋向一致的。问题式学习活动有机整合了这五大领域的经验，幼儿在解决各类问题的过程中建构经验，发展核心素养。

1. 身体健康和动作发展领域

健康的体格是幼儿发展之根本，也是其他领域发展之基础。重视健康领域，旨在保障幼儿身体正常发育和技能健康协调发展，具有良好的心理适应能力，形成健康的行为习惯和良好的自我服务能力。

2. 认知领域

个体从出生起就开始了对周围环境的探索，认知领域正是强调幼儿探索过程所获得的规律性认识以及相应的探究和理解能力。根据皮亚杰的分类，幼儿应该建构物理、数理逻辑及社会习俗三方面的知识，并在建构知识的过程中逐渐发展相应的知识获取能力。

3. 语言领域

幼儿期是语言发展的重要时期，语言的发展对其他领域的学习与发展具有中介作用。语言领域涵盖了幼儿阶段语言学习和发展的关键经验，规定了幼儿应获得的听说读写基本能力，并强调幼儿语言能力的发展。

4. 社会—情感领域

社会化是幼儿学习与发展的中心任务之一。社会—情感领域的学习与发展，其实质在于促进儿童社会化，并在社会化过程中逐渐形成良好的社会性和个性。社会领域的目标要求包括对社会认知、社会情感和社会行为三方面的要求。通过问题式学习，幼儿能具有积极的自我意识及良好的人际交往能力，成为合格负责的社会公民。

5. 审美领域

审美是艺术最主要且基本的价值，并且艺术的其他价值始终是以审美价值为基础而发挥作用的，幼儿艺术创造性的发展离不开其自我审美价值的形成。发展幼儿的审美，希冀幼儿能够感受不同艺术形式的作品，在欣赏与创作中获得愉悦感，并能产生直接的审美判断。

～ 第二节　核心素养 ～

一、好奇心

（一）好奇心的内涵及意义

好奇、好问、好动是幼儿的天性，好奇心是他们探索未知、开启智慧、认识世界的内部动力，好奇心是指人受到未知的、新奇的事物刺激时所产生的注视和探索该事物的愿望或意向。它是先天形成的人类行为最强烈的动机之一。幼儿好奇心是个体遇到新奇事物或处在新的外界情景中，所产生的注意、操作、提问等行为倾向。[1]幼儿好奇心一般分为情景好奇和认知好奇。前者是由刺激物本身的一些特征所引起的，后者是指个体对知识的渴求。在问题式学习中，我们更为强调幼儿的认知好奇心，在觉察到疑难后，主动寻求信息弥补认知差距，在发现问题、解决问题的过程中体验到学习和探索的乐趣。

好奇心对于幼儿的知识学习还有心理健康都具有十分重要的价值和意义，也是创造性人才的重要心理特征。好奇心强的幼儿具有更高的创造力，能解决更多的问题。幼儿的好奇心和对知识的主动探索是创造力发展的基础，好奇好问作为创造性儿童的人格特征之一。[2]高好奇心特质的群体幸福感水平也高，较高好奇心水平能够提高情绪

---

① 刘云艳：《幼儿好奇心发展与教育促进研究》，博士学位论文，西南师范大学，2004。
② 董奇：《儿童创造力发展心理》，199页，杭州，浙江教育出版社，1993。

智力水平从而使人感到快乐。

　　问题式学习的发生源于真实的、复杂的、有意义的问题，而好奇、好问是幼儿的天性，幼儿会对自己感兴趣的事物进行提问和追问，在幼儿提问和追问的过程中，问题式学习便悄然发生。好奇是问题式学习的起点，为后续问题式学习的深入展开奠定前提和基础。同时好奇心也贯穿问题式学习的全过程。幼儿通过观察、感知和操作，在探索外界环境的过程中觉察到疑难，就疑难进行提问和追问，进而确定、启动一项新问题；确定问题后建构问题解决策略，在操作材料的过程中尝试运用策略执行问题解决。幼儿将会通过信息收集、构建策略以解决问题，在此过程中幼儿便在发现问题、解决问题的过程中建构了知识的意义，收获了学习的乐趣，促进了问题解决能力的发展。

（二）好奇心素养框架

　　目前，关于好奇心构成要素的划分存在不同的观点和看法，目前影响力较大的有二因素、三因素、四因素及多因素结构。好奇心的基本结构都包括了兴趣、探索和提问等要素，这些可以看作好奇心结构的核心要素。基于已有权威文献对好奇心概念的界定和结构要素的划分，结合问题式学习课程建构需要，我们将好奇心划分成四个维度的目标，即对周围事物和现象感兴趣；愉快探索；关注未知，积极发问；积极面对问题，有解决问题的信心和决心。好奇心素养的目标及要素划分具体见图2-2。

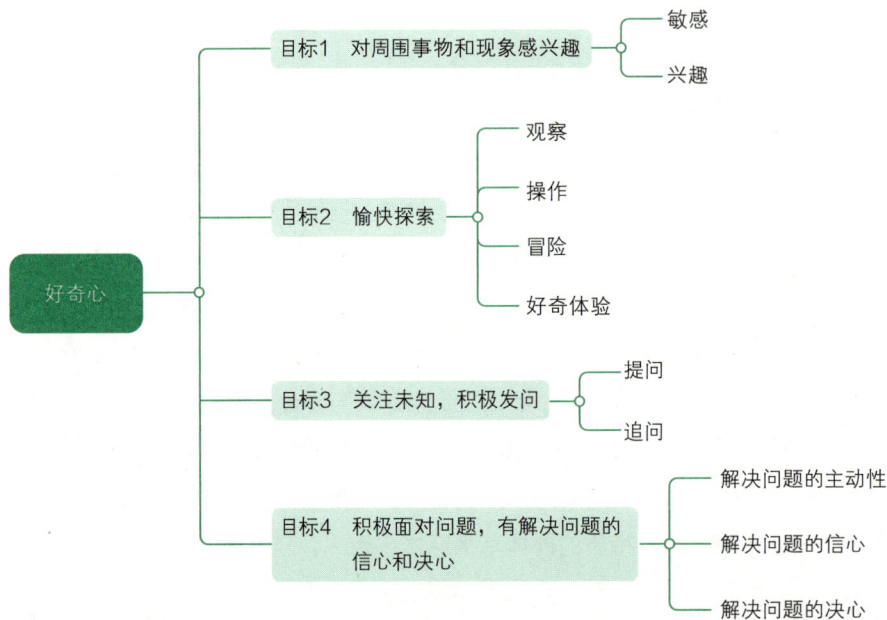

图2-2　好奇心素养的目标及要素划分

好奇心作为整个问题式学习的动力系统，驱动着个体持续地探索外部客观世界。我们主要将好奇心划分为以下几个目标。

目标1　对周围事物和现象感兴趣

兴趣是激发幼儿探索的重要内在动力，是指对未知事物和具有新意属性的事物的广泛关注与热情投入。[1]兴趣是由个体与环境的互动而产生的一种心理现象，分为个体兴趣和情境兴趣。个体兴趣是长期形成的一种相对稳定的个体倾向，是个体长期拥有的一种认知和情感品质，往往与特定的话题或领域有关，与个体的知识增长、价值观念和积极情感相联系。它导致有意义的学习行为，促进知识的长期保持，提高持续学习的动力。情境兴趣则是由于特定的条件或环境刺激而引发的或持久或短暂的直接的情感反应，是针对特定环境的、易变的。[2]基于已有研究文献，我们将目标1划分为两个要素：一是敏感；二是兴趣。敏感即有关客体本身的一些新异属性，如新奇性、变化性、不确定性、神秘性、复杂性所引发幼儿的接近行为。幼儿的兴趣分为个体兴趣和情境兴趣。

目标2　愉快探索

探索是好奇心的一个重要行为特征，主要指收集与环境相关的信息的所有活动，包括对客体的摆弄、操作、制作等行为。[3]愉快探索主要包括观察、操作、冒险和好奇体验。当幼儿在面对新奇的事物时，会通过观察来了解刺激物，观察一直贯穿于刺激物由新奇到普通的整个过程。操作活动是幼儿探索世界的主要方式，在操作、摆弄物体的过程中，幼儿会发现操作与物体结果之间的因果联系，成为幼儿探索自身与物体、物体与物体之间关系的重要方式。此外，幼儿通过对物体的摆弄、操作实现物体一系列变化，不仅可以使幼儿认识到自身操作与物体运动之间的因果关系，同时也可以让幼儿体会到对物体的控制感和自我价值感，具体表现为在探索中有所发现时感到兴奋和满足。

目标3　关注未知，积极发问

提问是一种一般智力不满足的状态。喜欢提问是好奇心强的幼儿最普遍的行为特征，不同年龄段幼儿在提问上呈现出不同的年龄特点。幼儿语言的发展为其好奇心的主动表达提供了最为直接的工具和途径。语言能力随年龄增长而提升，使得他们对很多事物的探究由视觉反应转为言语提问。不同年龄段幼儿在提问上的表现是不同的，如小、中班幼儿的问题大多停留在"是什么""怎么样"上，而大班幼儿还要问上几个

---

①刘云艳：《幼儿好奇心发展与教育促进研究》，博士学位论文，西南师范大学，2004。
②何旭明：《西方关于兴趣的界定与分类研究述评》，载《大学教育科学》，2010（4）。
③刘云艳：《幼儿好奇心发展与教育促进研究》，博士学位论文，西南师范大学，2004。

"为什么"。[①]好奇心强的幼儿不仅会提各种各样的问题，还会对自己感兴趣的问题进行追问，直至获得满意的结果。

目标4　积极面对问题，有解决问题的信心和决心

"面对问题的态度"，即个人在遇到问题时能主动认知并自主谋求解决的心理倾向及反应方式。在问题解决过程中，幼儿可能会遭遇一系列的挫折和挑战，但幼儿不轻言放弃，通过调整策略和情绪接续未完成的任务，表现出一定的坚持性。坚持性的培养需要教师的积极引导，当问题解决任务具有挑战性时，可鼓励儿童坚持下去，忍受挫折，克服困难并获得积极的效果。基于已有文献，我们将目标4划分成三个要素，即解决问题的信心、解决问题的主动性和解决问题的坚持性。通过问题式学习课程，我们期望幼儿具备解决问题的信心，能够积极主动运用多种策略解决问题，在解决问题过程中能克服困难坚持完成任务。

（三）幼儿好奇心发展特点

幼儿好奇心发展存在显著年龄差异，总体上幼儿好奇心是一个"V"形发展趋势，大班儿童好奇心水平最高，这与刘云艳的研究结果一致。具体来看，好奇心各要素发展水平也存在显著的年龄差异。幼儿在观察、兴趣、解决问题、幻想等方面存在显著年龄差异。其中观察随年龄增加降低，而兴趣则呈"U"形曲线，解决问题和幻想则随着年龄增加而上升。[②]幼儿对新事物的敏感和关注程度以及主动探究程度方面呈现一个"V"形发展趋势，即幼儿进入幼儿园的第二年以后对新事物的敏感、关注以及主动探究等行为频率出现了下降的趋势。幼儿探究持久性水平随年龄增大逐渐提高，提高主要出现在大班儿童。在提问上也存在年龄差异，幼儿对于原因和关系推理（为什么？怎么样？）等方面的提问次数有随年龄增大而逐渐增多的趋势，且各年龄段幼儿的原因和推理提问都要明显多于事实提问（是什么？干什么用？……）的次数，两者间差距逐年增大，这表明，幼儿随年龄增大和认知能力的增强，好奇心集中于对事物深层属性的关注，而对事物表面属性的好奇越来越不明显。[③]

（四）好奇心的目标及三级指标

好奇心的目标及三级指标见表2-1。

---

① 许颖：《浅谈儿童好奇心的发展及其培养》，载《辽宁师专学报（社会科学版）》，2005（1）。

② 刘云艳：《幼儿好奇心发展与教育促进研究》，博士学位论文，西南师范大学，2004。

③ 胡克祖：《3~6岁幼儿好奇心结构、发展特点及影响因素的研究》，博士学位论文，辽宁师范大学，2005。

表2-1　好奇心的目标及三级指标

目标	要素	三级指标		
		I 级	II 级	III 级
1. 对周围事物和现象感兴趣	敏感	会被新奇的事物吸引，主动接近新事物	询问有关环境中新物品的问题，对新材料感到兴奋	能敏锐注意到周围环境和材料的细节变化（例如，"种子发的芽比昨天更长一点了"）
	兴趣	发展个人的兴趣（如火车、动物）	表现出对某些活动的偏好，并能参加更长时间（例如，在自己喜欢的区域玩较长时间，表现出一定的抗干扰能力）	在他人协助下搜集新信息，以更多地了解个人兴趣（如对恐龙感兴趣，会在他人帮助下通过查询绘本、视频等了解更多关于恐龙的信息）
		对周围的人和事物表现出短暂的兴趣（如孩子拿起一个东西玩，但很快就放下，去玩别的东西了）	要求参与观察到的、听到的、别人在玩的新活动（如"我可以和你一起搭积木吗?"）	对事物的变化或事物之间的关系感兴趣（如发现常见物体的结构与功能之间的关系、光影、沉浮、季节的周期变化等）
		发展个人的兴趣（如火车、农场动物）	表现出对某些活动的偏好，并能参加更长时间（例如，在自己喜欢的区域玩较长时间，表现出一定的抗干扰能力）	在他人协助下搜集新信息，以更多地了解个人兴趣（如对恐龙感兴趣，会在他人帮助下通过查询绘本、视频等了解更多关于恐龙的信息）
		对周围的人和事物表现出短暂的兴趣（如孩子拿起一个东西玩，但很快就放下，去玩别的东西了）	要求参与观察到的、听到的、别人在玩的新活动（如"我可以和你一起搭积木吗?"）	对事物的变化或事物之间的关系感兴趣（如发现常见物体的结构与功能之间的关系、光影、沉浮、季节的周期变化等）
2. 愉快探索	观察	在一段时间内，能对感兴趣的事物仔细观察，发现其明显特征	在较长时间内，对感兴趣的事物或现象进行观察比较，发现其相同与不同	在更长时间内，能通过观察、比较与分析，发现并描述不同种类物体的特征或某个事物前后的变化
	操作摆弄	经常反复操作、摆弄自己喜欢的物品	对不同的物品和材料进行整理和组合，探索材料的新玩法	通过对材料持续地操作摆弄，萌发出具有创造性的玩法
	冒险	能在成人鼓励下完成一些有挑战性的任务	能克服未知和恐惧，独立自主探索自己不熟悉的领域	能预测判断、规避风险，对自己的行为后果负责

续表

目标	要素	三级指标		
		Ⅰ级	Ⅱ级	Ⅲ级
2. 愉快探索	好奇体验	对周围新奇的事物感到惊讶（如发现新奇的事物时会表现出惊讶的表情、语言和动作）	探索活动结束时表现出留恋（如仔细观察鱼儿游动，被告知结束后仍不愿离开）	探索中有所发现时感到兴奋和满足
3. 关注未知，积极发问	提问和追问		渴望了解和参与越来越多的讨论和活动，以分享或获取信息	表现出对实地参访和其他外出参访活动的热情，以获取信息弥补认知差距
		经常问各种问题，主要关于"是什么"的问题	参与关于事情发生原因的讨论，喜欢问"为什么"（描述为什么某些东西滚动而其他东西不滚动）	对自己遇到的一切问题进行提问以获取信息，包括是什么、为什么和怎么做
		能进行简单追问，会问"为什么"（例如，幼："蚕宝宝吃的是什么？"师："桑叶。"幼："为什么？"）	会进行至少2次追问（续前，师："因为这是它的食物"。幼："它还吃别的吗？"）	对自己感兴趣的问题总是刨根问底，会进行多次追问（续前，师："你觉得它还会吃什么？"幼："我觉得别的叶子也可以吧？我们可以试一试吗？"）
4. 积极面对问题，有解决问题的信心和决心	解决问题的信心	在成人鼓励下，能克服不良情绪，相信自己有能力解决问题	喜欢带头做事情或者帮助别人解决问题	在团体讨论中积极贡献策略，具有较强的自我表现欲望
	解决问题的主动性	在成人指导和帮助下，愿意尝试新的挑战	遇到问题能积极应对，不逃避问题	遇到学习或其他方面的困难，积极运用各种办法尝试解决问题
	解决问题的坚持性	即使任务有一定难度，也能坚持工作直至完成（例如，坚持完成一个有挑战性的拼图）	能克服困难，完成那些更长期的、不太具体的任务	在他人监督下能在长期的、复杂的项目上坚持下来，可以接续前一天的活动，继续完成任务。开始一项任务并一直工作直到完成

二、交流沟通

（一）交流沟通的内涵及价值

幼儿在日常生活中每一刻都在与周围的人和环境进行交往互动，良好的交流沟通有助于幼儿认识自己和他人，不断调整和重组其知识结构，认识周围世界。交流指的是通过言语或非言语的方式来完成的交谈、对话，倾向于通过谈话交换信息的动态过程。沟通是人适时地通过书写、口头与肢体语言等各种媒介，有效、明确地向他人表达自己的想法、感受和态度，亦能快读、正确地解读他人的信息，从而了解他人的想法、感受与态度。[①]国外学者对"communication"界定的概念给我们传达了三个重要的信息：沟通的主体是发送者和接收者；沟通的方式不仅包括语言，非语言的方式例如图画、音乐也可以与人进行交流；沟通的最终目的是达成一致或相互理解。本目标从交流沟通本身出发，将交流沟通的定义界定为：在与人交往的动态情境中，幼儿通过言语活动或非言语活动的方式与人积极沟通，向他人表达自己的想法、感受和态度以达成一致和相互理解。言语活动即运用口头语和书面语向他人展示理解或表达意图，非言语活动包括运用肢体动作、表情、手势、音乐、戏剧、建构等方式向他人展示理解或表达意图。

交流沟通渗透在问题式学习课程的方方面面，问题的产生会引发幼儿间的讨论，解决问题需要拟定解决问题的策略，这就涉及搜集信息以形成资源；在游戏中幼儿遇到困难时会进行分工合作，产生冲突时可以进行协商；游戏结束后要将自己的游戏过程以图文并茂的形式呈现出来，并在集体面前进行分享；一段时间的学习之后会产生学习结果，幼儿需要布展演说其创作的作品……问题解决的过程中蕴含着各种各样人与人、人与物对话的契机，幼儿的交流沟通能力不断得到提升，同时交流沟通对促进问题的解决起到重要作用。

（二）交流沟通素养框架

在建构交流沟通目标过程中，我们从教育理论、语境理论和互动语言学等语言学理论中发现了儿童的语言学习的整体性、情境性和社会性等特征；从各国颁布的学前教育相关的文件提炼出儿童在交流沟通方面学习与发展的重要目标内容；从学前儿童在言语方面的发展特点可获得儿童言语发生发展的趋势，目标的建构要遵循并符合儿童语言的学习与发展规律。已有研究从沟通方式、沟通能力、沟通技术等方面对交流沟

[①] 刘金玲：《大学生沟通技能和人际交往效能感的关系及其干预研究》，硕士学位论文，漳州师范学院，2012。

通的构成要素进行划分，交流沟通一般可以分为非言语表达、言语表达和倾听，可见倾听与表达是目标建构重要参考要素，结合其他划分交流沟通构成要素的因素说，会话的能力、移情能力、有说服力、叙述的能力、调整对话的能力都是划分结构要素的依据。

儿童言语发展的整体特点是先听懂后会说，也就是理解和表达，在交流沟通目标中体现为儿童吸收、习得理解性的交流沟通素养，再运用获得的交流沟通素养与人交往互动，积极表达自己的想法，再发展到更高水平的交流沟通也就是在不同的场景下与不同的人进行"对话"。这三个子目标体现了一定的逻辑性和层级性，并且贴近儿童的言语发展特点，符合问题式学习课程的特色。基于此，最后将交流沟通的子目标确定为：展示接受性的沟通；展示富有表现力的交流；展示参与对话的能力（见图2-3）。

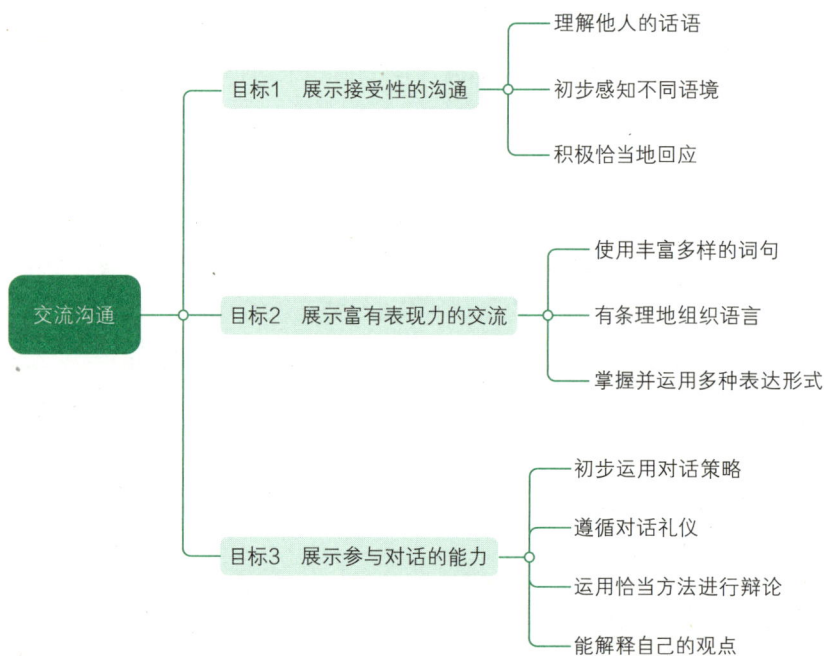

图2-3　交流沟通素养的目标框架体系

目标1　展示接受性的沟通

展示接受性的沟通，即幼儿在交流沟通的过程中能够倾听他人说话，理解与说话对象谈论的内容，在阅读故事、文字或查看图片时理解其所传达的信息，通过理解做出一定的言语或非言语方式上的识别或回应。例如，在分享阅读活动中，幼儿不仅能够根据图画传达的信息，理解故事的发展情节，还能根据故事情节联想到自己的经历。在与不同的对象对话时，能够感知不同语境下对话的内容，例如，意识到自己与他人想法的不同，并能够分辨出不同点。幼儿在理解他人想法的同时也在学习新的词汇和句子结构、语法规则等，并能将自己的所闻所见与先前的知识经验联系起来，进一步调整和增长其各方面的知识与经验。

目标2　展示富有表现力的交流

幼儿最开始只能使用简单的字、词汇和句子与人交流，逐渐发展到掌握丰富的词汇、复杂的句子结构和语法规则，运用图画、文字、戏剧、建构等多样化非言语的方式向他人表达自己的想法和需求，从说话缺乏条理性逐渐过渡到有条理的讲述事情，展示富有表现力的交流。幼儿进行交流沟通都是出于一定的目的，表现为用手势和动作传达自己的需要、用表情传达自己的态度、用言语表达自己的情感等。例如，幼儿在戏剧中心开展的《贝尔与她的朋友们》表演活动，幼儿分饰不同的角色，运用丰富的表情、动作和话语将人物的特点刻画出来。在区域美工活动中幼儿会将不同的绘画工具进行组合使用，并积极与同伴分享绘画作品中所蕴含的信息。幼儿还会通过高水平的方式进行交流沟通，如在众人面前演讲，谈论的内容可以包括过去发生的、现在进行的和想象未来可能发生的事情，在表达的同时能够掌握多种形式。

目标3　展示参与对话的能力

在生活和游戏情境中，幼儿交流沟通的时间、地点、对象、话题、目的等方面是不尽相同的，幼儿需根据交流情境儿童采用恰当的交流沟通策略。在交流沟通过程中根据自己或双方共同关注的话题发起对话、维持当前的对话主题、持续进行多轮对话，在与人对话时大方自然，自信自如并遵循一定的对话礼仪。当幼儿与他人产生不一致的意见时，运用恰当的方式而不是冲突来解释想法，幼儿可以通过良好的交流沟通向对方传递自己的观点、坚持自己的观点、尝试运用不同的方式证明自己的观点、理解和尊重别人的观点等。在对话的过程中，幼儿能够自信地表达出自己的所思所想。通过对话，幼儿可以创造和交换信息，使对话变得更有意义，并在对话过程中培养和保持文明的用语习惯。

（三）幼儿交流沟通发展特点

1. 幼儿言语发展特点

随着年龄的增长和生活经验的丰富，3—6岁幼儿在言语发展上越来越成熟，到6岁时，儿童已经能够辨别绝大部分母语中的发音，也基本上能发准母语的绝大部分语音。幼儿最初对于词的理解是部分的、个别的，幼儿最初只能掌握词的本义，不能理解词的转义。随着年龄的增长，幼儿逐渐能够从部分的、个别的语义向掌握整个的语义特征发展，对词的理解逐渐由单一向多义发展。从简单句到复杂句此外，3岁半以后幼儿出现较多复杂修饰语句，句法结构的发展在4-5岁较为明显，5岁幼儿语句结构逐渐完善，6岁时水平逐渐提高。[①]

在口语表达能力的发展上：①幼儿的言语刚开始是对话式的，只有在与成人的共同交往中才能进行，由于独立性的发展，幼儿具备了表达自己思想的能力，慢慢能够形成独白语言。②随着幼儿年龄的增长，情境性言语的比例逐渐下降，连贯性言语的比例逐渐上升。整个幼儿期都处于从情境性言语向连贯性言语过渡的时期。③3岁以后的幼儿讲述逐渐具有条理，主要表现为讲述的内容与主题紧密相关，并且层次逐渐清晰。④随着年龄的增长和生活经验的丰富，幼儿不仅可以学会清晰而有逻辑地表述，而且能够根据需要恰当地运用声音的高低、大小、快慢和停顿等语气和声调的变化，使言语更为生动形象。

2. 幼儿非言语发展特点

从幼儿使用非言语交流方式所表达的人际交流功能丰富性来看学前儿童的非言语交流发展。3岁幼儿出现用身体动作表达礼貌，用手势表达提问，用注视表达礼貌、呼唤和拒绝。4岁幼儿出现用身体动作表达提问，用手势表达给予物件。4岁出现用身体动作表达呼唤。要求、拒绝、回应和给予讯息这四项功能在这一年龄段得以继续发展。幼儿在4.5-5岁以后运用非言语交流方式表达的人际交流功能逐步减少。除了5岁幼儿在用身体动作表达拒绝、用手势表达要求和拒绝之外，其他年龄段所采用的非言语交流方式仅表达回应和给予信息。6岁幼儿没有单独用面部表情和发声表达过任何的交际功能。这可能与幼儿在口语发展已经较完善有关，幼儿有了口语能力之后，单独运用非言语交流方式就减少了。从幼儿在非言语的理解和表达上的行为表现来看幼儿非言语交流的发展，3-5岁幼儿开始表现出对非语言暗示的理解(例如，骄傲、不高兴、鼓励的面部表情)，并能够画一些简单的图画或是涂鸦文字来传达一个信息或一个想法；5岁以上的幼儿在辅助下用物体和人画图来传达一个想法或事件，用图片、个人经历或文化和一些单词制作一本简单的故事书。幼儿在非言语上的表达形式越来越多样，表达深度也在逐渐加深。

（四）交流沟通的目标及三级指标

交流沟通的目标及三极指标见表2-2。

---

① 参见刘学新、唐雪梅：《学前心理学》，北京，北京师范大学出版社，2014。

表2-2 交流沟通的目标及三级指标

目标	要素	三级指标		
		Ⅰ级	Ⅱ级	Ⅲ级
1. 展示接受性的沟通	理解他人的话语	能够理解并遵从口头指示； 能够听懂短小的儿歌或故事	能把自己的经验、知道的知识和故事联系起来； 听故事后，通过肢体语言或复述所听到的内容来表示理解	能说出图画书中的主要情节，并有自己的理解和想法
	初步感知不同语境	别人忧伤时能表现出同情能够围绕话题说出自己的感受； 用手拿别人的玩具前会先口头提出请求；用别人的物品前先用嘴说出请求	开始用语言处理冲突，如同伴拿了玩具，会说"把那个玩具还给我"，而不是直接用手去还击； 意识到别人的想法会与自己不同，并能够鉴别出	能意识到别人的不愉快或受到伤害，并说出来； 注意到不同语调和节奏（例如，能辨别幽默和严肃的语调变化的区别）； 能够清楚地说出自己与别人的不同，如，我爸爸是……而你爸爸是……
	积极恰当地回应	对看到的、听到的、触摸到的、感觉到的和尝到的东西做出口头和非口头的回应； 能根据画面说出图中有什么、发生了什么事情等	积极参与小组讨论，对正在进行的对话提供信息； 能根据连续画面提供的信息，大致说出故事的情节或图书的主要内容	根据故事回答问题，参与相关的讨论并能说出一段故事的主要意思、事实； 能说出所阅读的图书的主要内容并能对所阅读的图书说出自己的看法
2. 展示富有表现力的交流	使用丰富多样的词句	能用适当的词描述别人的动作或是图片上的事情，如那个人跑得快、圆圆的太阳等	使用多句话来表达需求、想法、行动或感受； 用新词描述某件谈过的事、熟悉的物品或场景 用词描述动作（如跑步、走路）和情绪（如高兴、悲伤、疲惫和害怕）	讲述时能使用一些表示因果、假设等结构相对复杂的句子
	有条理地组织语言	描述熟悉的人、事、物、地点，并在成人的帮助下提供其他详细信息	能基本完整地讲述自己的所见所闻和经历的事情； 能够详细描述活动，经历或故事	能有序、连贯、清楚地讲述一件事情； 能有序、连贯、准确地介绍自己熟悉的事物
	掌握并运用多种表达形式	当不能用言语表达自己的想法时，会使用动作、表情、声音和手势代替言语表达	用文字或标志表达自己的观点、喜好和意见； 借助工具表达自己的心情和感受或表征信息，如蜡笔、颜料、积木、木头、乐器等	对生活情境中的文字符号感兴趣，愿意用图画、符号等方式记录自己的想法和发现

续表

目标	要素	三级指标		
		Ⅰ级	Ⅱ级	Ⅲ级
3. 展示参与对话的能力	初步运用对话策略	能够发起对话，引起他人的注意	在涉及多个回合的双向对话中保持话题的连续性； 能够在小组讨论或任务中添加自己的想法，并能够在小组活动中引起他人讲话	就感兴趣的话题展开对话，提出并回答问题，注意其他人是否明白； 维持和扩大与同龄人和成人的对话
	遵循对话礼仪	倾听他人的声音，轮流发言； 能够在成人的提醒下有礼貌地使用口语、动作和表情与人交流	与成人和同龄人交谈时，使用适当的眼神交流； 在日常生活中文明礼貌用语	根据对话的场合、对象，调整说话的内容、语气
	运用恰当方法进行辩论		了解别人与自己的观点可能不同； 尝试用语言而不是哭、闹等方式反驳与自己不同的观点	愿意遵守辩论规则； 能使用合适的语言清楚地表达自己的观点； 尝试运用不同的策略说服他人接受自己的观点
	能解释自己的观点	介绍自己喜欢的玩具、衣服及理由	尝试找出不同的理由来解释证明自己的观点； 用谈话帮助解决问题、组织思考与活动。解释事情如何运作，以及为什么可能发生	在有质疑、有反驳的情况下，多角度地坚持自己的观点

三、想象创造

（一）想象创造的内涵及意义

想象是指主体对头脑中已有的表象进行加工改造，重新组合成为新形象的过程，想象可以进一步划分为再造性想象和创造性想象，前者是根据语言或非语言的描绘在头脑中形成相应的新形象的心理过程，后者是依据一定的目的和任务在头脑中独立地创造出新形象的心理过程，具有新颖性、独立性与创造性。[①]创造力则是根据一定目的，运用

[①] 黄玉娇：《材料结构及投放方式对幼儿创造性想象的影响研究》，硕士学位论文，西南大学，2014。

一切已知信息，产生出某种新颖、独特、有社会或个人价值的产品的能力品质。[①]创造性是思维活动的高级形式，是个人在已有经验的基础上发现新事物、创造新方法、解决新问题的思维过程。[②]幼儿的创造性是幼儿对已有经验进行选择、重新组合，加工成新模式、新思路或新作品的过程。儿童的创造力就是运用自我表现材料，进行想象游戏，提出新观点、新想法或是解决问题的能力。[③]

在问题式学习课程中，想象创造是指幼儿在重新组合头脑中表象的基础上，根据自身的意愿，用新颖、独特的方法产生具有个人价值的产品的过程。产品的内涵是非常广阔的，既有可能是实质性的物体，例如，自己设计的机器人模型、绘画、创编的舞蹈等；也包含了非实质性的新想法、新策略等。幼儿可以利用他们的想象力和创造力，通过各种媒介、各种方式，组合出各种令人想象不到的事物，表达自己的想法、情感，解决问题，在想象创造中，幼儿有更多的探索与学习的机会，并不断地积极进行尝试与反思，开启认识自我、他人和世界的大门。在解决结构不良问题的过程中，幼儿需要运用自己的想象力与创造力建构多种问题解决方案，几乎所有的创造活动都离不开想象这一心理过程。与成人有目的的想象创造不同，幼儿更注重想象与创造的过程而非结果。幼儿在想象与创造过程中的良好体验感能够促进幼儿对创造性的活动产生兴趣并引发出下一次的活动。想象是创造性的重要心理成分。[④]

（二）想象创造素养框架

创造性思维包含问题解决和想象两个过程，是思维与想象的有机统一体。[⑤]幼儿的创造建立在想象的基础之上：自由的想象能够带来灵感，引发出幼儿的创造性活动。通过想象，幼儿能够将感知、储存在头脑中的表象进行重新组合，从而赋予自己的个人特点，而这恰恰是幼儿创造力的萌芽。随着年龄的逐步增长，幼儿想象的有意性逐步提高，相应地，幼儿创造的流畅性也会逐步提高。幼儿缺少想象力作为基础则无法发展自己的创造力，而创造力是幼儿丰富的想象的体现。发展幼儿的想象创造，需要明确两个要点：首先，提高幼儿的想象水平是发展幼儿创造力的前提；其次，激发和培养儿童的创造力是最终的目的。想象创造素养框架如图2-4所示。

①林崇德：《培养和造就高素质的创造性人才》，载《北京师范大学学报（社会科学版）》，1999（1）。
②参见陈琦、刘儒德：《当代教育心理学》，北京，北京师范大学出版社，2007。
③参见陈帼眉、姜勇：《幼儿教育心理学》，北京，北京师范大学出版社，2007。
④参见彭聃龄：《普通心理学》，284页，北京：北京师范大学出版社，2004。
⑤王连洲：《8-14岁儿童创造性想象发展的实验研究》，硕士学位论文，河北大学，2005。

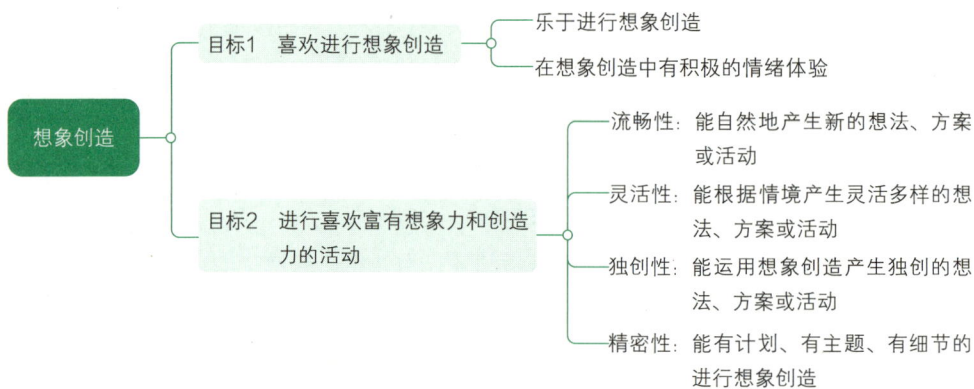

图2-4　想象创造素养框架

目标1　喜欢进行想象创造

幼儿的想象创造频繁出现在幼儿的游戏活动、艺术表达活动之中，这些活动往往深受幼儿的喜爱，幼儿全身心投入活动之中，并会产生积极的情感体验。该目标聚焦于幼儿想象创造过程中投入、欢愉、专注等积极情感体验。幼儿的想象创造往往受到积极情绪的推动，即幼儿感到愉快、喜悦等情绪。这种积极情绪是形成幼儿强烈创造需要的基础，这种需要不仅指向创造的成果，而且指向实现创造的过程本身。该目标提醒教育者，在发展幼儿的想象与创造力时，保护幼儿的主动性、关注幼儿积极的情绪体验是极其重要的，最初，幼儿的想象创造可能无关乎技能水平的高低或是方式的选择，他们只在乎过程中的体验或感受。在这样的过程中，他们展现出各式各样的状态，或静或动，或活泼或认真，这些状态都能够成为积极情感态度的体现。他们会乐此不疲地将自己的想法、感受以各种形式传递给他人，想象力和创造力在这种积极的、主动的态度中也得到了发展。

目标2　进行富有想象力和创造力的活动

进行富有想象力与创造力的活动目标指向幼儿想象创造的水平与能力，希望幼儿在主动投入、积极体验的基础上逐渐展现更高水平的想象创造能力，在问题解决过程中能够自如地运用想象创造发现问题、提出高质量的问题解决方案、创造性地解决问题。此目标借鉴创造性思维的维度划分，将幼儿想象创造活动的流畅性、灵活性、独创性、精密性设为四个要素。

流畅性是指思维敏捷，反应迅速，对于特定的问题情境能顺利指出多种反应或答案的能力。[1]对幼儿而言是指幼儿在游戏、活动中能够源源不断地产生各种新的想法、问题的解决方案。问题式学习课程为幼儿提供了各种各样的问题情境，在这个情境

---

[1] 王灿明：《儿童创造力的测量与评价简析》，载《学科教育》，2001（12）。

中，幼儿需要不断地思考、提出各种问题解决策略。

灵活性是指摒弃旧的习惯思维方法并开创不同思维方向的能力，思维灵活的人往往有较强的应变能力和适应性。对幼儿而言便是能够大胆地想象创造、自由联想，在求异的思维方式下，不断地朝着不同的方向、迅速及时地调整思路，按照自己的逻辑以任意方式进行思考并产生新的想法。在这种思考方式下，幼儿更加善于探索周围的事物，能够突破思维的局限性，从不同角度思考同一事物。

独创性是指产生不寻常的和不落常规的反应的能力，能形成与众不同的独特见解。3岁以后的幼儿个性逐渐形成，会逐步出现比较稳定的个性特征并且有明显的个体差异。幼儿便能够逐渐脱离以模仿为主的思考方式，并按照自己不同的喜好和经验提出对问题的独特想法和解决方案。

精密性主要体现在幼儿想象创造过程中对细节的关注和表现，幼儿就一个想法进行延伸或扩展。托伦斯认为创造性思维必须善于考虑事物的精密细节，目的和细节的加入使得问题解决的策略更加完整和清晰，并能体现在幼儿想象时的计划性，这同样也是对幼儿在想象创造中高水平的要求。当幼儿的想象创造中出现目的性、主题和细节，使得表达更加完善，则说明幼儿精密性能力在不断发展。

（三）幼儿想象创造发展的年龄特点

1. 幼儿想象的发展特点

3-4岁的幼儿想象力发展迅速，这时期的想象基本上是无意的，是一种自由联想。他们在开展想象活动前一般是没有明确目的的，即使在成人的指示下有时能在活动之前说出主题，但后来的行动并不能实现自己所说的主题，也就是没有前后一贯的活动主题。想象内容也是零碎且贫乏，数量少而单调，通常是重复生活中常见的几种东西，并且想象表象之间毫无联系。这个年龄的孩子想象受感知形象的直接影响，想象的表象往往由感知的形象联想到某种表象而构成，并且不追求想象的成果，以想象的过程为满足。此外他们的创造想象的水平很低，在教师的启发下，能够进行想象。但基本属于再造想象，并且想象有极大的夸张性。

4-5岁的幼儿无意想象出现了有意的成分，但仍以无意想象为主。虽然他们的想象常常随着感知形象、外来因素和自己的情绪而变化，但能够在想象之前说出想做什么，行动能够按目的和计划进行。他们的目的计划非常简单，想象过程通常和行为相结合，也就是边想边画，因此画完后的描述往往比画前丰富得多。这个年龄的幼儿想象主题的变化基本有了范围，即使偏离主题也不会离题太远，想象的内容也较以前丰富，但想象的形象仍然是零碎片段，缺乏更好的组织和联系。他们独立性有所增加，但大多数小朋友会偶尔看别人的画进行模仿，新异性比小班幼儿增加了许多，但水平仍然很低。4-5岁的幼儿已能用图形组合出许多别人意想不到的物品。

5-6岁的幼儿有意想象和创造想象都有了明显的表现。他们能够在想象活动前有明确的主题，整个活动过程能够有秩序地按照计划进行，并且不脱离想象主题。他们不仅有想象的主题，而且会构思想象的情节。想象的内容涉及面也比以前宽广得多。5岁以后幼儿的想象内容开始有了更多的新颖性，但通常仍是以再造想象为主，想象表象和记忆表象距离不远。除此之外，他们会注意到所创造的想象形象与客观事物的一致性，力求想象形象符合客观逻辑。[①]

2. 幼儿创造性发展特点

幼儿期被认为是创造力的萌芽时期。总体而言，创造性思维随儿童年龄的增长而不断发展，创造性想象的成分随之增多，有着强烈而广泛的好奇心，精细性也不断提高。4岁时幼儿的创造力发展最为迅速，但到了5岁时发展速度变缓，甚至可能出现突然下降或停滞的创造力"低潮期"，表现出倒 U 形发展特点。[②]幼儿创造性思维具有脆弱性和不确定性。学前幼儿的活动以游戏形式为主，幼儿的思想和观点受到外界的包容度更高，受到的约束和压力少。尤其是他们被鼓励进行想象与创造，这对于幼儿的创造性思维发展提供了良好的自由宽松的氛围。幼儿的创造力在5岁开始下降，可能与幼儿面临入学压力有关。无论是中国还是西方国家，5岁的幼儿被要求学习更多的知识技能和社会规范，幼儿可以自己发挥想象创造的空间减少了，幼儿的学习活动越来越多，逻辑推理、抽象思维方面的培养受到重视，因此想象内容更趋于合理性。同时幼儿的创造性受到了限制，会更多地考虑表达内容逻辑是否合理、表达技能能力高低等因素。这可能对于幼儿的创造性会产生负面影响。学前儿童创造性思维发展的总体趋势是流畅性高于变通性，变通性高于新颖性，且表现出明显的个体差异。思维的新颖性发展难度更大，需要顿悟和克服定势，以及进行远距离联想的思维过程，且额叶是思维新颖性产生的功能部位，但学前儿童额叶的发展尚不充分。[③]

托朗斯发现，幼儿首先懂得对物品的通常习惯的使用方式，然后不断地在熟悉的物品上发现出新的特性和功能，"发明"出新的使用方法，甚至创造出新的产品。例如，一个塑料小杯，幼儿最初懂得它的用途是盛水喝，以后在游戏活动中，他发现在上面安一个小把就可以当作小沙桶，在河边捉鱼时又变成了水桶。之后，他把小把拆掉，在小杯的四周用颜色纸装饰起来，变成了一个铅笔筒。过后不久，他又用小桶做了一个望远镜。这样，幼儿每发现小杯的一种新特性，并依据这种特性得出小杯的新用途，都是对小杯原有的固定功能的解脱，从而发展了儿童的创造力。4岁以后幼儿学会利用创造力完成项目或任务，如使用各种方法进行创造，提出创造性的观点或产生新的游戏想法；6

---

① 陈红香：《三至六岁幼儿创造想象发展的调查分析》，载《学前教育研究》，1999（4）。
② 叶平枝、马倩茹：《2-6岁儿童创造性思维发展的特点及规律》，载《学前教育研究》，2012（8）。
③ 叶平枝、马倩茹：《2-6岁儿童创造性思维发展的特点及规律》，载《学前教育研究》，2012（8）。

岁幼儿思维的变通性有了极大的发展，创造力表现不再局限于食品和身边的日用品等，而是将思维的触角伸向了社会生活的诸多方面，如农产品、军事武器、建筑物、装饰品等。[①]在游戏活动中，创造性强的幼儿能从普通的小物品（如一根小木棍、一个碗）中发现许多不寻常的用途，从而玩出新的花样。

（四）想象创造的目标及三级指标

想象创造的目标及三级指标见表2-3。

表2-3 想象创造的目标及三级指标

目标	要素	三级指标		
		Ⅰ级	Ⅱ级	Ⅲ级
1. 喜欢进行想象创造	乐于进行想象创造	喜欢进行想象创造活动简单摆弄材料和工具，运用各种材料进行涂涂画画，拼拼贴贴	能够大胆地进行想象创造；经常运用各种材料表达自己的想法	主动发起并邀请他人参加创造性的游戏、活动；主动寻找、整合各种材料表达自己的想法
	在想象创造过程中，产生并维持积极的情绪体验	活动中保持积极的情绪；在成人的引导下，与他人分享自己愉悦的心情	积极主动投入到创造性游戏、活动中；记录、讨论分享体验到的成就	能有目的、有计划地进行想象创作游戏、活动；准确地分享和表达自己在活动中的情绪感受
2. 进行富有想象力和创造力的活动	流畅性：能源源不断地产生新的想法、方案或活动	能在成人的引导下思考不同的问题解决方案；看到物品能说出多个想法	能思考问题的多种解决方案能想出两种及以上解决问题的方案；与同伴交流、分享，能产生多种不同想法	能根据实际问题提出多个可行的解决方案；能够主动思考问题的多种解决方案；可以使用不同的、灵活的方法来解决长期的、更抽象的挑战
	灵活性：能根据情境，产生灵活多样的想法、方案或活动	在成人的支持下，用不同的方式表现自己的想象，如绘画、搭建；尝试各种不同的工具或材料并进行重组	能利用不同的资源，灵活、新颖地解决问题；以新的方式组合材料、物品和设备，产生多种用途	想象创造的内容比以前更宽广；以独创性的或者有创造力的方式重组素材

① 王小英：《幼儿创造力发展的特点及其教育教学对策》，载《东北师大学报》，2005（2）。

续表

目标	要素	三级指标		
		Ⅰ级	Ⅱ级	Ⅲ级
2. 进行富有想象力和创造力的活动	独创性：能运用想象创造产生独创性的想法、方案或活动	能够赋予物体新的功能；能够在行动中发现和产生新的想法	能说出自己与别人不同的想法；能根据自己的独特想法形成初步的作品；能够脱离具体实物和他人讲述进行想象；能提出创造性的观点或产生新的游戏想法	经常能提出创造性的观点，产生新的游戏想法；能清楚表达自己不同的想法并形成符合想法的作品；能够独立地进行想象，营造出一个想象的世界
	精密性：能有计划、有主题、有细节地进行想象创造	能说出创造的作品里有什么，包括颜色、材料等	想象活动有一定的目的，偶尔会偏离主题，在行动之前能够说出想做什么；能够围绕一个主题持续进行想象；作品中出现细节，如在一个桌上画一个盘子和各种各样的水果，表达这是水果拼盘	能够进行有主题、有连贯、丰富情节的想象；能把想法精准表达并能完成有多处细节的作品；会有目标地进行创造性的创作

四、合作问题解决

（一）合作问题解决的内涵及意义

合作问题解决起源于问题解决，指向合作性，聚焦问题解决与合作之间的动态交融，强调在解决问题的个人层面，适切融入合作性社会素养，强调与小组成员之间建立并维持统一的认识，在问题解决过程中共同合作努力。[1]学生合作解决问题融合了传统概念上的合作能力与问题解决能力，是学生在复杂情境中投入认知、行为、情感要素与异质群体进行合作所体现的综合素养。[2]合作问题解决素养是在问题解决过程的合作学习中发展起来的。具体是指在遇到问题时，幼儿能够发起合作或参与到团队中，积极地贡献自己的方法，通过协商的方式形成问题解决方案并付诸行动的能力。合作问题解决素养不仅关注儿童的合作能力的发展，更核心的目标是培养幼儿在问题情境中同他人一起建构学习与发展机制的社会性能力。

在问题式学习课程中，幼儿组成一个新的小组，启动一项新问题，构建策略采取行动问题，展示学习成果以及问题解决后的总结反思等环节无不展示着幼儿的合作行为，这一系列合作行为交织并串联起了整个学习过程，基于问题的学习为儿童开展有效的团

---

[1] 马晓丹、王艳芝：《合作问题解决（CPS）中"合作"价值的缺失与重构》，载《天津师范大学学报（基础教育版）》，2019（3）。

[2] 李新：《PISA视域下的合作解决问题能力：内涵、测评及反思》，载《世界教育信息》，2018，31（5）。

队合作提供了场域支持。儿童具有合作解决问题的能力，并且这种能力能够在游戏中得到发展，游戏中问题的产生使他们有更多的机会与同龄人进行社会互动，并可能超越他们的潜力来挑战更复杂的问题。幼儿的合作能力体现在幼儿在日常生活中（如游戏、学习等）能与同伴协调关系、商量解决办法、分工合作从而确保活动顺利进行，以达到某种目标。

（二）合作问题解决素养框架

我们发现合作问题解决能力存在复杂的内在机制，除了合作结构外，还包括个人层面问题解决的认知成分。合作问题解决能力对问题解决能力提出了新的要求，要求个体具有同时兼具良好的认知和社会技能，能够有效参与到两个及以上的成员组成的团队合作中，协商以达成共识，共享知识、技能，最终形成凝聚团队智慧的问题解决方案。在问题式学习课程中，发展儿童的合作问题解决素养，实际上是"激发儿童在解决问题的过程中积极的合作倾向，培养他们的合作能力，达到解决问题的目的"。幼儿合作问题解决的培养：首先是激发幼儿良好的合作意识，培养他们的团队精神，包括自信、尊重、互助、友善等合作态度和品格；其次是培养幼儿合作形成问题解决方案的能力，包括观点采择、分工、策略贡献等能力；最后则是培养幼儿合作执行问题解决方案的能力，包括理解和执行行动计划、制定并遵守规则、协商解决冲突、协作调整细节等能力。

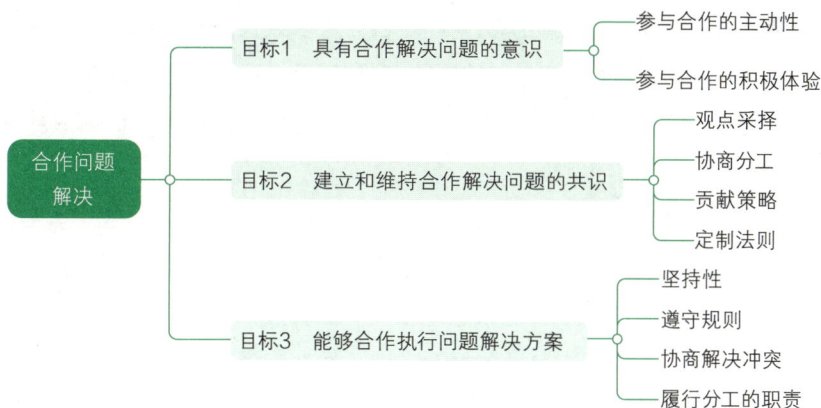

图2-5　合作问题解决素养的目标框架

目标1　具有合作解决问题的意识

合作意识具体体现为一个人是否具有团结协作的精神，除了表现为能够主动参与合作外，还表现为能亲和他人。问题式学习期望儿童在问题解决动机驱动下，能够学会分享、倾听、沟通、尊重、互助，从而与同伴建立起友善、亲密、信任的合作关系。在学前期，尤其是在问题解决的情境下，幼儿经常会出现向他人求助的行为，而这往往是幼儿开展团队合作的契机，也是幼儿合作意识的萌芽。在寻求帮助的过程中，幼儿需要从认知方面评估任务的困难程度以及自己目前的能力水平。同时必须认识到自己遇到了问题，决定是否需要寻求帮助，考虑向谁寻求帮助。

目标2   建立和维持合作解决问题的共识

形成合作解决问题的共识是指在遇到复杂问题后，幼儿能够通过有效的沟通，对当下的问题情境建立共同的理解，同时能够在形成共识的基础上采取下一步行动。幼儿需要具备观点采择的能力，即站在他人的角度思考问题，理解并回应他人的观点，这是一种包含认知和社会性发展的技能，皮亚杰也将称这个过程是"去自我中心化"。一方面，幼儿必须在感知、理解当前问题情境的同时，还要学会对同伴的能力、观点进行评价，并且逐步学会采纳同伴正确的观点；另一方面，在整个问题解决过程中，通过沟通进行信息的交互也是十分重要的。幼儿可以通过响应同伴的请求信息、发送有助于解决问题的重要信息、共同讨论发现等方式来不断地建立、监控和维持对当下问题共同的理解。随着幼儿认知水平的提高，在沟通协商的过程中，为了获得更有创造性的或最佳解决方案，幼儿可能会出现采取解释、证明、谈判、辩论等行为。

目标3   能够合作执行问题解决方案

幼儿合作执行问题解决方案更多考察的是幼儿在实施策略、开展具体行动过程中行为的协调和配合。当幼儿建构起对问题的共识，并形成解决问题的共同目的或改善当下状态的愿景后，需要付出行动解决问题。合作是多人共同参与的活动，每个人的想法和意见可能不同，在合作中难免会遇到冲突和问题，这就需要幼儿具备一定的协商能力。当出现意见分歧或冲突时，幼儿需要通过与同伴进行讨论协商解决冲突，而非以放弃、哭闹的方式让同伴妥协。

幼儿通过讨论与协商建立小组规则，在规则意识的引导下，幼儿逐渐学习规范和控制自身的行为，以协调团队的一致性行动，稳固合作关系，推动问题解决方案的实施。规则意识也与幼儿的自我控制能力息息相关。自我控制能力是指在个体在遇到目标受阻情形时，能够调节或抑制自己的行为。对于幼儿来说，控制自我需要付出较大的努力，去克服思维的定势和优势化。而在与同伴合作的过程中，幼儿经常面临这样的机会，选择控制自己的情绪、需要，与他人的行为进行协调以推动合作的进行。

随着幼儿社会交往能力和合作技能的逐步习得，合作中逐步出现了"小领导"的现象。他们在合作中引导小组成员制订方案进行决策，同时发挥组织、协调的作用，劝说幼儿积极参加合作活动，帮助团队成员进行分工，明确小组成员的责任，在团队中发挥着促进者的角色，推动合作的顺利进行以及高效地完成任务。

（三）幼儿合作问题解决发展特点

1. 幼儿合作行为的发展特点

幼儿合作意识的发展具体体现在合作行为的发展，如合作策略，合作行为增多，合作能力及水平的提高。随着年龄的增长、教育的影响和社会交往经验的逐渐积累，幼儿的合作逐渐发展，幼儿间合作的目的性、稳定性逐渐增强，合作范围不断扩大。[①]曹中平（1994）在综合国内外相关研究成果并在自己对幼儿角色游戏中的合作行为进行研究的基础上，从交往过程中的合作意向、调解角色关系的合作态度、解决问题的合作技能等三方面对儿童的合作行为进行了分析，将儿童的合作发展阶段划分为四级水平。[②]

水平一：意向性合作。在此阶段，幼儿在集体游戏中表现出明显的合作意向，但没有具体的合作行为，目标不明确，动机不确定，合作过程缺乏同伴协商，需要成人给予引导和帮助，往往采取较为单一的合作策略，并且此阶段的幼儿合作坚持性较差，合作时间比较短，合作水平比较低，使合作停留于意向状态，没有产生合作行为。

水平二：自发性协同。在游戏中，幼儿与同伴之间有了简单的语言交流和行为协调，并试图解决一些与游戏主题相关的问题，但幼儿的合作是自发性的合作行为，缺少计划性和组织性，是一种随机性的合作或自发性的协同。研究表明，4岁左右是幼儿合作行为发展的一个重要转折点，这一阶段幼儿的合作行为发展较快。4-5岁幼儿合作水平主要以自发性协同为主，幼儿开始出现合作行为，合作的目的性和稳定性逐渐增强，但很少出现自发的合作行为，他们能为了共同的目标一起完成任务。此时的幼儿具有较好的发展水平，幼儿合作学习中的表现进步非常明显。少数合作小组内部开始出现"小领袖"，充当组织者、促进者的角色，主动帮助小组成员分工，对个别不能积极参与活动的幼儿进行劝说。当小组内分工合作时出现分歧时，有的幼儿可以主动地谦让，部分幼儿能够通过多种策略解决矛盾，或做出让步。因此这一阶段的幼儿能够顺利地相互协作与学习。

水平三：适应性协同。在游戏中，幼儿双方具有了适应性相互反应，行为协调，体现出一定的序列性，语言交流具有明显的针对性和计划性。此时的行为已不仅仅是一种简单的动作协调，而且已经显示出初步的合作技能，能领会对方的意图，并按照一定的程序去行动。幼儿的角色意识明确，并能按角色规范采取相应的行为，做到相互配合，协调一致。5-6岁幼儿中出现了较多的适应性协作。5-6岁幼儿由于同伴交往

---

①陈琴、庞丽娟：《论儿童合作的发展与影响因素》，载《教育理论与实践》，2001（3）。

②曹中平：《中班幼儿角色游戏中合作能力发展的初步观察研究》，载《学前教育研究》，1994（2）。

技能的不断增强，出现了真正意义上的合作行为，自发的合作行为较多，合作的内容和范围不断扩大。此阶段幼儿逐渐明白需要遵守集体制定的规则，在游戏中能分工协作，做到相互配合，协调一致。与4~5岁的幼儿相比，5~6岁的幼儿合作行为的共同目标性、个体的配合协调性都在逐渐增强，他们能更多地为实现共同目标而努力。在合作过程中，如果出现冲突问题，幼儿会自己协商解决。但是，5~6岁幼儿的可能因为竞争意识的增强而导致合作中的冲突有所增加，其合作行为水平低于合作认知水平，合作过程中也会出现任务分工与协商结果不一致的情形。[①]

水平四：组织化协作。在游戏中，幼儿以集体目标为中心，按照一定的计划分工行动，相互配合，具有一定的组织性和计划性。它在形式上已开始接近成人的合作。这种合作的要求较高，因为它需要参加合作的双方具有一定的合作技能、耐心和稳定的兴趣，必要时能做出一定的让步，以保持行动目标的一致性。在这种合作中产生了领导者，领导者在合作中承担着支持者和促进者的角色，始终拥有清晰的目标任务，帮助小组成员分工，协调小组矛盾、冲突等，推动合作进行。因此，组织化协作是较高水平的合作，能达到这一水平的幼儿较少，对大部分幼儿来说存在一定的困难。[②]

2. 幼儿问题解决水平的发展特点

幼儿问题解决的发展水平包括三个阶段。发展初期：当幼儿遇到问题时表现出挫败感；幼儿认识到问题并且直接寻求帮助。发展中期：幼儿重复用一种方法解决问题；幼儿尝试用两种方法解决问题。发展后期：幼儿能够帮助同伴解决问题并能够遇见潜在的问题；幼儿能够预见潜在的问题；幼儿尝试多种方法解决问题。

具体来说，小班幼儿发现问题后，具有尝试解决的倾向，但解决问题的方法手段较为单一。通常需要通过观察他人，直接模仿他人的行为来解决自己的问题。当幼儿尝试解决问题失败后，一般会求助于相对信赖的成人，会直接将问题抛给教师或家人解决，不愿再次进行尝试。到中班的时候，幼儿解决问题的能力有所上升。幼儿发现问题之后，除了观察模仿，直接照搬他人的方法之外，开始尝试结合对当前问题情境的分析，从而改变原有的方法或创造新的方法解决问题。这个阶段的幼儿在解决过程中，需要教师的鼓励才能坚持，进行反复尝试。大班的幼儿已经能够开始自主进行问题的解决，能够尝试用简单的逻辑推理、并能够开始尝试设计多种解决方案。同时，他们在解决问题的过程中，会更热衷于和同伴进行交流，分享自己的经验和体验。

幼儿解决问题的能力也受其自我控制能力的影响。3岁幼儿坚持性发展的水平是很低的，他们虽然能够按照成人提出的目的进行行动并有意识地控制自己的行动，但

① 梁欣洁：《幼儿合作行为的发展与培养研究》，硕士学位论文，华中师范大学，2013。
② 曹中平：《中班幼儿角色游戏中合作能力发展的初步观察研究》，载《学前教育研究》，1994（2）。

他们仍然不能完全受行动目的的制约，有时会忘记成人的行动指示，有时坚持时间极短。4-5岁是幼儿坚持性发展最快的年龄，也是幼儿行动坚持性发展的关键期。

（四）合作问题解决的目标与三级指标

合作问题解决的目标与三级指标见表2-4。

表2-4　合作问题解决的目标与三级指标

目标	要素	三级指标		
		Ⅰ级	Ⅱ级	Ⅲ级
1. 具有合作解决问题的意识	寻求帮助与提供帮助	愿意向信任的同伴或成人寻求帮助和支持；能够主动帮助自己的同伴	寻求成人帮助并能说明所需的支持（如请教师提供更多颜色的笔）；知道何时别人需要帮助并提供帮助	请求帮助前，能先尝试独立应对具有挑战性的任务；寻求和提供帮助时能遵循社交礼仪
	发起和接受合作	在同伴的邀请下，能够加入合作活动	愿意参与和发起合作性的游戏	能够经常主动发起和参与合作性的活动
2. 建立和维持合作解决的共识	观点采择	愿意分享自己对问题的认识和策略；认真倾听其他人的想法	合作过程中积极经常地与同伴沟通；讨论中能够给同伴提供建议；能够从同伴或老师那里接受指导和指令	通过公平的方式进行意见的表决（如抽签等）；合作中愿意接受同伴的意见或想法；能结合同伴的信息解决问题
	分工协作	在成人引导下，会和同伴协商进行简单的分工	与两名或更多的孩子合作和商谈游戏事宜（如谁先开始、每名参与者扮演的角色、承担的责任）；分工时会主动表达自己擅长或感兴趣的方面	能够合理分配任务，明确各小组成员的角色与职责
3. 能够合作执行问题解决方案	领导能力	游戏中受同伴欢迎愿意分享	主动召集同伴一起行动；积极维护规则	召集并组织小组活动；始终有清晰的任务目标；主动承担较难的任务分工
	解决冲突	在冲突的情形中，表达愿望和需要	提出策略（如分享）来解决对一个物品（游戏空间）的争端；采用被动的策略来管理逐步升级的冲突（例如，避免，停止并离开）	采用谈判的方式达成一个解决办法；在解决冲突中显示出妥协的能力
	遵守规则	在他人的劝说和引导下可以接受和遵守规则	意识到可以通过大家一起协商"制定规则"，来解决共同问题；能自觉遵守协商约定的规则	与成员一起设定规则，遵守规则并能提醒他人遵守规则；进入一个新团体时，主动去了解成员和规则

五、元认知

（一）元认知的内涵及意义

元认知是对认知的认知，是个体以自身认知活动为认知对象的认知活动，监测和控制的循环交替进行构成了元认知活动。[①]监测是指个体获知认知活动的进展、效果等信息的过程，控制则指个体对认知活动做出计划、调整问题的过程。元认知活动过程中涉及元认知知识、元认知技能以及元认知体验三大要素，通过三大要素的呼应、协调、制约，发挥对认知的监测以及控制作用。学前儿童已经表现出元认知的萌芽，依据幼儿年龄发展特点以及思维水平，我们提出幼儿元认知是指在已有经验基础上，对自己的认知过程和认知情境进行有意识地监控和调节，包括幼儿对自身认知活动的自我预期、自我体验、自我调节和自我评价。

元认知是智力结构中的核心成分，其发展直接反映和促进了一个人智力的发展。作为学习、认识和发展的主体，幼儿需要逐步建立起对自己的认识，掌握多种解决问题的方法，并且能够监督和调节自己的活动过程，不断地完善自己的认知过程，而这也是元认知核心功能的体现，元认知恰好为幼儿主体性的培养提供了重要的手段。有意地在活动中加强元认知的干预，可以发展幼儿对学习或游戏过程的自我意识，意识到自己是如何开始游戏或学习活动，如何根据目标一步步行动，如何解决遇到的困难，如何根据反馈信息进行认知调节的，进而意识到自己是学习和游戏的主体，形成主体意识，发展认知能力。

在问题解决过程中，元认知可以帮助问题解决者认识到存在的需要解决的问题并发现问题的实质，从而找到最优的问题解决方案。元认知知识的存储有利于个体更快速地从长时记忆中抽取与问题情境特征的相关信息，从而有助于更清晰地理解问题。元认知调节的执行功能有计划、资源分配、监督、检查、错误侦测、修正等，更是与问题解决过程交织在一起。问题解决的过程是一个典型的认知过程，而学习者在解决困难过程中产生的情绪体验是个体克服障碍，成功解决问题的驱动力。

（二）元认知素养建构依据

元认知包含了元认知知识、元认知技能以及元认知体验三大要素。在实际的认知活动中，元认知知识、元认知体验和元认知监控三者互相依赖、相互制约，有机构成一个对认知活动具有高水平的自我意识、自我调节功能的开放的动态系统。主体所具有的元认知知识只有通过元认知监控这个具体的操作过程才能发挥效用。并且还要通

[①] 汪玲、方平、郭德俊：《元认知的性质、结构与评定方法》，载《心理学动态》，1999（1）。

过元认知监控这个实践性的环节不断地检验、修正和发展有元认知的知识，从而丰富和完善原有的元认知结构。主体产生的关于某一具体认知任务的元认知体验，受相关元认知知识的制约，同时元认知体验又可以转变成元认知知识而进入到主体的长时记忆中，成为元认知知识结构中的一部分。元认知监控的每一具体步骤的效应都会对元认知体验产生影响，而元认知体验也会对元认知监控产生动力性作用。

元认知技能是指认知主体对当前所从事的认知活动进行调节的技能，包括计划、监控、调节等。[1]运用元认知技能的过程可能是有意识也可能是无意识的。在元认知技能形成的初期阶段，它的运用需要意识的指导，当这种技能得到高度发展时，它就会成为一种自动化的动作，不为意识所觉知。

元认知知识是指学习者对于影响认知过程和认知结果的那些因素的认识。在经过多次的认知活动后，个体会逐渐积累起关于认知活动的影响因素及其影响方式的一些知识。元认知知识分为个体知识、认知任务知识和认知策略知识，这三部分交互影响着主体的认知活动。

元认知体验是主体在认知活动中经历的认知和情感体验，主要是对认知过程中经历的情绪、情感的觉察，是元认知知识与元认知监控之间的桥梁。在认知活动的前期，主要是关于任务的难度、熟悉程度和对完成任务的把握程度的体验；在认知活动中期，元认知体验主要表现为对当前任务进展的体验和对自己遇到的障碍或者所面临的困难的体验；认知活动后期，主要是关于任务的目标是否达到预期的认知期望和效果、完成任务的效率如何以及在任务解决过程中收获的体验。

（三）元认知素养框架

综合来看，研究者更多地指向的是元认知的动态性，即强调元认知的监控和调节两个方面，突出的是个体对某一认知活动进行积极自觉的计划、调节、评价的过程。但从元认知的概念来看，主体对自身认知活动的认知不仅包括自我认知过程（动态）的认知，还包括对自我认知能力（静态）以及两者相互作用的认知。并且，从其结构来看，元认知三大要素相互作用、相互依赖。个体有关自我、任务以及策略的认识是进行评价、调节的基础，同时通过这些实践性的环节不断地得到丰富和完善。个体在认知过程中的体验一部分来自个体已有知识经验与新活动情景的碰撞，另一部分则伴随着调节和监控的进行而产生。不能忽视的是，个体在认知过程中情绪情感的觉察对认知的调节和监控具有动力性作用。

---

[1] 朱厚敏：《论英语阅读中的元认知体验》，载《教学与管理》，2007（33）。

因此，发展幼儿的元认知不单是提高幼儿自我监控与调节的能力，还需要从知识、情感两个层面出发。只有推动三者的整体发展，才能有效地提高幼儿元认知发展水平，促进其在问题解决过程中进行深度学习（如图2-6）。

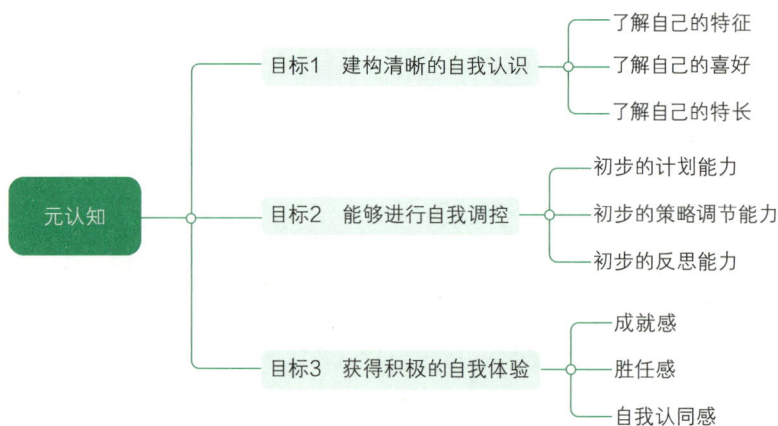

图2-6　元认知素养的目标框架

目标1　建构清晰的自我认识

幼儿对自我的认识，既是早期元认知发展的重要内容，也是幼儿自我概念发展的重要方面，与幼儿心理理论的发展亦是紧密相连的。自我认识既包括对自我的描述性内容，也包括对自我的评价，是个人心目中对自己的印象，既包括对自身存在的认识，以及对个人身体能力、性格、态度、思想等方面的认识。

学前儿童对自我的认识是十分具体的，对自我的描述主要集中在四个方面：身体特征、自己的能力、所有权的宣告（如我有两个娃娃）以及自己的喜好。发展幼儿的元认知，是让幼儿能够意识到自己的特征，逐渐建构起自我意识、自我概念，并在此基础上学会积极看待自己。建构起清晰的自我认识是非常有必要的，说明幼儿开始具有理性思考的萌芽。理性思考对于幼儿的问题解决有重要的影响，幼儿在问题出现后才会有意识地去衡量个人能力与问题难度、性质之间的关系，从而做出正确的问题表征，找到阻碍自己到达目标状态的因素。

目标2　能够进行自我调控

自我调控属于元认知技能范畴，是指幼儿对自己的行为、活动和态度的注意和调节，包括自我检查、自我监督、自我控制等。自我调控过程涉及主观的意志努力、抑制内心冲突以及制定并执行计划的过程，目的是使自己的行为符合某种标准或寻求更长远的目标。在学前期，由于前额叶尚未成熟，幼儿的脑执行功能发展还未完善，幼儿对自我的管理能力还处于萌芽状态。研究表明，3-5岁是幼儿脑执行功能发展的关键期，需要适宜的教育引导来支持儿童自我调节、自我控制等个体执行能力的发展。因此，通过问题式学习活动的组织实施，我们关注幼儿计划、策略调节以及反思能力的发展。

幼儿是天生的行动派，受直觉的影响，当他们产生策略之后，即使方案并不成熟，他们也会马上投入到解决问题的过程之中。允许幼儿有试错的空间是有必要的，但是引导儿童分析、总结、改进自己使用过的策略，才能保证幼儿的试错具有价值，也逐步减少幼儿重复犯错的频率。因此，课程既要保障幼儿能够有策略解决问题，还要提供机会发展儿童对策略的分析、调整、迁移能力。

反思性学习所关注的是一般认知过程，这与元认知的监控、调节是分不开的。有关幼儿元认知的研究也已经表明，幼儿具有一定的反思能力，能够对自身已有的学习活动进行回顾、评价、探究和改进。最初。幼儿可能只是能够回忆自己的活动过程，在引导下，幼儿能够评价自己在活动中的表现，并能够根据自己的反思作出下一步的行动。

目标3　获得积极的自我体验

情绪情感体验一直是个体认知系统的动力系统，对个体的行为和活动具有深刻的影响。研究发现，4岁是幼儿自我体验和情绪发展的关键时期，也是自尊发展的关键时期。当幼儿在社会化过程中能够获得有关自我的积极评价和体验，他们的情感、社会适应性行为、认知活动和品德都会得到相应发展。自我体验的内容十分丰富，比如，自尊心与自信心、成功感与失败感、自豪感与羞耻感等，都是自我体验的产物。自我体验会影响幼儿自我认识的建构和自我调控。在课程实施过程中，我们期望幼儿能够获得积极的情绪情感体验，获得成就感、胜任感以及自我认同感。

自我认同感是幼儿建立起的对自己积极的看法，在认识自己特征、喜好以及能力的基础能够悦纳自我。当幼儿能够建立并保持一种积极的自我认同时，他们才会平和地与他人和世界互动，欣赏自己，欣赏周围的多样性。胜任感是指幼儿相信自己具有完成任务的能力，驱动幼儿主动迎接挑战，即使面对失败也能够很快调整自我并恢复自信。成就感是指幼儿在完成某项活动时获得的自我满足和自我肯定。当幼儿体验到成就感时，积极的自我肯定会驱动幼儿向更高的目标进取，并会得到正向反馈，进一步巩固自我认同。

（四）幼儿元认知发展特点

幼儿元认知的发展从很早就开始了，甚至可以说幼儿元认知的发展伴随着认知的发展。只不过幼儿认知发展速度飞快，而幼儿元认知发展似乎非常缓慢。5岁是幼儿元认知发展的一个关键时期。

1. 幼儿元认知知识发展

幼儿元认知知识的发展是不平衡的。其中，幼儿对自己认知本领的认知发展较快。3-4岁幼儿已经能够针对自己在不同活动中的表现作出简单回答，但是理由非常简单和笼统，并且会出现高估能力的现象。5岁是幼儿个体元认知知识、任务元认知知识发展的关键期，但该年龄段的幼儿对认知材料和自己认知特点的匹配并不清晰。到6岁左右，幼儿基本能合理、辩证地看待自己的能力，并且能够选择合适难度的任务。策略元认知知识的发展滞后于个体及任务元认知知识的发展。部分3-4岁的幼儿已经具有了明显的策略意识，知道需要可以使用一些办法来解决问题，但是他们还不太能够用概括化的语言去描述策略的使用。4-5岁幼儿对策略使用的概括化水平有所提高，但与前一年龄段幼儿的水平差异不大。6岁是幼儿策略积累、使用飞速发展的时期，并且幼儿能够根据活动特点同时使用多个策略。同时研究表明，各个年龄阶段的幼儿都出现了策略整合现象，并且随着年龄增长，幼儿策略整合的意识性逐渐清晰化。

2. 幼儿元认知体验发展

从整体上来看，虽然幼儿的体验会呈现乐观主义倾向，但其对认知活动的体验随着年龄增长趋向于丰富化和深刻化。幼儿的困难意识从5岁开始发展，4岁幼儿较多地高估了自己的理解能力，对学习中可能遇到的困难不具有预期性，盲目地高估自己解决困难的能力。幼儿情绪体验的觉知随着年龄增长会具有日益明显的辩证和实用主义倾向，4岁的幼儿在表达情绪时主观色彩浓厚，情绪的积极和消极性质时常和他们的主观愿望联系在一起，5岁的幼儿逐渐趋向客观，大部分幼儿在表达情绪时能说出客观的理由，到6岁时，客观性和辩证性越发明显。并且有研究表明，幼儿能够意识到情绪调节的必要性，能够意识到个体情绪会影响到自己的操作活动效果。

3. 幼儿元认知技能发展

幼儿对自我计划的意识和执行能力随着年龄的增长而上升。研究表明3-6岁年龄段幼儿都能够在成人引导下制订计划，但在计划的可行性、计划与自身能力的匹配程度、计划的监控与调节方面表现出较大的年龄差异。3-4岁的幼儿尚未理解计划的主体性，更多的是将计划视为成人的任务。4-5岁的幼儿计划意识性有所提高，意识到计划并非随意行为，需要自己采取行动。大部分5-6岁的幼儿能够有意识地按计划执行，并且出现了关注行动实况并作出调整自己行为的现象。值得注意的是，5岁是幼儿计划能力、执行能力发展的一个关键年龄，但幼儿计划能力的发展有一个过程，并不是到5岁时突然出现的。

幼儿的自我评价能力处于不断的发展过程中，还很不成熟，较笼统和模糊。首先，幼儿的自我评价标准并非自己在活动中的实际表现，而是他的"理想我"或权威成人口中的"我"，缺乏客观性。其次，幼儿在评价的表述上非常笼统和抽象，低年龄段的幼儿常会出现"觉得自己很好但不能具体解释很好的原因"的现象，这种现象直到5岁幼儿的内部言语发展起来后才有所改善。最后，幼儿的自我评价多为结果性评价而非过程性评价，即幼儿的评价是片面的、不完整的，当活动出现好结果时，幼儿通常会认为过程中没有遇到任何困难。

（五）元认知的目标与三级指标

元认知的目标与三级指标见表2-5。

表2-5　元认知的目标与三级指标

目标	要素	三级指标		
		Ⅰ级	Ⅱ级	Ⅲ级
1. 建构清晰的自我认识	了解自己的特征	识别自己一个或多个特点（例如，"我有长头发"）	识别自己与另一名幼儿相同的特点（例如，"我们都是男孩"）	识别自己和其他幼儿的相同或不同之处（例如，"我们都是男孩，但是他比我更高"）；知道自己和过去比有什么不同（例如，"我比小时候重了5斤"）
	了解自己的喜好	表达一种偏好（例如，"总是选择建构区进行活动"）	说出自己喜欢或不喜欢什么（例如，"我最喜欢吃蛋糕""我不喜欢大声说话"）	说出自己喜欢或不喜欢什么并给出理由（例如，"我喜欢艾莎，因为她很漂亮还有魔法"）
	了解自己的特长	在不知道自己能力的情况下，积极探索各种材料和活动（例如，"尝试用积木搭高楼"）；发现自己有不能做到的事情并向他人求助（例如，"我不会用剪刀，你能帮我吗?"）	说出自己认为自己很擅长的事情（例如，"我很擅长搭高楼"）；预测自己任务完成的水平并能给一个理由(例如，"我能做好的，因为我会用剪刀"）	遇到不同难度的任务时，能够选择适合自己能力的任务（例如，"我想去美工区，因为我很会画画"）；能够评价自己的作品和活动表现并给出理由（例如，"我表现得很好，因为我没有哭"）
2. 能够进行自我调控	初步的计划能力	在自由的游戏和探索中产生下一步想法（例如，"看到后花园的山坡决定从上面滑下来"）	能够说出想怎么玩、和谁一起玩（例如，"我今天要去后花园玩水"）；按照先前的想法进行下一步的操作	有意识地对计划进行调整（例如，"我不玩水了，因为今天太冷了"）；能够评价自己的计划实施情况（例如，"我今天把木板放在水上面，没有浮起来，我再用泡沫板试试"）
	初步的策略调节能力	愿意思考可以解决问题的方法	遇到问题时，可以说出一到两种解决方法；积极尝试用自己的方法解决问题	通过讨论或信息搜集，提出更有效的方法；有意识地调整自己的策略并给出一个理由

续表

目标	要素	三级指标		
		Ⅰ级	Ⅱ级	Ⅲ级
2. 能够进行自我调控	初步的反思能力	游戏结束后，能够清晰地回忆自己玩了什么，和谁一起玩	在结果不令自己满意时能评价自己的表现（例如，"楼倒了，因为我没有搭稳"）	在结果不令自己满意时会反思和调整自己的行为，对自己造成的不良后果愿意加以弥补
3. 获得积极的自我体验	成就感	在活动中情绪愉快，经常表现很快乐的样子，比较活泼、充满活力	总能愉快地告诉别人自己取得的成绩（例如，"今天跳绳，我跳得最多"）	在各类活动中都能体验到快乐并能给出一个理由（例如，"我今天很开心，因为我捏了一个泥人"）；尝试用新的方法解决问题后总是感到很高兴
	胜任感	认为自己做事时需要成人的帮助（例如，"我不知道怎么做，你能不能帮帮我"）	尝试去做一些事情但怀疑自己是否有能力完成（例如，"遇到新任务会犹豫的靠近"）	敢于尝试有一定难度的活动和任务
	自我认同感	表现出对自己作为个体的意识，被称呼名字时清楚与自己有关，知道属于自己的东西	知道自己有优点或擅长做的事并感到满意，别人赞扬自己所做的事时表现的开心自豪	对自己有积极看法，与他人谈论自己的需求、愿望、兴趣、能力和意见，希望自己学更多的本领，变得更强

六、信息素养

（一）信息素养的内涵及意义

信息素养是利用多种信息工具及主要信息资源来解答问题的技术和技能，主要包括三个方面的内容：文化底蕴（知识层面）；信息意识（意识层面）；信息技术（技术层面）。信息素养是人们有效参与社会的先决条件，是终身学习的保障，也是身而为人的一项基本权利。2008年联合国教科文组织发布的《面向信息素养的指标》将信息素养的内涵从"解决问题"向"对个人和社会产生价值"进行了拓展，认为信息素养是"个体获得权利，并达到社会、职业和教育目标所必须具备的素养"。问题式学习课程中幼儿信息素养是指幼儿利用各种信息工具确定、查找、评估、组织和有效生产、使用、交流信息，并解决问题的能力，包括信息意识、信息能力和信息伦理三个层面。

伴随着手机、计算机等的普及，幼儿的学习方式也发生了变化，获取知识经验的途径更加丰富和多元。具有信息素养的幼儿能够判断何时需要信息，并懂得如何去获取、评价和有效利用所需要的信息，以使问题得以解决。幼儿信息素养教育的培养目标更强调以幼儿为中心，利用信息资源为幼儿提供以"自我为主"的探究式学习平台，创设情境让幼儿在活动中体验、感受和探究，真正实现让幼儿在玩中学，在做中学的教育理念。此外，信息素养是终身学习的核心，有助于发展幼儿终身学习能力，信息素养是数字化生存的支撑，是有效完成终身学习的保障，在一个终身学习的时代，每个人都必须掌握与时代需求相匹配的、以信息素养为核心的学习能力。幼儿作为数字化时代的公民，能负责任地使用信息技术，把信息技术作为支持终身学习和合作学习的手段，形成良好的信息素养，是适应信息社会的学习、工作和生活的必要基础，儿童信息素养的培养将伴随幼儿的成长，并终身有益于幼儿的生活。

（二）信息素养的目标框架

梳理有关信息素养的标准、报告、文献等研究成果可以发现，关于信息素养的能力聚焦于明确信息需求、掌握信息获取工具、有效获取信息、评价信息、整合信息融入自身的知识结构、交流信息、利用信息解决问题以及遵循一定的信息伦理道德。将这些信息标准进行分类，可以发现信息素养构成或结构模型主要由信息意识、信息能力和信息伦理三大要素组成。其中，明确信息需求属于"信息意识"层面，掌握信息获取工具、有效获取信息、评价信息、整合信息融入自身的知识结构、交流信息、利用信息解决问题属于"信息能力"层面，遵循一定的信息伦理道德属于"信息伦理"层面。幼儿期作为一个比较特殊的年龄阶段，信息素养的具体要求会与成人有所不同，但是信息素养的结构大同小异。许卓娅等人也主张三结构论，提出幼儿信息素养包含了信息能力、信息意识与情感、信息伦理道德三个方面。

综合已有文献和问题式学习课程需要，我们将信息素养划分成三个目标，即能意识到信息的重要性，具有运用信息解决问题的能力，能恰当地使用信息。在信息素养目标的基础上，进一步细化，形成了信息素养的要素划分。信息素养各目标及要素共同构成了信息素养目标体系（见图2-7）。

目标1　能意识到信息的重要性

信息意识是先导，是指幼儿对信息的认识、兴趣、动机、需求和理念等，主要包括认识信息与个人、社会发展的密切关系，明确自身对信息的独特需求，对信息的价值有敏感性和洞察力，等等。

能意识到信息的重要性包含主动搜集信息的意识和明确信息需求。主动搜集信息的意识可以促进幼儿将已有的基本素质相互整合、加工并发展成为知识、能力以及人格的综合体，并为其求知探索世界做好准备。明确信息需求帮助幼儿更有目的性地搜集信息。

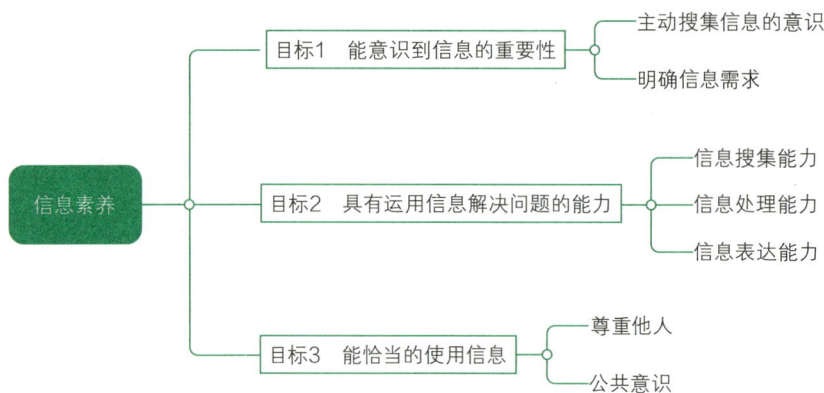

图2-7　信息素养的目标体系

目标2　具有运用信息解决问题的能力

幼儿运用信息解决问题的能力包括发展幼儿获取信息的能力、发展幼儿处理信息的能力、发展幼儿交流信息的能力。幼儿获取信息的能力即是幼儿利用各类工具获取信息的能力；处理信息的能力即对获取的信息进行筛选、评价、整合的能力；幼儿交流信息的能力即把搜集的信息与成人或同伴分享，建构策略的能力。

目标3　能恰当使用信息

信息伦理是保证，信息伦理指幼儿能够明确并自觉遵守信息的伦理、道德和法规，正确合理地利用信息解决所遇到的问题，避免不良信息对幼儿的身心发展带来危害。良好的信息道德和人格品性是每一名幼儿今后适应社会发展，获得成功生活乃至个人终身学习与发展不可或缺的重要素养。幼儿必须拥有正确的信息参照体系，进而选择判断，自觉抵制不良信息的侵蚀，选择适宜于自身发展需要的有利信息。此外，信息道德是社会群体规范，是社会成员相互尊重的准则，每名社会成员包括幼儿都不能制造、传播危害社会安全、不利于社会稳定和谐的信息。

幼儿能恰当使用信息包括公共意识、尊重他人。公共意识是指幼儿个体自愿遵从公共道德规范和行为准则的一种内在的深层意愿和心理倾向，是现代公民必备的公共品质。公共意识依其所蕴含价值的道德水平可由低到高将其解构为规则意识、公平意识和公德意识三个层面。尊重他人即尊重他人的知识成果，尊重信息的来源，对使用别人的信息心怀感激。

（三）信息素养年龄发展特点

1. 幼儿信息意识发展的年龄特点

3-4岁幼儿的信息意识比较欠缺，不会意识到信息对于生活、学习各方面的重要性，他们往往认为自己理解的就是对的，不认为有查找信息的必要，需要成人的引导。实践中发现，小班幼儿对日常生活中各种媒体的信息均感兴趣，绝大部分幼儿乐于阅读各种媒体信息。4-5岁幼儿信息意识有所增强，他们会有意识地关注、寻求自己感兴趣的信息。例如，机器人专题探究活动结束后，幼儿仍有意识地关注生活中与机器人有关的信息。5-6岁的幼儿能够明确自己想要获得什么信息以及信息对于解决问题的重要性，并且能主动提出一些获取信息的途径。例如，"我不知道怎么做蛋糕，可以回家问我妈妈""我们不知道中巴车有多少扇窗户，可以去看看我们幼儿园的中巴车"。

2. 幼儿信息能力发展的年龄特点

3-4岁幼儿能够想到的信息获取途径比较单一，观察、操作、询问教师或家人是他们最主要的信息获取途径。该时期的幼儿愿意分享自己搜集的信息，但对信息的理解和表达能力较弱。他们已经能够通过模仿、操作的方式运用简单的信息解决问题。此年龄段的幼儿钟爱直观简单的具有游戏精神的媒体元素信息，热衷于能够与环境直接互动的信息技术。因此，在生活中、教育教学活动中整合信息技术，利用信息技术形象生动、多感官调动、富于变化的独特魅力，潜移默化地让幼儿感受信息系统的环境，并且让幼儿在这个过程中对信息感兴趣。这是对小班幼儿信息素养的培养重点。

4-5岁幼儿了解更多获取信息的途径，如看书、实地参访等。总体上看，此年龄段的幼儿表达欲望非常强烈，愿意与老师、同伴、家长交流自己获得的信息，但是有时候表达的过程中会断断续续或者不完整。中班年龄段应该重点培养幼儿的信息表达能力，是指幼儿将获取的信息经过内化取得的成果以显性的或者隐性的方式反映出来的，并且以交际或传播为目的能力，通过这种表达，信息可以延续，并且形成新的信息，从而传递下去。在教育教学过程中，要重视幼儿语言、动作、神态等通过各种方式传递的信息，针对中班年龄段的幼儿，除了提供对信息进行独立表述的机会之外，尤其要注意信息的群体表达能力。实践中发现，幼儿对通过家长的手机微信，通过语音或图片表达观点、上传作品、发表语音的分享，以及他人对自己表达的反馈，均显得十分好奇和敏感，具有较高的接受程度。

5-6岁幼儿能够将获取的信息进行简单的整理，并准确地表达出来。在获取信息的过程中，大班幼儿根据获取信息的需求与可实现程度，有能力组建一种系统性的方法或策略，即已经拥有系统化获取信息的能力。因此，在幼儿园大班，可以培养幼儿主动筛选、甄别信息，精准获取信息并用信息解决问题的能力，全面提高幼儿的信息素养能力。

3. 幼儿信息道德发展的年龄特点

3-4岁幼儿信息道德意识尚未发展，对信息没有甄别能力。特别是由于媒体信息的真实程度并非都是显而易见的，对于缺乏生活经验的幼儿来说更加具有迷惑性。

4~5岁幼儿对自己获得的信息一般持坚信不疑的态度，缺乏信息辨别和筛选的能力。当他们发现针对同一问题，不同来源的信息却不同时，往往会表现出惊讶，并且会认为自己搜集的信息才是对的。

5~6岁幼儿获取信息的目的性大大增强，他们会根据自己解决问题的需要有选择地获取有用的信息，并且产生尊重信息的来源，对使用别人的信息心怀感激的情愫。特别是能够简单意识到某些节目内容是真实的，某些是虚构的，首先学会识别广告，然后识别动画片，再后是新闻节目，最终才能识别儿童节目和成人节目，以及差别更微妙的一些节目类型。

（四）信息素养的目标与三级指标

信息素养的目标与三级指标见表2-6。

表2-6　信息素养的目标与三级指标

目标	要素	三级指标		
		Ⅰ级	Ⅱ级	Ⅲ级
1. 能意识信息的重要性	主动搜集信息的意识	遇到问题时，知道可以通过询问他人等方式获取信息（例如，看到一只昆虫，幼儿会问老师"这是什么"）	遇到问题时，知道可以通过多渠道搜集信息来解决问题（例如，幼儿想养一只乌龟，知道可以通过看书、看视频等方式了解乌龟的食物和生活习惯）	知道准确和完整的信息是形成假设或拟定策略的前提和依据（例如，制作中巴模型前，幼儿提出要先实地参观中巴车才能知道怎么做模型）
	明确信息需求	能简单说出自己想要了解的信息	能够具体提出相关的问题（例如，幼儿想搜集造船的相关知识，他能说出自己要搜集船的结构等）	能明确的提出自己的信息需求，知道要解决问题还缺乏哪些知识（例如，幼儿要了解快递员的工作，他能明确提出自己了解的是快递员的工作流程，而不会广泛搜集快递员的所有信息）
2. 具有运用信息解决问题的能力	信息获取能力	通过多感官的观察、操作、摆弄获取一手信息；知道可以寻求成人的帮助以获取信息（例如，请爸爸妈妈帮忙上网查）；实地参访时，能在成人的引导下，进行有目的的观察，获取信息	能够采用多种方式获取信息（如网络检索、采访、查阅图书、与同伴交流等）；会使用简单的工具获取信息（如放大镜）；实地参访时，能够通过倾听、提问等方式获取需要的信息	能够根据需要综合运用多种方式获取信息；会使用较为复杂的工具获取信息（如人工智能机器人、iPad、显微镜、温度计等）；实地参访前会制订较为详细的计划，并能按照计划有目的地获取信息（例如，参观海洋馆之前，讨论想要解决哪些问题，找谁问，如何提问，观察哪些动物，怎么记录等）

续表

目标	要素	三级指标		
		Ⅰ级	Ⅱ级	Ⅲ级
2. 具有运用信息解决问题的能力	信息处理能力	能够简单地记录获取的信息（如画出事物的典型特征）； 能通过模仿、操作的方式运用信息解决问题（如看洗手的步骤图洗手）	能够比较客观地记录获得的信息； 能初步筛选出对自己有用的信息，用来解决问题（例如，制作中巴车时，有目的地看中巴车图片）	能够用多种方式记录所获取的信息（如拍照、录音、图画、符号及简单的文字等）； 能有目的地筛选信息，并整合所获取的多种信息，拟定策略解决问题（例如，制作蛋糕活动中，整合搜集到的关于打鸡蛋、蛋清分离、面和油的比例、烘焙方法等信息制作蛋糕）
	信息表达能力	能用简单的语言、肢体动作或涂鸦表达自己搜集的信息	能通过绘画、展示、报告、交流等方式表达自己搜集的信息	能够将已获得的信息进行整理，并准确地表达出来
3. 能恰当的使用信息	尊重他人	能简单说出信息是从哪儿获得的（例如，是爸爸帮我在网上查的）	能具体说出信息的来源（例如，我是在《动物百科全书》上看到的）； 尊重他人的知识成果	能准确说出多种信息的来源（例如，我在网上搜索了快递员的工作流程，还去问了快递叔叔）； 在使用他人的知识成果时怀有一颗感激之心
	公共意识	能爱惜图书等信息资源，保护信息的完整性	能遵守查找信息时的社会公德（如不看负面的信息等）	不制造和传播危害社会安全、不利于社会稳定和谐的信息

第三节　领域目标

一、身体健康和动作发展领域

（一）身体健康和动作发展的内涵与价值

幼儿正处于身心发展的最初阶段与重要时期，关注和促进幼儿的身体健康和心理健康，是幼儿阶段保育与教育的首要任务，这不仅关系到幼儿当前的健康状况，还会对其未来的发展乃至一生的健康也将产生重要、深远的影响。《3-6岁儿童学习与发展指南》中将健康定义为："健康是指人在身体、心理和社会适应方面的良好状态"，并进一步指出"发育良好的身体、愉快的情绪、强健的体质、协调的动作、良好的生活习惯和基本生活能力是幼儿身心健康的重要标志，也是其它领域学习与发展的基础"。问题式学习课程将幼儿的身体健康和心理健康作为幼儿阶段保育和教育的首要任务，心理健康体现在社会—情感领域，此处着重强调幼儿的身体健康和动作发展，并将幼儿的身体健康和动作发展定义为幼儿在动作发展、身体发育、个人护理及安全等方面的一种良好状态，并表现出积极的健康态度和主动的健康行为。

（二）身体健康和动作发展领域目标框架

基于对健康相关文献和书籍的查阅和对《3-6岁儿童学习与发展指南》、世界卫生组织以及国外各国各州早期学习标准等政策文件中关于健康的目标划分，以及3-6岁儿童心理发展特点，我们进行了儿童身体健康的目标和要素划分的研究。问题式学习课程中幼儿身体健康的基本构成要素包括身体意识、营养、疾病预防、安全、运动、自我服务、生活习惯等方面，并将幼儿身体健康和动作发展划分为4个子目标，分别是动作发展、身体发育、健康与个人护理以及安全。并在子目标的基础上，对幼儿身体健康和动作发展各子目标进行进一步的要素划分。健康子目标及要素共同构成了身体健康和动作发展目标系统（见图2-8）。

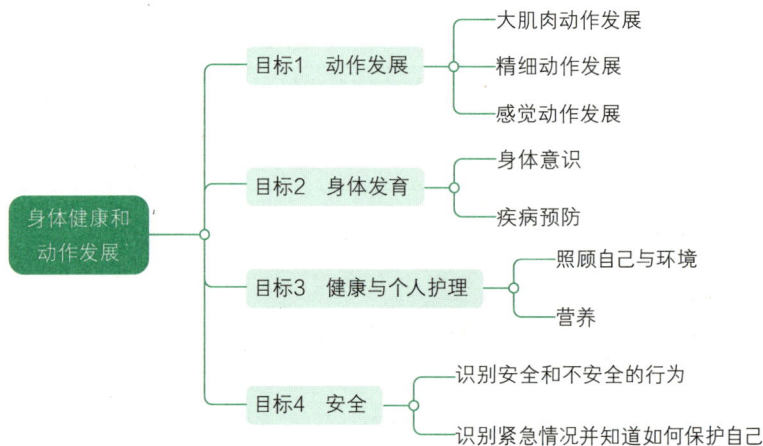

图2-8 身体健康和动作发展子目标系统

目标1 动作发展

3-6岁是幼儿动作发展的敏感期，如果在这一阶段对幼儿的大肌肉动作、小肌肉动作及感知运动发展能力进行科学的培养和锻炼，可以为幼儿日后各种高级技能的发展奠定良好的动作基础[1]。幼儿动作发展包括大肌肉动作发展、精细动作发展和感觉运动

---

[1]徐哲哲：《大肌肉动作练习对3-4岁幼儿感知运动能力影响的实验研究》，硕士学位论文，山东师范大学，2019。

发展三个要素。

大肌肉动作是指幼儿刻意的运用四肢、躯干等大肌肉群发力而产生的动作技能，是幼儿动作发展的基础，大肌肉动作的发展即幼儿表现出大肌肉的控制与协调、力量与平衡。精细动作是幼儿表现出的手掌及手腕小肌肉的使用、细化和协调。随着小肌肉的发展，幼儿开始使用一些小物品，如剪刀和笔。幼儿精细动作发展具体是指幼儿可以控制手部的小肌肉操纵物体，熟练地控制手部力量使用工具，具备良好的手眼协调性。感觉运动发展是指儿童使用他们的感官：视觉、听觉、嗅觉和触觉来指导和整合他们的互动。

目标2 身体发育

幼儿的身体发育是指机体的正常发育，幼儿的组织、器官的结构与功能从简单到复杂、从低级到高级的分化演变过程。幼儿对身体和疾病的了解有利于幼儿的身体健康发育，促成幼儿积极的健康行为。幼儿身体发育包括两个要素，即：对身体的基本了解以及对疾病预防的基本认识。

幼儿需要对身体健康有基本的认识，了解自己的身体，了解身体各部位的名称和功能，有保护自己身体的意识。幼儿对疾病有基本的了解，认识到身体不健康会产生疾病。

目标3 健康与个人护理

健康与个人护理包括照顾自己与环境和认识营养与饮食两个要素。幼儿在生活中要养成良好的生活习惯和卫生清洁习惯，知道规律的作息、健康的生活习惯对健康的好处，培养良好的自我服务能力和照顾环境的能力，养成自己的事情自己做的意识，并主动承担班级值日生的工作。幼儿了解营养与身体健康的关系，知道均衡的营养有助于维护身体的健康，建立初步的营养与饮食意识。

目标4 安全

随着幼儿自主性的发展，幼儿对外界的探索兴趣渐浓，成人不能代替和包办幼儿去探索和认知，幼儿需要在成人的帮助下不断识别危险的情境与事情，提升自我安全意识。因此，帮助幼儿掌握必要的安全知识和技能，提高幼儿的安全意识，使其能够灵活处理遇到的安全问题。幼儿安全包括两个要素，即识别安全和不安全的行为、识别紧急情况并知道基本对策。包括日常生活中的安全问题，如室内安全、户外安全等，还包括紧急情况下的安全识别与应对，包括火灾、走失等。

（三）幼儿健康发展的年龄发展特点

幼儿运动锻炼的年龄特点。幼儿大肌肉和小肌肉动作的发展经历四个发展阶段：第一，前控制水平（初级）。这个阶段的幼儿不能有意识地控制或有目的地重复某一动作，除非在特定的条件下。过了学步期，当身体长开后，他们对自己形体大小的认知往往落后于身体的实际比例大小。幼儿的动作通常缺乏协调性和流畅性。第二，控制水平（初级高阶）。当身体开始流畅地回应意识时，幼儿的动作就会变得自然起来，但仍需要充裕的时间进行深入挖掘和锻炼。要学习一项新的身体运动技能，幼儿需要在练习的时间里，至少80%的时间要有成功之感。第三，使用水平（中级）。幼儿能自由移动的范围扩大。第四，熟练水平（高级）。幼儿的基本动作变得更加自如，开始看起来毫不费力。他们能够完善特定的技能，身体运动水平也越来越高。幼儿现在已经准备好参加正式的运动比赛了。

幼儿身体意识的年龄特点。幼儿身体意识的要素之一是学习身体部位的名称和功能。我们和自己的身体之间具有某种关系，这种关系产生于婴儿时期，并在成年时期得到进一步的发展。学前儿童在这个阶段开始逐渐意识到身体的不同部位，比如从我的肩膀旁伸出的东西是我的胳膊。对自己的身体幼儿发自内心的感兴趣，这不仅是出于天生的好奇心，而且还因为他们将身体视为可以用来实现自己目标的工具。

幼儿疾病认知的年龄特点。2—6岁儿童对疾病的认知属于前逻辑阶段。幼儿对疾病的认识主要属于"具体逻辑阶段"，即他们已能认识到引起疾病的人或物体因素，并且能够认识到这些因素具有"有害的"特质，也能对病因引起疾病的方式进行一定的解释，少数幼儿甚至认识到细菌的存在，达到了"形式逻辑阶段"。可见，幼儿对疾病的认知发展没有遵循儿童思维结构发展的一般规律，而更多地受到了儿童在有关细菌、身体、疾病等特殊领域中积累起来的知识经验的积极影响，所以表现出了更高的思维水平。[①]

幼儿自我服务能力的年龄特点。幼儿自我服务能力的发展整体上随着年龄增长而逐渐提高，也受到个体、任务和环境等因素影响，存在差异性。随着年龄的增长，学前儿童逐步获得了生活技能技巧，并且在完成的速度和质量方面日益提高，学前儿童自理能力在呈现出线性发展的同时也具有非线性特征，即受到个体因素、自理任务、环境因素等因素的影响，表现出非线性特征和复杂性。学前儿童对生活自理具有积极主动的态度，但在行动时常常表现出力不从心。学前儿童具有初步的任务意识，但在完成任务时，常常表现出坚持性不够，容易忘记小任务或者只能记住任务的一部分。学前儿童生活自理能力的发展遵循依赖—自理—为他人（集体）服务的发展路径。

幼儿营养认知的年龄特点。幼儿主要是根据事物可直接感知的外部特征来理解这些概念的。例如，对于"蔬菜""水果""饮料"等集合概念，幼儿会以举例方式来表

---

① 顾荣芳、李秀敏、杨余香：《幼儿对疾病相关概念的认知》，载《学前教育研究》，2008（11）。

达自己的理解，而很少会依据集合的属性来定义这些概念。调查还发现，大班、中班、小班幼儿的概念定义水平存在显著的年龄差异；大多数幼儿是依据具体举例、可直接感知的具体情境或外部特征来理解饮食营养概念的，而不是从概念的内在属性来认知的；大多数幼儿能认识到不良饮食行为对身体健康的害处，大、中班幼儿对不良饮食行为后果的认识更加清晰。3—6岁幼儿已经初步掌握了一些饮食营养概念，已经懂得一些最基本的饮食营养知识，能够基本满足幼儿养成健康饮食习惯的认知需求。[①]

幼儿安全意识的年龄特点。学前儿童对危险因素的认知直接、表面，表现为认知单维度归因，即大多数幼儿能够说出可能引发意外伤害事故的某一维度的原因，但除此之外，仍有相当一部分幼儿不能科学认识引发意外伤害事故的原因。随着幼儿年龄的增长，到中班的时候他们对危险的认知和自我保护策略开始逐渐有了提高，尽管这种提高仍然较低，但它反映了幼儿的思维随着年龄的发展不断抽象化、深入化。除认知水平由浅入深，幼儿在认知的年龄特点上还表现为认知范围不均。此外，幼儿的自我保护策略简单和薄弱。这与幼儿的生活经历和认知水平有直接的关系，其策略的选择情况在某种程度上也说明了幼儿思维的直观性和具体化。

（四）身体健康和动作发展领域的目标与三级指标

身体健康和动作发展领域的目标与三级指标见表2-7。

表2-7　身体健康和动作发展领域的目标与三级指标

目标	要素	三级指标		
		I级	II级	III级
1. 动作发展	大肌肉动作发展	知道运动前要热身，结束后要放松；知道常见的运动方式（如走、跑、跳、钻、爬、滚等）；参加需要力量和平衡的大型运动活动（如跳跃、奔跑、踢球、走平衡木等）；通过重复练习表现出对运动的热情	了解运动锻炼的基本做法（例如，单手拍球的时候两腿打开，身体弯曲，一手放在背后）；表现出良好的平衡感和协调性，在一系列体育活动中保持平衡和控制；主动参加体育活动	掌握运动锻炼的技巧；表现出动作技能的持续增长，熟练地完成一些需要协调性的复杂的动作；为了健康主动进行体育锻炼

① 顾荣芳：《幼儿饮食知行关系的理论与实践探讨》，载《幼儿教育》，2012（33）。

续表

目标	要素	三级指标		
		Ⅰ级	Ⅱ级	Ⅲ级
1. 动作发展	精细动作发展	能用蜡笔或铅笔画一些形状和线条； 发展初步的手眼协调能力，如串珠、扣纽扣等； 能坚持一些时间来练习难以掌握的精细动作技能	能够用剪刀剪出一条直线。表现出日益增长的使用细小材料的技能和手眼协调能力。（如拧开瓶盖、转动门把手、穿针、叠纸、打开或关上容器） 能花时间练习一些难以掌握的精细技能，意识到他遇到的困难，并努力做得更好	可以用不同的方式使用手和手指，例如串珠、拿铅笔、连接积木和玩拼图； 对工作"正确"感兴趣，并能在短时间内练习技能
	感觉运动发展	对环境做出适当的身体反应（例如，弯曲膝盖以软化降落，迅速移动以避免障碍）	喜欢摆弄不同质地的材料（如沙子、水、织物），并能够在不同的条件下(湿、干、暖、冷)玩耍	使用所有感官进行探索
2. 身体发育	身体意识	认识五官并知道他们的作用； 认识主要身体部位（如四肢等），意识到身体的重要性； 知道自己的性别，认识到男生和女生是不同的（如男生女生要按标识如厕）	认识许多身体部位，并描述其功能（如胃可以储存食物）； 能描述男生和女生身体的差异，知道简单的保护自己的身体知识（如知道保护隐私部位，背心和内裤盖住的地方不能给别人看和摸）	识别并描述身体重要器官及其功能（如大肠、小肠等）； 能较为详细地描述男生和女生身体的差异，知道用言行保护自己的隐私部位（如了解男女生隐私部位的名称和不同，并能用语言或行为阻止他人看自己的隐私部位）
	疾病预防	了解疾病的相关常识； 积极预防疾病（如知道不盖被子会生病，睡前会盖好被子等）	了解生病的常见原因（如手不干净会导致细菌进入嘴巴，引起生病）； 积极主动预防疾病，知道简单的预防疾病的措施（如勤洗手、及时更换湿的衣物等）	了解常见疾病的发病原因（如细菌、病毒等）； 了解更深的预防疾病知识（如积极锻炼身体和营养全面可以提高免疫力，预防疾病发生） 表现出积极的疾病预防行为（如不喜欢运动，但会为了不生病而参加一些体育锻炼）

续表

目标	要素	三级指标		
		I 级	II 级	III 级
3. 健康与个人护理	照顾自己与环境	对照顾自己抱有积极态度； 自己能完成大部分自我服务技能，偶尔需要成人帮助； 能做一些简单的值日任务（如挂毛巾，用小扫把扫地）	耐心掌握新的自我服务技能； 不需成人提醒，自主完成大部分或全部自我服务和照顾自己的技能； 能做较为复杂的值日任务（如铺被子、照顾植物等）	积极主动进行健康的生活习惯（如主动天热加衣、天冷减衣）； 用自我服务技能照顾班级环境
	营养	认识部分常见的食物对进餐抱有积极态度（例如，看见午餐是包子时会说："老师我最喜欢吃包子了，我今天要吃3个。"）	认识大部分常见食物，能基本说出每次进餐的食物的名称； 意识到食物中有丰富的营养，对健康有好处（例如，会跟小朋友说："你不好好吃饭会生病"等）； 积极主动进餐，能主动吃完大部分的食物	认识到常见的不同食物含有不同的营养价值； 主动选择吃健康的食物（如主动选择吃蔬菜，少吃油炸食品等）； 能主动吃完碗中的食物
4. 安全	识别安全和不安全的行为	不断获得如何确保自己安全，不受伤害的知识（如知道不能湿手碰插座）	遵守不伤害他人、不破坏环境的规则； 理解安全规则的意义	积极主动的表现出安全行为
	识别紧急情况并知道如何保护自己	知道什么是演习（如消防演习）； 知道常见的危险情况（如地震、火灾、暴乱等）	了解紧急情况时应该怎么做（例如，发生火灾时知道用湿毛巾捂住口鼻，弯腰，有序地跑到空旷的地方）	能够描述一个突发紧急事件，并能演示安全的应急行为

二、社会—情感领域

（一）社会—情感能力的内涵及意义

教育既不能忽视认知能力的培养，又要更加关注培养儿童识别和管理情绪、关心他人、做出负责任决定，建立积极人际关系及巧妙应对挑战性情境等社会情感能力，[①] 社会—情感学习由此进入公众讨论视野。社会—情感能力作为联合国教科文组织提出的21世纪技能中的核心能力之一，对儿童的入学准备、未来的学业成绩、社会适应等有重要影响。[②] CASEL将社会—情感学习定义为：一个运用必要的知识、态度和技能去识别与管理情感，学会关心他人，做出负责任的决定，建立积极的人际关系，并处理挑战性的环境的过程。[③] 社会—情感能力是指人们在成长和发展的复杂情境中发展出来的认识情感和管理情感的能力；这一能力的发展能帮助人们应对学习、人际关系和日常生活中出现的各种问题，发展积极的自我情感并建立有效人际关系，最终获得良好的发展。[④]

　　社会—情感能力是问题式学习课程目标的重要一维，对个体发展有重要意义，它既影响个体的社会适应和学业适应，也影响个体的主观幸福感和心理健康状况，同时也为在学校情境下进行心理健康实践提供了可能。[⑤] 学前教育作为基础教育的初始阶段，更不应忽视培养和发展幼儿的社会—情感能力，它有助于实现幼儿身心全面和谐发展，为幼儿的未来学校学习奠定良好基础。具有良好社会—情感能力的幼儿具有自尊、自信、自主的表现，能识别和调节自己的情绪，具有同理心，乐于与他人交往，这些都有助于幼儿构建与他人的良好关系，发展亲社会技能。问题式学习课程鼓励幼儿在解决问题的过程中通过交流、协商、合作等方式共同解决问题，具备较高的社会—情感能力将有助于发展幼儿的亲社会技能，顺利地处理同伴间的冲突与矛盾，进而推动幼儿问题式学习活动的顺利开展。

（二）社会—情感领域目标框架

　　美国的社会—情感学习组织认为，社会—情感学习的核心内容包括：自我认知、自我管理、社会认知、人际交往技能和负责任地决策。英国教育与技能部认为社会—情感学习包括：自我意识、管理情绪、动机、移情和社会技能五大领域。[⑥] 此外，还有学者从认知和管理两个维度对社会—情感能力进行了划分，前者属于认知因素，关涉个体

---

① 毛亚庆、杜媛、易坤权、闻待：《基于学生社会情感能力培养的学校改进——教育部-联合国儿童基金会"社会情感学习"项目的探索与实践》，载《中小学管理》，2018（11）。

② 公孙一霏、刘丽娟、何慧华、高竹青、黄莺、李燕：《学前儿童的"社会—情绪学习（SEL）"：必要性与可行性》，载《外国中小学教育》，2018（1）。

③ 王树涛、毛亚庆：《寄宿对留守儿童社会情感能力发展的影响：基于西部11省区的实证研究》，载《教育学报》，2015（5）。

④ 陈瑛华、毛亚庆：《西部农村地区小学生家庭资本与学业成绩的关系：社会情感能力的中介作用》，载《中国特殊教育》，2016（4）。

⑤ 陈琴：《从个别干预到全民预防：美国"强健开端"课程及启示》，载《学前教育研究》，2016（1）。

⑥ 林丽珍、姚计海：《国外社会情感学习（SEL）的模式与借鉴》，载《基础教育参考》，2014（11）。

"知道如何做"的问题；后者属于行为因素，关涉个体"实际如何做"的问题，进而从构建与自我的关系、构建与他人的关系、构建与集体的关系三个方面对社会—情感能力进行了划分，每个方面包括认知和管理两个维度。[1]虽然美国、英国两国对社会—情感能力的维度划分有所差异，但都从个体逐步扩展到他人和社会，社会—情感能力首先需要满足个体社会化及自我实现的需求，同时该能力也与个体所处的社会环境密切相关。因此，可以从幼儿自身出发由近及远，大致地将社会—情感能力划分为构建与自我的关系、构建与他人的关系、构建与社会的关系三个方面，每个方面均包括认知和管理两个维度。

综合已有研究文献和问题式学习课程的人才定位，结合《指南》和《纲要》对幼儿社会性发展的规定，我们从构建与自我的关系、构建与他人的关系、构建与社会的关系三方面出发，将幼儿社会—情感领域目标划分为以下几个目标：一是具有良好的自我意识；二是能与他人建立良好关系；三是积极融入社会生活。具体的社会—情感领域目标划分如图2-9所示。

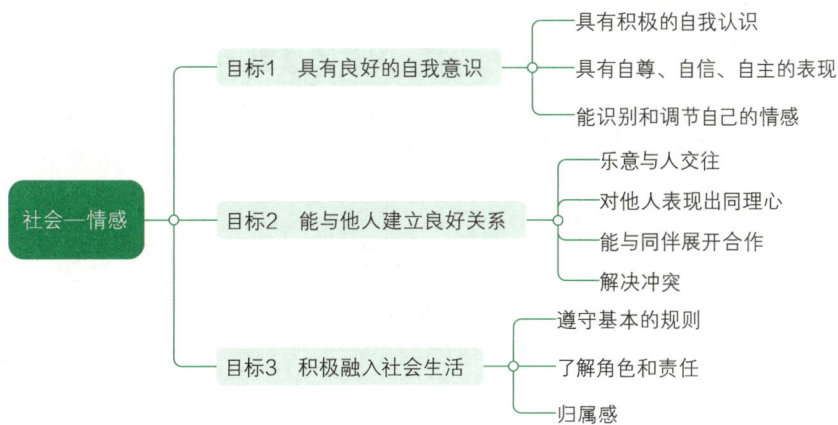

图2-9 社会—情感目标框架图

目标1 具有良好的自我意识

自我意识是一个人对自己的认识和评价，包括对自己的心理倾向、个性心理特征和心理过程的认识与评价，因此具有帮助个体认知自我和世界，进行自我教育和自我完善的作用，在个体的个性形成过程中起着十分重要的作用。我们从自我认知、自我体验、自我调节三方面将目标1划分成了三个子目标，即具有积极的自我认知；具有自

---

[1] 毛亚庆、杜媛、易坤权、闻待：《基于学生社会情感能力培养的学校改进——教育部-联合国儿童基金会"社会情感学习"项目的探索与实践》，载《中小学管理》，2018（11）。

尊、自信、自主的表现；能识别和调节自己的情感。

其一，自我认知是自我意识中的认知成分，包括自我感觉、自我概念、自我观察和自我评价。幼儿社会—情感能力的发展首先要基于对自己的认识，然后逐步扩展到对他人、对社会的认识。其二，伴随着自我认知而产生的内心情感体验代表了自我意识中的情感成分，如自尊、自信、自主。自尊是个人基于自我评价产生的一种自重、自爱，并要求受到他人尊重的情感体验；自信指个人对自身有能力成功应对特定情境的估价，又称自我效能感；自主指个人自己做选择、做决定、不受他人支配或依赖他人安排，也为自己的决定带来的过程和结果负责。其三，能识别和调节自己的情感。幼儿能识别并命名自己的情感，意识到别人可能和自己有相同或不同的感受，并能调节自己情感的表达方式。

目标2　能与他人建立良好关系

儿童只有在与人交往、相互作用的过程中，才能逐步发展起其心理能力和社会性。在问题式学习课程中，我们鼓励幼儿与他人建立良好关系，乐于与他人交往，具有同理心，重点关注幼儿在问题解决过程中的同伴合作和冲突解决。目标2包括以下四个子目标。

其一，乐于与人交往。同伴交往是幼儿社会化的重要途径，幼儿主动与人交往是其之后合作、分享等更高水平行为和能力产生的基础。良好的同伴交往要求幼儿具有一定的人际交往技能，如和别人玩耍时提出积极的建议、合作、倾听、交流、寻求帮助以及有效解决人际冲突等能力。

其二，具有同理心。同理心是通过体验同样的情感，从而了解另一个人的感受的能力，即我们通常所说的"换位思考"。这就意味着幼儿要"去自我中心"，尝试站在他人的角度，通过将自己的感受投射到别人身上来进行有根据的猜测。

其三，能与同伴展开合作。所谓合作，是指两个或两个以上的个体为达到目标而协调活动，以促进一种既有利于自己又有利于他人的结果出现的行为。在问题式学习活动中，幼儿会和同伴、成人一起合作，通过分享材料、讨论问题解决策略来合作解决问题。

其四，解决冲突。冲突解决是指幼儿参与冲突或社会性问题解决，处理人与人之间的分歧。他们识别问题，提出自己的想法或倾听别人的想法，并达成所有人都同意的解决方案。

目标3　积极融入社会生活

幼儿生活和学习范围的不断扩大，幼儿个体社会化的最终目标是要融入社会群体生活。幼儿需要共同商议并遵守一定的规则，形成一定的规则意识，自觉遵守规则，不断了解并认同不同团体（如家庭、班级、幼儿园、社区等），在团体中发挥自己的作用。知道自己是集体里的一分子，积极融入集体，形成归属感。目标3主要包括以下子目标。

其一，遵守基本规则。"没有规矩，不成方圆"。规则是人们在日常生活、学习、工作中必须遵守的科学的、合理的、合法的行为规范和准则。①它是人与人之间、组织与个人之间、组织与组织之间彼此的约定。问题式学习课程强调让幼儿通过协商理解规则的重要性，自主制定规则，自觉遵守规则。

其二，了解自己在团队或社区中担任的角色，承担相应的责任。幼儿需要明确自己在班级、在幼儿园、在家庭、在社区及社会中承担什么角色及责任，同时了解社区工作人员（如警察、医生、消防员等）工作特点以及他们为社会所做的贡献。积极主动参与公共事务。相信自己有参与各项活动的能力，具有参与活动的积极性，积极参与班级、幼儿园、家庭和社区事务，尝试为班级、家庭、幼儿园、社区做出力所能及的贡献。

其三，积极融入团体，具有归属感。归属感是指儿童对同伴、教师及所在班集体的情感需要，是儿童希望自己被同伴、被教师认同和接纳的一种心理需要。在情感上，每个儿童都希望自己属于一定群体并成为其中一员。②幼儿视自己为有能力的学习者和合格公民，为自己身为一个中国人而感到自豪和骄傲。把自己视为班级、家庭、社区、国家中的一员，对自己所处的共同体具有初步的归属感，爱班级、爱家庭、爱家乡、爱祖国。

（三）幼儿社会—情感的发展特点

学前阶段是培养儿童社会性发展的最佳时期，在这一时期，儿童逐渐了解这个社会所要求的各种行为规范和道德要求，并形成与社会要求相符的各种行为能力、习惯和态度，为他以后适应社会做准备。

幼儿自我意识的年龄发展特点。其一，在自我认知方面。学前儿童对自我的认知是非常具体的，中小班幼儿自我认知发展最显著的特点是开始意识到自己对于物体与事件的简单态度和情绪，如自己喜欢与不喜欢什么。随着年龄的增长，幼儿的自我认知开始进一步拓展，其中一个重要表现就是会知道自己与过去相比有什么不同。③其二，在自尊、自信、自主方面。随着幼儿身体、智力、社会技能和自我评价能力的发

①郑三元：《规则的意义与儿童规则教育新思维》，载《湖南师范大学教育科学学报》，2006（5）。
②于冬青、韩蕊：《儿童期归属感发展的特点及适宜性教育》，载《东北师大学报（哲学社会科学版）》，2014（2）。
③张明红主编：《学前儿童社会学习与发展核心经验》，39~40页，南京，南京师范大学出版社，2018。

展，3-4岁是幼儿自信发展最迅速的时期，4岁是幼儿自信心和自尊心发展的关键年龄。幼儿自主性的发展具有一定的年龄差异性，呈现逐渐上升的趋势。[①]其三，在识别和调节自己的情感方面。幼儿对积极情绪的理解能力要高于对消极情绪的理解能力，3岁是幼儿获得情绪理解能力的关键时期，4岁幼儿已经基本获得这种能力。不同年龄段幼儿在应用各种情绪调节策略上也有所不同，3岁儿童倾向于采用情绪释放策略，4岁幼儿较多地采用建构性策略，5岁儿童则更喜欢使用回避策略。

幼儿人际交往的年龄发展特点。其一，在人际交往方面。3-4岁幼儿人际交往能力发展呈现出自我中心、被动交往、肢体语言占优等特点。4-5岁幼儿人际交往能力呈现喜欢结伴合作活动、尝试主动交往、出现积极的交往行为、交往技能仍较欠缺等特点。5-6岁幼儿人际交往能力呈现有固定的玩伴、能主动发起或加入同伴的游戏或活动、能与同伴协商和讨论、开始显现正义感。[②]其二，在同理心方面。3-4岁幼儿不能站在他人的立场上理解对方的想法和观念，但是知道别人的想法和自己不一样；4-5岁是转折期，幼儿开始理解不同的立场有不同的看法；5-6岁的幼儿开始能够试图站在他人的立场上理解对方的观点。[③]其三，在合作方面。3-4岁幼儿正处于自我中心阶段，还没有产生合作的意识，几乎没有真正意义上的合作；4-5岁幼儿开始出现合作行为，合作的目的性和稳定性逐渐增强，但很少出现自发的合作行为，而是在教师组织或分配的小组共同活动或区角探索中，他们能为了共同的目标共同完成任务；5-6岁幼儿由于同伴交往意识的不断增强，出现了真正意义上的合作行为，表现为自发的合作行为较多，合作的内容和范围不断扩大。[④]其四，在冲突解决方面。通常随年龄增加，幼儿掌握解决冲突的能力也随之增强，幼儿从简单的权利维护，到离开冲突情境，再到通过协商化解冲突。[⑤]

幼儿社会适应的年龄发展特点。其一，在规则遵守方面。年幼儿童尤其是较小的幼儿有服从权威的倾向性，表现出服从权威、避免惩罚的他律倾向性。随着年龄的增长，幼儿能够区分更多的社会规则事件，对规则概念的理解也进一步深化，对规则遵守和执行逐渐从他律转向自律，从而内化为自身行动。其二，在社会角色认知方面。3-4岁幼儿知道有不同的社会角色，其中对职业开始有初步的认知，但是受到其生活

①孙岩、金芳、杨丽珠：《3-6岁幼儿健全人格培养研究》，306页，大连，大连海事大学出版社，2017。

②张明红主编：《学前儿童社会学习与发展核心经验》，115~116页，南京，南京师范大学出版社，2018。

③钱文：《3~6岁儿童社会认知及其发展》，载《幼儿教育》，2015（Z4）。

④张明红主编：《学前儿童社会学习与发展核心经验》，115~116页，南京，南京师范大学出版社，2018。

⑤王练：《论幼儿同伴冲突及教育》，载《中华女子学院学报》，2008（3）。

环境的影响；4-5岁幼儿知道更多的职业及其特征，并开始对不同社会角色形成基本观念，比如领导、家长等；5-6岁幼儿对社会角色有了更为全面和客观的认知，并且对自己将来所要承担的社会角色有了基本的期望。其三，在归属感方面。3-4岁幼儿归属感主要表现为对家庭的依恋，如亲近和信赖长辈，他们大多知道自己的家住在什么社区。4-5岁幼儿的归属感最主要的表现是其归属对象范围扩大至幼儿园和班级，同时也对归属对象有了更为深入与全面的认知。5-6岁幼儿的归属感是对集体的归属感和对国家、民族的归属感，表现出更多的自觉性和自主性，大班幼儿愿意承担集体的责任和义务，表现在他们积极参加集体活动，喜欢集体活动。

（四）社会—情感领域目标与三级指标

社会—情感领域的目标与三级指标见表2-8。

表2-8　社会—情感领域的目标与三级指标

目标	要素	行为表现		
		Ⅰ级	Ⅱ级	Ⅲ级
1. 具有良好的自我意识	积极的自我认知	识别自己的一个或多个特点（例如，"我是长头发"）	识别自己与另一名幼儿相同的特点（例如，"我们两个都是长头发"）	识别自己和其他幼儿的相同或不同之处（例如，"我们都是男生，但他更高一点"）
		表达一种偏好（如总是选择去建构区）	能清楚表述自己喜欢什么	说出自己喜欢什么并给出理由
	自尊、自信、自主	为自己的好行为或活动成果感到高兴	指导自己有优点或擅长做的事并感到满意	取得成功后还想做得更好
		面对新环境和新事物不退缩，在成人的鼓励和帮助下敢于尝试	敢于尝试有一定难度的活动和任务	对自己的能力有比较准确的认识，愿意学习暂时不具备的能力
		能根据自己的兴趣选择游戏或其他活动；愿意接受和承担一些别人安排的小任务	能按自己的想法进行游戏或其他活动；自己的事情尽量自己做，不依赖他人	能主动发起活动或在活动中出主意、想办法；认真对待自己所做的选择和决定，为自己的决定带来的过程和结果负责
	识别和调节情感	敢于表达自己的情感	可以命名自己出现的情感（例如，"我现在很伤心"）；运用等待、求助等策略调节自己的情感	识别自己的情感并给出理由（例如，"我真开心，因为我下个星期就要和家人去度假了"）；运用多种策略调节自己的情感

续表

目标	要素	行为表现		
		Ⅰ级	Ⅱ级	Ⅲ级
2. 能与他人建立良好关系	乐于交往	愿意和小朋友一起游戏，用微笑、打招呼等方式表达对他人的喜爱，同时会回应他人发起的交往	喜欢和小朋友游戏，有固定的玩伴	喜欢结交新朋友
	同理心	可以注意到他人的外显情绪，或询问成人原因（例如，"老师，他哭了。""他为什么哭？"）	意识到他人的情绪或对事物的看法可能与自己不同，有关心他人的表现	能试图站在他人的立场上理解对方观点，并对自己的行为进行调整
	同伴合作	在成人鼓励下，尝试提出请求与同伴一起活动	会运用介绍自己、交换玩具等技巧加入同伴活动或游戏	活动时与同伴分工合作，遇到困难一起克服
	解决冲突	在解决与同伴的冲突时，寻求成人的帮助	在成人支持下，表达自己的需求并倾听他人的需求，提出解决冲突的办法	和同伴商量解决冲突的办法，平衡自己和他人的需求和意见
3. 积极融入社会生活[①]	遵守规则	了解集体生活中的基本规则，了解一日生活中主要环节的要求	了解幼儿园各种集体规则，有一定的规则意识	理解规则的意义，了解基本社会规范
	角色和责任	了解为自己服务和帮助自己的人；能在他人帮助下做好力所能及的事情	了解自己的生活与他人劳动的关系，尊重劳动者；喜欢承担班级物品整理中力所能及的任务，有一定的责任意识	了解周围生活环境中各行各业劳动者的工作，尊重他们的劳动；能主动承担班级中的任务，并能与同伴合作完成物品的归放和整理，有明确的责任意识
	归属感	知道和自己一起生活的家庭成员及与自己的关系，体会到自己是家庭的一员；认识国旗，知道国歌	积极参加集体活动，能为班级做一些力所能及的事，形成初步的集体意识；知道自己是中国人	了解自己的幼儿园，愿意为集体做事，有初步的集体荣誉感和责任感；知道国家一些重大成就，爱祖国，为自己是中国人感到自豪

---

① 刘晶波等：《幼儿园社会领域教育精要——关键经验与活动指导》，149～156页，北京，教育科学出版社，2015。

三、认知领域

（一）认知的内涵及意义

认知是人类个体对客观世界的认识过程。认知的基本作用是获得外部世界的信息，把外部信息转化为自身的知识结构，然后应用这种知识结构去指导自己的行为。皮亚杰指出知识既不预在于内，也不预成于外，儿童必须在自身动作与活动中通过内化与外化的双重建构，自己去构造概念与知识。儿童的认知发展具有其内在机制：儿童知觉到外部信息后，通过将外部信息纳入已有的认知结构实现认知结构的丰富，或重组认知结构以吸收新的信息，儿童的认知结构在动态发展中完成有意义建构。建构主义观强调学习者不是被动地接受外在信息，而是在已有知识经验的基础上，有选择性地知觉外在信息，并赋予当前事物独特的意义。同时认知过程既包括个体的自主建构，也包括个体与环境交互的社会建构，个体的各种表征知识的能力也只有在人与环境交互作用中才能形成和发展。认知的结果是个体知识结构的有意义扩充，是在已有经验基础上对知觉的事物进行蕴含意义的理解、深化、扩展和个体化，是以继承为前提的再创造，不是主观臆断、异想天开、无中生有的意义赋予。问题式学习课程中的认知发展植根于建构主义理论的土壤之上，是指幼儿基于已有的知识经验，与外部的人和事物发生积极互动，赋予外部事物一定的意义，从而丰富和完善自己的知识结构。

在问题式学习课程中，幼儿的认知发展实质上蕴含三方面的期望。第一，关注幼儿知识习得、经验获得过程中的主动性和积极性，他们能够保持对周围世界的好奇，并内化为个体的知识经验。第二，关注幼儿习得知识经验的结果，学习和获得一些基础的、关键的知识经验，不断增强对世界的认识与理解。第三，认知发展不仅强调幼儿认知结构的横向扩充，也关注纵向的水平递增，即关注幼儿认知水平的发展。学前期，关注幼儿认知的发展，能够帮助幼儿与环境建立有意义的联结，获得广泛而灵活的知识经验，同时也为他们进行有意义的、主动的学习提供支撑。

（二）认知领域目标框架

认知发展关注两个问题，一是幼儿通过学习获得了什么，二是幼儿认知水平是否得到发展。因而在进行认知发展目标的设计时需要考虑两个方面：一方面，幼儿在问题式学习的过程中能够通过主动建构获得广泛而灵活的知识经验；另一方面，幼儿获得知识的水平应该随着学习阶段的递进而逐步增长。在问题式学习课程中，幼儿通过问题式学习能够习得广泛而灵活的知识，并且是以积极主动地建构的方式习得的。认知发展强调幼儿习得知识经验的过程和方式，也强调幼儿获得知识经验的结果。在设计认知领域的目标框架时，我们首先参考皮亚杰知识分类理论，将认知目标划分为：建构对物质世界及其规律的认识、建构对逻辑数理知识的认识、建构对社会环境和社会生活的认识。当然，仅仅考虑"知识维度"是不全面的，由此在分析儿童认知发展特点的基础上，参考布卢姆教育目标分类学说，将认知过程划分为：记忆、理解、应用、分析、评价和创造。随着年龄增长以及学习活动的不断深入，儿童对知识经验的掌握程度也应有所不同。

由此，如图2-10所示，在认知领域，我们建构了三条目标，分别为：建构对物质世界及其规律的认识；建构对数理逻辑的认识；建构对社会环境和社会生活的认识。

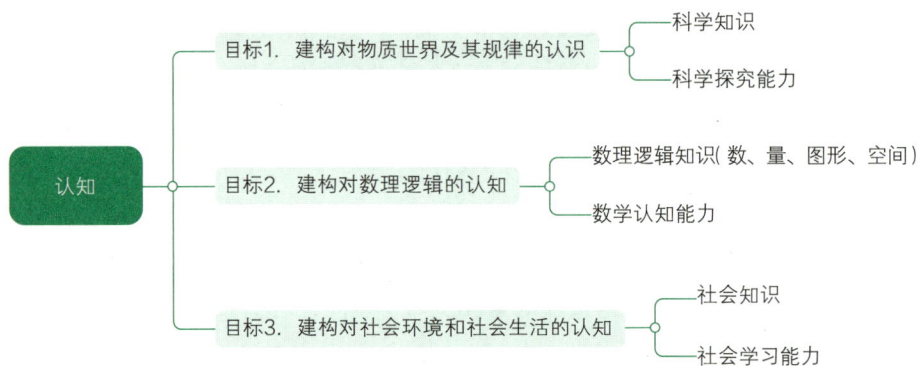

图2-10　认知目标框架

目标1　建构对物质世界及其规律的认识

对物质世界及其规律的认识主要涉及幼儿的科学学习。幼儿的科学不同于成人的科学，幼儿的科学主要是一种经验层次的科学。幼儿通过经验学习，在经验的基础上形成科学概念，有了科学概念，科学认识就开始进入到概念、推理等组成的理性认识阶段。科学经验是幼儿科学教育的起点，也是幼儿科学学习目标的核心。幼儿科学经验整合了幼儿对周围事物和现象的认识、科学探究过程以及对科学的态度。幼儿的科学经验是与具体事物和现象联系在一起的，幼儿通过操作，逐渐了解常见的科学现象，理解自然界中事物变化的规律及其因果关系。幼儿的科学经验既是指幼儿的科学学习结果，包括由实践操作获得的知识、技能和方法；又是指幼儿的科学学习体验和探索的过程。科学过程一般包括以下的环节：观察现象、提出问题、做出假设、收集资料检验假设、推理和形成结论。

目标2　建构对数理逻辑的认识

数理逻辑的认识主要包括幼儿对数与量的认识、形状和空间的认识，以及幼儿对于它们之间关系的认识和理解。幼儿要能理解这些数学知识必须摆脱具体事物的干扰，对其中的数学关系进行思考，从具体的事物中抽象出普遍的数学关系，进而在具体的问题情境中灵活运用已掌握的数学知识。数理逻辑是一种思维能力，可以用数学语言和数学表征外显出来，也可以用于解决生活中的问题。幼儿对数学知识的掌握是一个从具体到抽象，再从抽象到具体应用的过程。幼儿在一日生活中常常使用数学思维来解决他们在游戏和工作中遇到的问题，如计算、估算、进行比较、形状变换、测量、数据分析等，从而巩固、加深对所学知识的理解，提高幼儿解决问题的能力。

目标3　建构对社会环境和社会生活的认识

社会知识是关于社会环境和社会生活规范和文化习俗的知识，是约定俗成的，只能通过社会性活动进行传递的知识，如风俗习惯，尤其是事物名称，以及事物的符号与标记等，即任何明确的、由文化所决定的、因而不以个人意志为转移的知识。幼儿更多在社会互动和体验中习得社会知识。幼儿社会学习主要包括对生活周围环境特征和地理位置的认识、所处地区的文化习俗、节日、生活仪式等方面的认知与继承，以及获得民间艺术和传统文化、国家与世界的知识和经验，逐渐理解人与人生活方式的差异，以及人类与自然环境相互依存的关系。

（三）幼儿认知发展特点

1. 幼儿思维发展特点

学龄前儿童正处于前运算阶段。在该阶段，幼儿的符号思维能力逐渐发展，对事物的表征能力增强，现在的他们可以回忆过去发生的事情，并能够想象未来的事情，并且开始把自己的经验与展现在面前的、日益复杂的世界联系起来。随着符号思维的出现，年幼儿童不再限于"此时此地"的情景，所以可以比他们以前更灵活地进行思考和行动。因此，这一阶段的幼儿具备了在新的情境中联系唤醒和联系已有经验，从而建构新认识的思维能力。

但前运算阶段幼儿的思维仍有一定的局限，他们尚未完全形成抽象逻辑、概括推理能力，因此幼儿的认知过程仍在很大程度上依赖具体、形象、直观的事物，如图片与实物，幼儿认知的方式以感知、操作、体验为主。在操作、摆弄物体的过程中，幼儿会发现操作与物体结果之间的因果联系，这成为幼儿探索自身与物体、物体与物体之间关系的重要方式。同时，通过操作，幼儿不仅通过感知觉，而且通过改变物体的部分属性，从不同视角来观察物体，获得对物体更深刻的认识。

由于生活经验和思维的局限性，幼儿对于周围世界的认识并不总是正确的，他们经常得出一些天真的结论，或产生一些错误理解。幼儿接触越来越多关于这个世界的正确观念和成人化的观点后，他们原先的错误观念并不一定会消失。因此，教师必须做出切实的努力来帮助幼儿修正原先不正确的理论，建立正确的、与世界更吻合的观点。

理论建构的过程随个体年龄的不同而不同。当幼儿逐渐能以不同方式来理解事物，当他们的社会交往变得更富合作性，他们的理论也会随之变得更为复杂。例如，一个3岁孩子可能会通过晃动的绳摆球来打中一个目标物，即抓住上方的绳子，以导引摆球的运动。一个年龄大一些的幼儿，可能就会利用他对于绳摆路线的理解，把球的位置降低到一个合适的位置，以便击中目标。或者他可能让同伴把球拿到更近的地方。更大一些的孩子就可能进行深入思考，并和同伴进行讨论，把出声思考和同伴讨论都并入其理论建构的过程。

2. 幼儿三类知识经验学习的特点

（1）幼儿科学学习的特点

幼儿有着与生俱来的好奇心和探究欲望。好奇、好问、好探索是幼儿的年龄特点，也是幼儿探究的动机基础和内在动力。探究既是幼儿科学学习的目标，也是幼儿科学学习的途径。正是通过探究，幼儿经历发现和获取知识的过程，领悟科学的思想观念，体验科学家们研究自然界所用的方法。探究的过程包括观察、分类、预测、实验、得出结论、交流想法等，这些都是幼儿感兴趣且力所能及的活动。幼儿逐渐学习用适宜的方法探究和解决问题，或为自己的想法收集证据，最终验证假设，解决问题，这便是幼儿科学思维养成的过程。

（2）幼儿数学学习的特点

幼儿早期的数学学习和发展是指他们在与周围环境的互动中自发地或在成人的引导下习得数的知识、技能，发展数学认知能力的过程。它强调幼儿对自己周围环境中的数学问题的关注和兴趣，强调在日常生活中通过感知、体验和操作活动理解数与量、图形与空间的抽象关系，并在运用所学的数学知识解决问题的过程中，逐步发展逻辑思维能力。幼儿借助实物的操作建构对数的最初理解，随着幼儿对数的理解水平的提高，他们要借助的实体的抽象程度也不断提高，如最初要在实物的水平上理解数，接着可以用手指来作为实物的替代，然后可以在表象的水平上理解数，最后不用依赖任何具体的媒介仅用符号就能完全理解一个数的含义。

幼儿的数学学习是一种综合认知能力的发展，不仅需要关注数学知识的获得，还需要关注数学学习的过程性能力的发展。数学过程性能力包括一般过程性能力和特殊过程性能力两大类。一般过程性能力是指几乎所有数学知识、技能获得和运用的过程中都会用到的能力，包括数学表征能力、解决问题的能力、推理和证明的能力、联系数学与生活的能力、交流表达的能力。这些一般过程性能力使得幼儿能够理解数学的实际意义，并将各种不同的具体问题转变为抽象的数学问题，即能够"数学地思考"。特殊过程性能力包括发现和创造单位、分解和组合、比较与排序、发现模式与结构和组织信息五个方面，这些能力能够帮助幼儿发现不同数学内容之间的联系和共同的本质特征。

（3）幼儿社会学习的特点

在幼儿社会领域的学习与发展中，"体验"是一种非常重要的学习方式。幼儿的社会学习建立在与幼儿园中的人及材料互动的基础上。幼儿通过与成人、同伴互动，在假想游戏中扮演不同的角色，阅读书籍，探索艺术和实地考察，了解人类社会的多样性。幼儿获得社会知识，主要靠社会传递，而不能通过自己的行动探索发现。[①]对于幼儿来说，对于国家的认识也是首先建立在对家庭、社区等的认识上，幼儿社会认知的这种由近及远、从以自我为中心到去自我中心化的规律提示我们，要让幼儿明白家乡、民族、国家，首先要让幼儿认识身边的社会环境。因此，要让幼儿明白爱国主义这样一种情感，首先要从认识身边的社会环境开始。具体来说，与幼儿年龄相对应，先从身边环境的认知开始，例如，先是家庭、幼儿园，然后是社区、社区中的公共场所，再次是家乡。至于国家，世界概念的认知则要到学前后期才能进行。幼儿都是从具体线索开始了解，例如，着装、面部特征、家具、植物以及交通工具。此外，幼儿开始从特殊事件总结出一般性原则。例如，在玩商店的假装游戏时，他们开始建构人们如何工作以及如何用货物或服务交换金钱的概念。

通过有意义的对话和深度的思考，幼儿的思维逐渐从具体的、特定的发展为一般的和抽象的。因此，鼓励幼儿与他人交流，回顾场景、行为和结果，也有助于提高他们对社会学习领域人际交往原则的认识。例如，在问候时间或餐点时间交流各自的家庭生活，幼儿会认识到不同的家庭有不同的生活安排、语言、工作、庆祝活动、晚间和周末生活、食物和音乐喜好等。我们看到幼儿通过彼此分享的具体实例，建立了一个不断增长的记忆库，并在脑海中建构复杂的社会结构。

（四）认知领域的目标与三级指标

认知领域的目标与三级指标见表2-9。

---

① 原晋霞：《皮亚杰知识分类理论对幼儿园教学的启示》，载《早期教育（教师版）》，2012（1）。

表2-9   认知领域的目标与三级指标

目标	三级指标		
	Ⅰ级	Ⅱ级	Ⅲ级
1. 建构对物质世界及其规律的认识	乐于通过感官观察周围生活中的自然现象； 能用动作或简单的工具探索物质材料的基本特性； 能命名常见的事物，愿意将自己的发现与他人分享	能利用多种感官细致地观察科学现象及其变化过程； 能通过简单的调查收集与问题相关的信息，总结改进对物质世界的认识； 能用符号记录自己的发现，并参与反思性讨论	能通过细致的观察对事物进行比较与分析，发现物质世界的关系和规律； 能根据已有经验针对问题提出猜想与假设； 能够为自己的想法收集证据，并在成人或同伴的帮助下制订简单的计划并操作实验； 能通过多种表征方式呈现并分享自己的探索发现，并形成自己概括性的认识
2. 建构对数理逻辑的认识	能通过对实物的操作感知和理解基本的数、量、形状和空间方位； 能用简单的符号或语言描述事物的数量和形状特征	能通过操作（借助图像），感知和理解数与量的关系、几何形状的特征和基本的空间关系 能使用数学语言来描述物体的数量及空间关系。 能够对物体和事件的属性进行分类、比较、排序； 幼儿能使用非常规（如积木）和常规（如尺子）测量工具进行测量	能借助表象（借助表象）理解数与量、形状和空间关系； 用简单的记录表、统计图等表示简单的数量关系； 幼儿能使用正确的测量步骤（例如，从基线开始，并且没有间隙或没有重叠地测量）； 能看懂熟悉环境的方位图或简单地图
3. 建构对社会环境和社会生活的认识	幼儿能够识别周围环境的特征和地理位置； 了解社会生活的文化习俗和基本规范（如传统节日、生日仪式等）	初步了解国家和家乡的基本特征，如国旗、国歌等； 能够了解民间艺术和传统文化 初步了解保护环境的重要性和基本规范（如垃圾分类）	能够理解人与人之间生活方式的相同和不同之处，会根据差异做出积极的反应； 通过多途径收集信息，了解家乡、国家的文化历史知识，如名胜古迹、历史、名人，初步了解关于世界的知识； 认识到人类活动与自然环境是相互依存的关系

四、语言领域

（一）语言的内涵及意义

从语言学的角度来说，语言有三种基本属性：一是符号属性，指语言是一种符号系统；二是工具属性，指语言是一种交际和思维工具；三是信息属性，指语言是一种信息系统。[①]语言是联结人类和社会交流的媒介之一，通过语言，个人的学习活动或与他人的互动，才得以全面开展。问题式学习课程中的语言是幼儿与人相互交往的工具，也是幼儿思维发展和学习的工具，还是人类社会所特有的符号标志。幼儿要学习社会上通用的语言，学习如何使用语言与人交往、理解他人和对交往情境进行判断，通过语言组织自己的思想，运用语言表达自己头脑中的想法，达到思维可视化。

幼儿生来就乐于交流，从最初的咿呀学语到做出各种手势，再到日益增长的言语技能，语言发展满足幼儿基本生存需要，帮助幼儿与人正常进行互动，理解他人，逐渐克服自我中心，学习行为规范，从而得以正常生存于社会中。此外，语言能够促进幼儿理解、推理和概括能力的形成和发展，在幼儿从直接的动作思维向概括思维发展的过程中，语言发展起到重要的作用。语言和思维的联系是紧密的，幼儿使用语言与人交流沟通，有助于提高思维和想象力，而思维的发展又能促进幼儿的表达能力的发展，语言的发展为幼儿的创造性思维的萌发和发展起到了推动的作用。

（二）语言领域目标框架

参考已有理论与实证研究，结合问题式学习课程的实际需要，我们将语言领域的目标定位于核心经验的理解和运用、关键能力的发展方面。幼儿是在日常生活、学习、游戏和体育活动中获得这些语言经验和关键能力的，并最终能够获得听、说、读、写这四个方面的整体发展。幼儿语言领域的目标划分为：学会倾听、流畅表达、发展前阅读能力、发展前书写能力（见图2-11）。

目标1 学会倾听

《幼儿园教育指导纲要（试行）》中明确提出："养成幼儿注意倾听的习惯，发展语言理解能力。"倾听是幼儿学会的第一种语言技能，在他们开口说话之前已发生。[②]3-6岁这一年龄阶段是语言学习与发展的关键期，而倾听是幼儿感知与理解语言出表现的行为，也是幼儿获得语言经验和能力的重要前提，更是幼儿形成语言学习的良好习

①张明红主编：《婴幼儿语言发展与教育》，上海，上海科技教育出版社，2017。
②张瑞芳：《倾听——儿童读写的开端》，载《早期教育：教育教学》，2006（11）。

图2-11　语言领域目标框架体系

惯。所有幼儿的学习都是从倾听开始的，倾听是幼儿开始学习语言的基础技能，只有学会倾听、懂得倾听、善于倾听，才能理解他人表达的意思，与他人进行对话，从而更好地适应社会生活。无论是咿呀学语，语音的正确与否，还是词汇、句子、语法结构的积累，无一不是倾听的结果。幼儿通过倾听以不断接受来自各个方面的信息，倾听能力能够使幼儿获得完整的信息，顺利完成信息的输入。培养幼儿良好的倾听习惯，专注听他人说话、不随意打断他人说话，有助于幼儿养成良好的行为习惯，塑造幼儿良好的品行，给人带来良好的印象。

目标2　流畅表达

儿童语言研究告诉我们，只有懂得语言表达的作用，愿意向别人表达自己的见解，并且能够清楚表达的人，才能真正与人进行语言交流。[①]良好的语言行为习惯是语言交往获得成功的前提。在幼儿语言学习与发展过程中，根据交往场合、交往对象说话，并且使用文明的语言进行交往，是他们需要在早期获得的非常重要的语言经验。在日常生活中，出于交往需要，幼儿在一日活动各环节中都在与人互动，幼儿需要对他人的话语作出回应、通过语言引起他人的注意、吸引同伴共同进行游戏活动，从而在不同场景下表达自己的想法。随着表达的次数逐渐增加，幼儿的语音逐渐标准、词汇逐渐丰富、语法逐渐规范，能够运用字词、语法以及复杂的语言形式流畅地表达个人想法、感受和意图，懂得与人交往时轮流交流，调整语言策略，掌握不同场景下如分享环节、演讲等场合的语言规则。当对某一问题产生不同意见时，幼儿还需使用恰

①参见周兢：《学前儿童语言学习与发展核心经验》，南京，南京师范大学出版社，2014。

当的语言表达自己的观点，幼儿学会用语言表达而不是采取身体动作侵犯的方式，学会通过语言协商而不是发脾气，以此解决与他人之间的争端或冲突。

目标3　发展前阅读能力

阅读是多种感官参与的、复杂的、综合的心理过程，所有与视听活动有关的行为都可以看作阅读。早期阅读的目标具有启蒙性、内容直观性、材料艺术性、方式综合性等特点。幼儿阅读的心理过程，可以理解为幼儿通过对图画、文字等符号的表征形式的关注，在头脑中主动建构参与，获取阅读材料信息的过程。[①]《幼儿园教育指导纲要(试行)》语言领域的目标包含"喜欢听故事、看图书"，《3-6岁儿童学习与发展指南》强调："为幼儿提供丰富、适宜的低幼读物，经常和幼儿一起看图书、讲故事，丰富其语言表达能力，培养阅读兴趣和良好的阅读习惯，进一步拓展学习经验。"早期阅读的主要目的是为学前儿童从口头语言向书面语言的过渡提供前期阅读准备，培养其对书面语言学习的敏感性，关注其书面语言的意识和能力发展，其核心是关注儿童读写能力的发展。培养幼儿的阅读能力，让幼儿对阅读感兴趣，其在对图画书、文本资料的理解，词汇量，句子水平等方面能够得到明显发展。幼儿能够对于阅读文本产生自己的理解，根据人物角色和故事情节进行改编或创编。当幼儿学会阅读的方法之后，还能够有目的地从阅读资料中获取信息，并与成人和同伴进行分享，从而建立口头语言和书面语言的联系。

目标4　发展前书写能力

前书写是指幼儿在接受正式的书写教育之前，根据环境中习得的书面语言知识，通过涂鸦、图画、像字而非字的符号、接近正确的字等形式进行的书写。研究者通过长期对幼儿进行观察后发现，前书写作为一种使用多种方式表现"非正规"的文字书写活动，能够帮助幼儿建立和巩固握笔、用笔在纸上涂画、写字等与纸笔互动的经验，感受和明白一些文字组成的简单规律，并熟悉书面文字字形，深入理解词汇，从而有效地提高读写和语言能力。前书写活动可以用来传递信息、表达情感以及与周围世界互动，幼儿的前书写作品由刚开始的绘画表征发展到字画交融的作品。通过前书写，幼儿能够大胆表达自己的情感和愿望，满足爱好涂涂画画的欲望，感知书面文字的字形结构，熟悉书面文字的书写原则，使用图画、符号、文字等多种形式，创意地表达比较复杂的意思，为以后进行正规的文字书写奠定基础。

（三）幼儿语言年龄发展特点

1. 听的特点

3-4岁年龄阶段的幼儿听说能力都有了一定的发展，发展主要还是集中于日常用语

[①]张蓓：《皮亚杰认知发展理论对早期阅读的启示》，载《基础教育研究》，2014（10）。

的倾听与表达。据调查统计，3-4岁的幼儿掌握的词汇量为1600个左右，正处在大量学习日常词汇用语的阶段。此年龄段的幼儿处在听音辨音能力发展时期，容易混淆一些相似发音。此时的幼儿乐于倾听，情绪积极。4-5岁幼儿基本上能听清楚全部的语音，能听懂日常用的句子和一段话的意思，掌握词汇的数量和种类迅速增加，逐渐可以结合语境中的各种背景知识，更迅速准确地理解句子中语气、语调所表达的不同意思。5-6岁幼儿的抽象思维开始萌芽，他们开始注意到事物之间的联系，如因果关系、假设等。6岁左右的幼儿抽象逻辑思维开始发展，能掌握较抽象、概括性较强的概念，如家具、蔬菜、交通工具等，开始理解事物发展的逻辑关系。5-6岁幼儿的发音器官健全，建立了语言的自我调节机制，能够辨别声音的细微差别。[①]

2. 说的特点

3-4岁的幼儿很喜欢告诉别人自己的想法，能主动跟他人讲述自己生活中的事情，但是在集体（如全班）面前讲话时，往往不大胆、不自然。3-4岁幼儿的言语仍带有情境性，常常会说许多不连贯的、没头没尾的短句，并且辅以各种手势和面部表情。他们会默认听者已经完全了解他们所讲的一切，如果别人听不懂他的意思，或者要求他作解释，他会表现出反感或困惑。由于3-4岁幼儿语言仍在发展中，往往会出现行动快于语言的现象，交往中出现问题时不会用语言表达来解决问题，常用动作来解决，容易产生类似攻击性行为的动作。此外，他们开始懂得言语真正的含义可能并不总是与字面意思一致，能够听懂部分语言内潜在的意图了。4-5岁幼儿能够独立地讲故事或各种事情，但表达常常是断断续续的，不能说明事物现象、行为动作之间的联系，只能说出一些片段，缺乏连贯性。4岁幼儿已经知道根据听者的年龄来调整自己的说话方式，研究发现，当4岁幼儿跟年龄更小的孩子说话时，他们使用比跟同龄人更短的、更简单的句子和更吸引注意力的方式。4岁以后，幼儿之间的交谈大为增加，他们会进行讨论，在游戏和其他活动的合作者协调行动。5-6岁幼儿不但能够系统地讲述，而且能大胆而自然地、生动和有感情地进行描述。他们不再是一个句子一个句子地说，而是一段一段地说，基本上没有什么语法错误。5岁以后，幼儿在争吵中出现用语言辩论的形式。6-7岁儿童已经能完整地、连贯地说话，开始从叙述外部联系发展到叙述内部联系。

3. 早期读写发展特点

幼儿早期读写经验的获得从不知图书、文字是何物到意识到图书或文字的价值而有意识地去使用它们，经历了一个持续的发展过程。虽然到目前为止，我们对幼儿早期读写经验获得过程的认识还不够详细和全面，但已有研究从早期文字阅读、早期图

---

① 王尹：《语言能力发展的基础——发展幼儿倾听能力的实践研究》，硕士学位论文，上海师范大学，2017。

书阅读、早期书写三个方面向我们展示了早期读写习得的大致过程。研究表明，出生后不久表现出来的对人的表情、周围环境的变化等方面的关注构成了阅读的基础，2岁前婴幼儿从将书看作玩具而撕、扯、摔等，安静地"看书"（实际上仅仅是短时间地注视着书）、看到自己熟悉的书时就手舞足蹈或发出愉悦的声音，主动在书中寻找自己熟悉的物品，再逐渐过渡到愿意自己翻书，开始辨别书中的角色，主动看图讲述等，已经标志着幼儿图书阅读的开始。从2岁开始，早期阅读行为进入到一个崭新的阶段，到6岁，幼儿的图书阅读仍然不能脱离口语的参与，其发展通常经历以下5个阶段：①注意图画，但并未形成故事：幼儿指着图画，述说所画的物品名称，将每一页当作独立的；常跳着翻页，不能按照顺序翻书，因而不能连接成一个故事。②注意图画并形成口语故事：幼儿边翻书边看画面，跟随画面内容，用讲述故事的语音语调说话，串联起一个完整的故事。③注意图画、阅读和讲故事：幼儿看着图书念读，有时以讲故事的语音语调念读，有时以一个读者的语音语调念读。④注意图画，但开始形成书面的故事内容：幼儿看着图画念读，念读的字句和语调，好像在读书。⑤开始注意文字：这个阶段依次出现四种情况，先是只关注文字而忽略故事；接着是部分阅读，重点关注自己认识的字；继而以不平衡的策略读书，在读书时过度省略不认识的字，或是凭预测替代某个不认识的字；最后过渡到独立阅读书中的文字。[1]

　　幼儿是从涂鸦和图画中学习书写的。在这些探索过程中，幼儿逐步理解了文字能够表达意思的功能。幼儿通过图画和书写来组织想法、建构意义，这种方式反映了他们在日常生活中的经验。当幼儿需要表达某种意思时，图画和文字常常是交织出现的。图画能够帮助幼儿在遇到书写困难时顺利表达意思，而绘画出的客体往往也能刺激儿童去学习书写这些事物的名称。研究发现，幼儿前书写发展呈现明显的阶段特征。在2~3岁时，成人就能观察到幼儿对涂画发生了浓厚的兴趣。这个阶段的幼儿，开始试着使用纸笔涂画，他们还不能分辨"字"和"图画"的区别，只是能够画一些简单的符号。逐渐地，幼儿了解了书面语言与图画之间的不同，将书写视作交流的手段，了解到人们在纸上写字以传递信息，并尝试使用自己的方法"书写"。幼儿书写行为的萌发通常开始于3~5岁，延续整个学前期或一年级。书写萌发的形式包括但不限于涂鸦、涂画、绘图、创造"像字母而非字母"的书写形式，或者创造随机的字母排列等。

（四）语言领域目标与三级指标

　　语言领域的目标与三级指标见表2-10。

---

① 李星：《学前儿童故事类绘本阅读理解水平发展及阅读教育实践研究》，硕士学位论文，上海师范大学，2017。

表2-10 语言领域的目标与三级指标

目标	要素	三级指标		
		Ⅰ级	Ⅱ级	Ⅲ级
1. 学会倾听	能够专注倾听	在他人说话时，眼睛注视着对方；别人对自己说话时能注意听并出回应	初步自主地集中注意力倾听他人说话；理解如何仔细倾听，以及为什么倾听很重要（例如，在团体讨论中认真倾听同伴分享户外游戏的经历）	认真倾听，仔细观察，关注谈话对象所提到的细节信息。（例如，在分享阅读活动中，记住故事中人物角色出现的先后顺序）
	能够听懂他人说话	听懂对方的语言，跟随谈话内容的变化而转移注意。（例如，眼睛注意到不同的谈话对象）	对他人提出的问题和意见做出相应的回答。（例如，对于同伴提出的"为什么菜叶子上面有洞？"这一问题说出自己的想法）	针对他人说话的内容表达意见，对他人的想法进行提问和评价。（例如，在团体讨论中，对于同伴给出的策略表示赞同或反对，并说明理由）
2. 流畅表达	积极地表达自己的想法	能够在集体中介绍自己，包括自己的姓名、年龄和家庭等	会与他人谈论自己感兴趣的话题（例如，在日常生活中经常与同伴分享自己周末的经历、兴趣爱好等）	敢于在众人面前演讲（例如，声音洪亮并大胆向观众说明展览板上的问题解决过程）
	能够清楚地表述自己的观点	能大方、清晰地回答他人的问题（例如，当教师询问是否有问题时，回答"有"或者"没有"）；沟通清晰，足以让熟悉的成人理解，但可能会犯一些发音和语法错误	通过组织良好的句子来阐明自己的想法和思考（例如，会使用因为……所以……表达观点）讲得足够清楚，成人和同伴都能听懂他在说什么；依次讲述最近所经历事件的一些细节	能有序、连贯、清楚地讲述一件事情；（例如，在晨谈时为大家播报今日天气情况和注意事项）使用完整的句子描述人、地、事和事件
	具有文明的语言习惯	说话自然，声音大小适中在支持下，有时会针对不同情况使用适当的语调和音量（例如，当在集体面前分享声音太小时，在教师的提醒下，能够加大音量）	会根据情况使用适当的语调（在室外或谈论新宠物时，提高声音以表示兴奋，在室内时则采用安静的声音）；与同伴或成人进行对话，轮流交谈，不打断他人	在交谈过程中能主动使用礼貌用语；懂得说话时轮流交谈，不随意打断别人说话

续表

目标	要素	三级指标		
		Ⅰ级	Ⅱ级	Ⅲ级
3. 发展前阅读能力	喜欢阅读	主动选择、翻阅图画书（例如，在区域游戏时间到绘本区阅读书籍）	独立翻阅自己喜欢的书籍，并要求成人读给他听（例如，将自己喜欢的绘本带来幼儿园，并请教师在集体面前分享）	喜欢阅读不同类型、题材的图画书，养成每天阅读的习惯，并能较长时间专注地阅读；对不同类型的书籍表现出兴趣；通过询问所阅读的故事内容，表现出对阅读的兴趣
	理解阅读文本	对阅读文本的当前页面作出评论，对当前页面接下来会发生什么能够作出预测；理解为什么的问题（例如："你觉得毛毛虫为什么长这么胖？"）	理解一本书有书名、封面等结构要素（例如，跟小班的弟弟妹妹一起阅读已经学过的绘本，讲述封面的内容，并指读书名）；理解文字符号能被他人阅读，知道经验、观念可以用文字、图片、数字、声音等加以表达	初步概括故事的主要情节；使用阅读文本中的特定细节来回答问题（例如，对于鱼是如何呼吸的问题，能够回忆自己看过的自然科学书籍并回答鱼靠鳃来呼吸）
	通过阅读获取信息	知道环境中的文字、符号，虽然不一定知道正确的意思；在教师的指导下，利用各种资源获得新信息（例如，书籍、数字媒体、地图、专家资源）；识别标志等上的印记	能知道教室中所贴的符号、标记、文字的意思（例如，知道教室各个区域的标识）；会在区域活动中使用文字符号或相关的书，如电话本、菜单等（例如，职业体验活动中，给自己扮演的交通警察角色拿来交通标识、笔记本等）	知道图书、报纸、杂志、表格、图画等材料能提供相应的信息，能够有目的地寻找需要的书籍（例如，自主通过绘本、网络资源寻找解决问题相关的信息）；能通过杂志和报纸找到一些文字、句子等
	故事创编或续编	根据自己的经验和想象，替换作品中的单个要素（如角色、动作、对象），初步仿编文学作品	续编的故事与已有故事的情节有关联、并且合理、有逻辑；会结合自己的生活经验和兴趣，采用图画或图文方式，仿编、创编图画书的情节	在理解作品的基础上，比照原有的故事情节，按一定的逻辑想象新的故事
4. 发展前书写能力	运用符号进行表征	以随意的涂鸦和线条"假装"书写；开始画有代表性的人物（画出简单的人物，如短头发的男生和长头发的女生）；画出一张关于"车"的主题画，并与同伴讨论它	画一些简单的图画或是涂鸦文字来传达一个信息或一个想法	积累并能够书写一些简单的汉字字形；制作简单的图书，运用插图讲故事或传达意思

续表

目标	要素	三级指标		
		Ⅰ级	Ⅱ级	Ⅲ级
4. 发展前书写能力	感知字词结构	感知汉字方块字的特点，并区别于图画；口述故事让成人写下来	发现汉字"一字一音"的特点；了解哪些标识是符号、哪些是汉字、哪些是数字	理解汉字之间的间隔，书写能逐步统一字的大小
	创意书写表达	模仿成人的书写，借助画图来表达想法	使用图画、符号、文字等多种形式，创意地表达比较复杂的意思	在创意书写中出现利用汉字"同音""形似"等特点进行的书写，能够表达更复杂的内容

五、审美领域

（一）审美内涵及其意义

审美属于美学范畴，与"美""美育"等概念密切相关，是一种特殊的感受力。审美是一种人的主观心理活动，是对某一事物主观性的评判观点，既有鲜明的主观特征，也受环境和教育的影响。审美是人表现生命的需要。[①]审美教育又称美育，是指通过自然美、社会美、艺术美进行的一种教育活动。其目的是培养受教育者对美的形态、结构等的感受、鉴赏、创造能力，培养正确的审美观点、高尚的审美情操，使其得到精神上的满足与愉悦，最终到达到人格的完善。学前儿童审美心理的培育包括审美感知能力、审美理解能力、审美情感、审美想象能力和审美创造能力五部分，幼儿审美能力的发展离不开这些要素的综合作用，是一种高度综合的心理能力，是认识与体验、再现与表现、接受与创造的复杂心理过程。

在幼儿园中，幼儿审美经验大多是通过音乐、绘画、创作、阅读等艺术活动获得的，艺术活动为幼儿提供了媒介和框架来表达自己的兴趣、感受和想法。艺术活动是幼儿的一种精神成长性需要的满足，是一种没有直接功利性的、以活动过程本身为目的的需要的满足。幼儿在艺术活动中所呈现的是一种感性的对世界的把握，这种经验属于直觉、想象、顿悟的感性思维方式，有别于通过学习发展认知的那种逻辑性的、程序性的理性思维方式，只有感性和理性两种方式相结合，幼儿才能更完整、更完美地理解世界。审美是一种建立在反思判断上的综合能力，它需要感性直观能力，需要对形式的敏感、形式创造力；也需要情感感受力和体验能力，还需要想象力和反思判

[①]陈懿婷、杨锋：《图画书阅读中儿童的审美接受》，载《郑州师范教育》，2016（5）。

断能力，审美是交流性的。[①]幼儿在发展审美的同时，其他各种能力和素养也在不断地发展。

（二）审美领域目标框架

幼儿的审美经验对其全面发展来说不可或缺，是他们认识世界的另一种方式，在问题式学习课程中，幼儿的审美教育更多地体现在工程设计类和艺术创作类问题解决上，同时，幼儿也会在一日生活之中潜移默化地接受艺术的熏陶。根据已有关于幼儿审美能力的研究以及《3-6岁儿童学习与发展指南》中艺术领域有关审美的指导要点，可以总结出幼儿的审美经验的获得包含审美感知、审美情感、审美想象、审美创造等多种因素的综合作用。问题式学习课程中，幼儿审美领域的学习伴随着好奇心、合作解决问题、想象创造等核心素养能力的表现和发展。

结合审美经验的结构要素以及幼儿在进行艺术活动时的行为表现，可以进一步对上述目标提炼和分类，最后形成框架（见图2-12）。

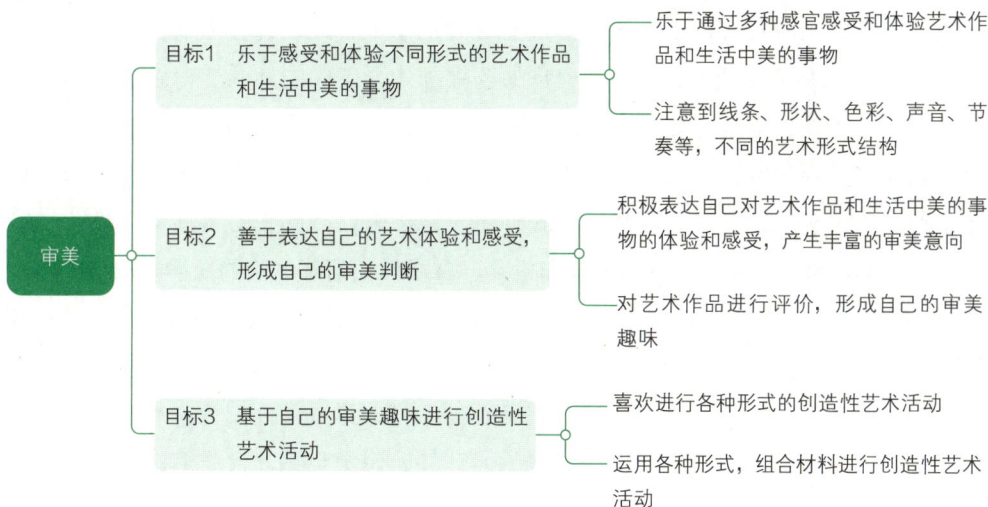

图2-12 审美领域目标框架

目标1 乐于感受和体验不同形式的艺术作品和生活中美的事物

幼儿天性对周边世界充满好奇，注意力很容易被那些美丽的、新奇的事物吸引，而这些客观事物是通过审美知觉成为审美对象的，因此在幼儿的审美能力的发展中，审美感知的地位举足轻重。幼儿首先要注意到生活中美的事物和艺术作品，获得感

---

① 刘旭光：《什么是"审美"——当今时代的回答》，载《首都师范大学学报（社会科学版）》，2018（3）。

受不同的艺术形式的经验，在接触到具体的审美对象时，需要把注意力停留在对象的外在形式和结构上，对其形式、形状、色彩、声音、节奏、韵律等结构倾注足够多的"注意"，形成审美态度，对审美对象有整体性把握。其次，幼儿的审美感知不仅仅是眼睛和耳朵的感知，审美是以全部感性能力对对象的感知，幼儿可以通过多种感官的参与，全方面、全身心地感知艺术作品和生活中美的事物。审美离不开体验，情感不能被理解，只能被体验。体验是我们交流情感的最主要的方式，幼儿在体验中投入到一个具体的情境中，既感受对象，也感受整个氛围。[①]这一目标的实现与幼儿的好奇心发展密切相关，敏感、观察、好奇、体验是好奇心的重要组成部分之一。

目标2　善于表达自己的艺术体验和感受，形成自己的审美判断

审美情感是幼儿整个审美心理状态的内驱力，推动着审美经验的形成。对于同一个艺术作品，往往是仁者见仁，智者见智，幼儿会将自己的生活经验、审美情趣、性格等直接投射到审美对象上，产生属于自己的独特的审美感受和体验，在体验中幼儿的想象力格外活跃，把感性认识到的无数碎片统合为一个整体的表象。体验以及由此而来的情感反应，以及体验基础上形成的想象活动，这些生命体验都应当被纳入到幼儿的审美活动中。例如，同样的一幅画作，不同的幼儿会对它产生不同的解释和想象，并可能基于此产生新的审美意象。这种意象既是幼儿审美感知的呈现物，又是它的强化物，是他们得到强化和明朗化的审美体验，这些内化的感知和体验会通过语言、肢体动作、表情等方式外化表现出来，因此在艺术活动中教师往往会给幼儿创造自主交流、表达的时间和机会，重视他们情感体验的获得与输出。幼儿在感受与欣赏的基础上，能够运用一定的审美标准，对美的事物或现象产生一种意向性的认识、评价与判断。这是幼儿对其审美活动的理性回顾和反思，他们能够评判什么事物是美的，这种美又体现在哪里或者通过怎样的形式表现出来，产生自己的审美判断，这一目标的实现能够促进幼儿的元认知、想象创造、合作解决问题能力的发展。

目标3　基于自己的审美趣味进行创造性艺术活动

在审美判断的基础上，幼儿基于个人审美趣味，通过个人或团体艺术创作活动将其体现出来。例如，在进行创作活动时，幼儿对材料的选择、色彩的运用有一定的个人偏好，每个幼儿的艺术作品往往会带有强烈的主观色彩和个性倾向。这种艺术创作活动能够带给幼儿自我认同感和成就感，由此他们能够对艺术活动保持长久的兴趣。那些有机会通过各种媒介发展想象和创造的幼儿，就能更好地表达自己的兴趣、能力

---

① 刘旭光：《什么是"审美"——当今时代的回答》，载《首都师范大学学报（社会科学版）》，2018（3）。

和知识。幼儿们可以通过创造性艺术活动，突破语言的局限性，用"一百种语言"表达自己的所见所思、所想和所感，解决游戏和活动中遇到的问题，充分发展想象创造、交流沟通、合作解决问题等核心素养。

（三）幼儿审美发展特点

幼儿的审美能力包括审美感知、情感、审美想象与创造等，加德纳认为在学前时期，儿童的审美感知发展处于早期感知阶段（0—2岁）和符号认知阶段（2—7岁）。早期感知阶段艺术品的呈现对于儿童来说是一般刺激物，各种艺术形式的作品可以起到促进感知能力发展的作用。到了符号认知阶段后，幼儿的认知发展和表象思维发展进入敏感期，也是审美感知发展最复杂、最有特点和最有研究价值的时期。幼儿从主要依靠直接的感知形象发展到可以形成某一类事物的心理表象，即内化，但是幼儿可以形成表象的事物是他们能够接触到的、熟悉的事物。此外，加德纳还认为7岁以前幼儿的艺术发展水平较快，7岁以后就会出现发展缓慢或倒退现象，因此在7岁之前，要让幼儿多尝试和接触不同艺术风格，抓住其艺术培养的"关键期"。教育者在组织相关艺术创作活动时。要选择与幼儿日常生活相关的主题或是材料，在此基础上适当拓展，通过艺术活动促进幼儿审美感知能力的发展。学前儿童的审美偏好表现出如下特点：第一，与内容相比，幼儿更加注重审美对象的外在表现形式，色彩、图像这种具有直观特征并且视觉冲击力强的审美对象会更吸引幼儿的审美兴趣。第二，幼儿会对自己熟悉和喜爱的事物表现出浓厚的兴趣，如动物、动画形象等。[①]

2-4岁幼儿的艺术创作活动处于无目的活动期，不能完全理解工具和材料的性质，也不能正确地使用材料，例如在泥塑活动中，幼儿很难有目的地制作出形象，只能够享受黏土的触感和变化感。他们没有表现的意图，只是满足于手工操作的过程，因此需要教师的引导。4-5岁幼儿的艺术创作活动进入了基本形状期，他们开始表现出有意图的尝试，制作出的东西有了粗细、长短的变化，但是不能很好地表现物体的细节，在这个阶段教师应该多鼓励儿童按照自己的意愿大胆地进行尝试，培养他们创作的兴趣，同时予以一定的支持帮助其实现自己的意图。5-7岁则是幼儿的样式化期，这一阶段幼儿手部精细肌肉发育，手眼协调能力增强，表现欲望大大提升，幼儿开始进行更复杂的创作活动，例如在剪纸活动中基本上可以剪出自己想要的形状，更重视对作品细节的装饰，在这一时期教师除了为幼儿提供多种丰富的材料以外，还要鼓励他们用不同的方法来表现、制作，着重培养他们的创造意识和创造能力。

当他们看别人的作品时，就会学习欣赏，同时也会学习尊重别人的想法。教师经

---

① 熊慧：《审美趣味与国内儿童绘本编辑出版的研究》，硕士学位论文，湖南师范大学，2016。

常与幼儿谈论艺术相关的内容，通过提供具体的、过程性的游戏经验，支持幼儿们的创造性学习，因为这样的经验，可以鼓励幼儿使用他们的想象力，实践新想法和材料。除了提供适宜的材料和机会去探索以外，最重要的是营造一个安全的环境，教师要建立一种支持创造性冒险并重视过程而非结果的氛围，让幼儿可以全身心投入到用审美表达和表现自我的活动中。

（四）审美领域的目标与三级指标

审美领域的目标与三级指标见表2-11。

表2-11　审美领域的目标与三级指标

目标	子目标	三级指标		
		Ⅰ级	Ⅱ级	Ⅲ级
1. 乐于感受和体验不同形式的艺术作品和生活中美的事物	喜欢通过多种感官感受和体验艺术作品和生活中美的事物	喜欢观看花草树木、日月星空等大自然中美的事物；容易被自然界中的鸟鸣、风声、雨声等好听的声音所吸引喜欢听音乐或观看舞蹈、戏剧等表演，欣赏绘画、泥塑或其他艺术形式的作品；能在短时间内集中注意地倾听或观看自己喜欢的美术作品、音乐舞蹈表演或其他艺术作品	乐于模仿自然界和生活环境中有特点的声音；主动倾听或观看不同风格的艺术作品（如不同风格的音乐、美术作品）；能够专心地观看自己喜欢的文艺演出或艺术品，有模仿和参与的愿望	乐于收集美的物品或向别人介绍所发现的美的事物；有倾听音乐或观看舞蹈、美术作品或其他艺术作品的习惯；喜欢欣赏各种不同风格、不同形式的艺术作品（如喜欢不同音乐类型的美感）；表现出对别人的艺术作品的尊重
	注意到线条、形状、色彩、声音、节奏等不同的艺术形式和结构	倾听环境中的声音，探索不同种类的节奏乐器；喜欢探索不同的材料的感官特征（如不同类型纸张的触感）；能够分辨出明显的颜色、线条、声音、节奏差异	在欣赏自然界和生活环境中美的事物时，关注其色彩、形态等特征；能感知声音的高低、长短、强弱等变化；能觉察到不同的艺术作品、事物间形式和结构的不同（如风格迥异的绘画作品中的色彩、线条差异）	能够描述环境中的声音，感受到声音的特征（如快、慢；响亮、柔和等）；能描述不同艺术作品、事物间线条、形状、色彩、声音、节奏等的不同；感受和体验差异明显的艺术作品的独特表现力和美感；熟悉创造和表现艺术所用的材料和技术的特征和特性

目标	子目标	三级指标		
		Ⅰ级	Ⅱ级	Ⅲ级
2. 善于表达自己的艺术体验和感受，形成自己的审美判断	积极表达对艺术作品和生活中美的事物体验和感受，产生丰富的审美意象	能在成人引导下，初步感知主题鲜明的艺术作品表达的情绪； 能够在成人的引导下，对生活中美的事物及音乐、绘画或戏剧表现等艺术作品展开联想和想象，并能用动作、语言或其他方式简单表达自己的联想和情绪感受； 能够用简单的语言、动作或其他方式对艺术作品进行回应	愿意和别人分享、交流自己喜爱的艺术作品和美感体验； 逐步感受和理解艺术作品所表达的基本情绪、形象和主要内容等； 欣赏生活中美的事物或艺术作品时会产生相应的情绪反应，并能联想到生活中熟悉的人或事物； 能用绘画、语言或动作等多种方式大胆、自由地表现自己的审美感受和体验	在欣赏生活中美的事物和艺术作品时，能用适当的语言表达自己的情绪体验和感受（例如，如"我听了这首歌觉得有点悲伤"）； 在艺术欣赏活动中，能够大胆地运用多种表征方式，富有个性地表现自己的感受和体验； 能产生丰富的审美联想和想象，并能用语言、绘画等方式具体、准确地表现自己的联想
	对艺术作品进行评价，形成自己的审美判断	在老师的指导下，简单评论自己和同伴的艺术作品； 简单说出是否喜欢某一个事物或艺术作品	知道自己喜欢或不喜欢哪些作品(如一幅画或一个音乐片段)和艺术风格，并能简单地解释为什么； 观察并评论别人的艺术作品，能说出自己的作品和别人的作品的不同； 关注到欣赏对象的整体构成（例如，作者是如何用"留白"和"浅色"来突出主体的）	能够描述审美对象整体的构成，理解作品主题； 表达自己较为稳定的艺术偏好（例如，如喜欢哪些艺术作品，并说明理由）； 能讨论自己或别人的艺术作品所表达的内容和情感，会用一些基本词汇，（如线条、形状、颜色等）； 在评论生活中美的事物和艺术作品时，能运用一些用于谈论艺术的词汇（例如，在角色扮演时能用一些词汇讨论具体人物的性格、场景、情节）

续表

目标	子目标	三级指标		
		Ⅰ级	Ⅱ级	Ⅲ级
3. 基于自己的审美趣味进行创造性艺术活动	乐于进行各种形式的艺术创造活动	经常自哼自唱，喜欢模仿有趣的动作、表情和声调； 经常涂涂画画、粘粘贴贴并乐在其中； 喜欢使用各种艺术材料进行体验和探索； 喜欢参加创造性活动、舞蹈和戏剧	经常唱唱跳跳，喜欢参加歌唱、律动、舞蹈等活动； 喜欢用绘画、捏泥、手工制作等方式表现自己的所见所想； 积极参与角色扮演活动，愿意扮演生活中所知道的一些人物、动物等	有进行艺术创造活动的习惯和情趣（例如，每天都会主动画画）； 积极组合各种不同的艺术形式和材料进行创造活动，表达自己的所见所想
	基于个人趣味，运用各种艺术形式、组合材料进行创造性艺术活动	能用声音、动作、姿态模拟自然界的事物和生活情景； 能用简单的线条和色彩大体画出自己想画的人或事物； 能用橡皮泥、轻黏土等做出一定形状物品； 能模仿学唱短小歌曲； 借助不同的材料表达自己的心情和感受，或表征信息（如蜡笔、铅笔、颜料、积木、木头、乐器）	能通过即兴哼唱、即兴表演或给熟悉的歌曲编词来表达自己的心情； 能运用绘画、手工制作等表现自己观察到或想象的事物； 能按自己的想法创造作品（非临摹）； 在自己的艺术作品中用更多的细节表现真实的人、物、事； 在表现形式、材料运用中初步展现出自己的审美偏好，如用蓝色表示开心的情绪状态； 通过律动简单表现自己的经验（例如，像一只鸟一样拍打胳膊）； 扮演活动中会根据自己的理解，使用更多的道具，且会用一些替代性道具； 能使用更多的材料和工具表现自己的作品	能用多种工具、材料或不同的表现手法表达自己的感受和想象； 在艺术作品中展现出自己的审美偏好与趣味，如喜欢用不同的曲线表达自己难过的情绪； 能用自己制作的美术作品布置环境、美化生活； 艺术活动中能与他人相互配合，也能独立表现； 能用律动或简单的舞蹈动作表现自己的情绪或自然界的情景； 能自编自演故事，并为表演制作简单的服饰、道具或布景； 能运用速度、力度、音色等表现手段表达情感，基本独立地即兴编、即兴唱

第三章 课程内容

在幼儿的生活中、游戏中，学习每时每刻都在发生。对幼儿来说，学习内容不应是以知识为逻辑组织起来的严格的学科，而应是以生活为逻辑组织起来的多样化的、感性化的、趣味化的活动。在选择和组织课程内容时，我们秉持"一日生活皆课程"的理念，使幼儿真正在生活中学习、从生活中学习、为了生活而学习。同时，课程内容不应只是促进幼儿某一方面的发展，而应促进幼儿学习经验的横向整合，寻求幼儿知、情、意、行的相互协调、相互融合，以促进幼儿身心全面、和谐地发展。

我们打破传统的按照领域来组织课程内容的方式，创新地将"问题方案"作为问题式学习课程的组织形态，从幼儿的生活和学习活动中提炼出八大类问题作为课程内容，即探索发现类问题、查找搜集类问题、工程设计类问题、艺术创作类问题、动作技能类问题、人际交往类问题、沟通表达类问题和自主守则类问题。虽然将课程内容分为八大类，但并不意味课程内容是割裂的，八大类问题是相互联系的，整合了幼儿的学习内容。生活中的任何事件都真实而自然地融合着各领域的知识。幼儿各领域的学习与发展也在其生活和游戏中自然地发生并一体化地进行着，这八大类问题来源于幼儿真实的生活，促进幼儿有益经验的持续增长。八大类问题涵盖五大领域知识经验，支持幼儿核心素养的发展。每一类问题与课程目标不是一一对应的，某一课程目标可能涉及多个问题类型，一个问题类型也可能指向多个目标的达成。

第一节　探索发现类问题

所有孩子从出生之日起就对周围的一切事物感到新鲜和好奇，儿童是天生的科学家，只要给他们机会，他们就会参与到他们自己的实验和问题解决中。幼儿借助对周围世界的探索来学习科学。你为他们准备了丰富的环境，他们就会去这里试试、那里试试，看看所有的东西是如何运作的。他们会做实验、操作，充满好奇，而且还会问问题。幼儿在寻求答案的过程中，学会了欣赏周围环境，并且从中发现许多乐趣。探索是幼儿重要的学习方式，幼儿在摆弄、操作物体的过程中发现问题、解决问题，建构自己对于外部世界的认识。

一、探索发现类问题概述

幼儿对自然界的好奇心，或者说他们与生俱来的求知欲是其工作和游戏的重要动力。当幼儿感到好奇，想了解世界时，他们会提出问题、探究事物，并会更仔细地观察周围的世界。

（一）探索发现类问题的概念

探索即个体在新的环境中面临新的事物，企图对其性质获得了解或进一步控制时所引发出来的行为。幼儿的探索主要表现为操作、摆弄物体，凭借自身感官获得对环境材料的认识，随着幼儿认知水平的进一步发展，幼儿的探索将慢慢发展成探究，从对事物外在特性的感知转向对事物真相、性质和规律的探求。当幼儿在新环境中面临新事物，为了解事物性质或企图对事物进一步控制时所引发的行为都可以称之为探索行为。在幼儿园中包含多个探索问题情境，例如，玩沙、玩水、玩泥、光影、种植、饲养、观察天气与季节变化……幼儿在探索发现类活动中，会提出各种各样的问题。如"为什么水只往下流？""我用沙堆的城堡为什么会垮？""我们不动，影子也不会动吗？""为什么下雨后草坪上长出了小蘑菇？""为什么菜叶上有小洞洞？"

探索发现类问题是指幼儿在面临新环境中的新事物时，由于认知发展水平和探究水平的限制，在探索活动中遭遇障碍，难以把握事物外在特征、事物和现象之间的联系、事物和现象的本质的一类问题。幼儿的探索发现活动主要集中在科学领域，幼儿在科学领域活动中遇到的问题都可以归为探索发现类问题。

（二）探索发现类问题对幼儿发展的价值

1. 发展幼儿的好奇心

探索发现类问题作为科学领域经常会遇到的问题，通过问题的发现、问题的解决，可以一定程度上满足、发展幼儿的好奇心。幼儿天生具有好奇心，好奇心的满足是主观上的满足，学习和发现未知的东西能给个体带来满足和幸福。幼儿在对物体及外界环境观察、操作、摆弄的基础上发现问题，觉察疑难，形成认知"鸿沟"，寻求信息构建问题解决策略。通过解决探索发现类问题，幼儿可以弥补自己的"认知差距"，在解决问题后获得满足和愉悦，满足了幼儿探究周围世界的需要，保护和发展了幼儿的好奇心。

2. 培养幼儿的探究能力

在面临探索发现类问题时，幼儿通过调动多种感官感知不同物体的特性，丰富了幼儿的感官体验及对外界事物的认识。在教师引导下，通过同伴合作解决探索发现类问题的过程中，幼儿掌握了提问、拟订计划、试验验证、观察记录、得出结论等探究技能，获得一些基本的经验和观点，为他们未来的学习奠定基础。

同时，为了支持幼儿探索发现类问题的发现和解决，教师会打造一个丰富的、富有挑战性的环境。在这种有准备的环境中，幼儿不仅会习得一定的探究技能，同时在与环境的相互作用中，也将获得其他的重要技能，包括对大肌肉和小肌肉的控制能力、语言能力、早期的数学理解能力以及合作技能等。这为幼儿未来的学习奠定了坚实的基础。

二、问题解决路径

受幼儿认知发展水平和探究能力的限制，不同年龄段幼儿在探索活动中所提出的问题各不相同，针对不同问题的解决路径也有所差异。

在提出问题之后，幼儿的探索发现类问题解决路径一般遵循以下程序：第一，认识问题、分析问题、搜集信息。教师一般要带领幼儿认识、分析问题，充分调动幼儿已经知识经验，明确幼儿存在的"认知差距"。在这一阶段，幼儿可能需要通过多种方式去搜集信息，如查阅绘本、网络搜索、现场参访等形式获取信息。第二，构建策略，展开问题解决行动。幼儿在获取信息后可以大胆猜想、积极构建策略，并在行动中去解决问题。不同年龄段幼儿在"展开问题解决行动"中可能会呈现出一定的差异，因为小班幼儿的探索活动带有很强的"随意性"，他们往往在随意地反复操作、摆弄物体的过程中有所发现，在进行活动之前不会制订明确的目标和计划。他们主要通过反复的尝试错误来解决问题。大班幼儿开始逐步具有抽象思维的能力，这个年龄的幼儿毕竟可以通过自己的动作经验，开展一定的探究活动。[①]针对一些需要采用实验验证的问题，教师和幼儿要进行预测或推论，制订计划，验证假设。在操作、验证过程中，观察问题解决策略的实施效果，在过程中不断调整自己的策略。第三，总结反思。在问题解决完成后，教师可以采用多种形式，如团体讨论、布展等形式，对自己整个发现问题、解决问题的过程进行回顾和反思，总结经验和不足。

---

① 张俊：《论幼儿科学思维的启蒙》，载《幼儿教育（教育科学版）》，2006（4）。

三、幼儿学习方式

在探索发现类问题的解决中，幼儿主要通过以下方式来进行学习：第一，观察和操作。抽象的科学概念和科学原理对于幼儿来说是难以理解的，如果教师通过说理、谈话的方式来讲解，幼儿很难内化这些抽象的知识经验。受幼儿认知发展水平的限制，中小班的幼儿主要通过观察和操作的方式对周围事物展开探索。幼儿在观察中发现事物明显的特征，在操作中通过调动多种感官了解物质材料的特性。第二，调查。中大班的幼儿随着探究的深入，他们可以通过简单的调查来搜集信息，在问题式学习课程中，幼儿可以通过访问查询绘本、网络搜索、咨询专家人员、实地参访等形式搜集信息。大班幼儿在活动之前具有一定的计划性和目的性，可以在成人指导下制订简单的调查计划，运用文字、图画等符号记录下自己的调查发现。幼儿在调查完后，可以和教师、同伴分享自己所搜集的信息。第三，实验。大班幼儿具有了初步的科学思维，动手操作能力和探究能力有了更进一步的发展，能够动手动脑寻找问题的答案。在认识事物和现象时，大班幼儿更能接近事物和现象的本质。他们能够进行一些简单的实验来验证自己的猜想。例如，大班幼儿在探究"人不动，影子也不会动吗"的问题时，便采用实验的方法，在不同的时间段观察物体影子的变化，最终得出问题的答案。

四、探索发现类问题蕴含的知识经验

探索发现类问题涉及各个领域的知识经验，特别是与幼儿的科学经验密切相关，包括动态的和静态的两个维度。动态的科学经验是指幼儿和物质材料、环境的相互作用，在这种相互作用中，幼儿不断建构和丰富已有的经验；静态的科学经验是指幼儿在科学探索的过程中，通过亲自操作、凭自身感觉器官获取的关于物理、生命科学、地球与环境科学、科学技术等方面的知识，也包括科学探索的技能方法和情感态度、价值观等。探究是科学研究的基本方法，应当成为幼儿科学学习的核心，它既是探索发展类问题的目标，也是幼儿科学学习的方法，正是通过探究，幼儿经历发现和获取知识的过程，领悟科学的思想观念，体验科学家们研究自然界所用的方法。教师应鼓励幼儿根据观察或发现提出值得继续探究的问题，支持幼儿大胆联想、猜测问题的答案，引导幼儿学习用适宜的方法探究和解决问题，或为自己的想法收集证据，最终验证假设，解决问题，这便是幼儿科研思维养成的过程。此外，探索发现类问题还涉及幼儿语言、社会等多个领域的知识经验。

∽ 第二节　查找搜集类问题 ∽

　　随着信息时代的高速发展，信息技术已经成为我们生活里的重要组成部分，影响着我们的学习、工作和生活，信息素养已经渐渐成为每个社会成员不可缺少的基本素质。伴随着手机、平板电脑等移动终端媒体的普及，幼儿的学习方式也发生了变化，他们的学习源正在快速拓展，获取知识经验的途径更加丰富和多元。《3-6岁儿童学习与发展指南》中提出，幼儿能通过简单的调查收集信息，在成人的帮助下能制订简单的调查计划并执行。可见，信息搜集能力的培养，对幼儿自主学习、获取关键经验具有重要的意义。

一、查找搜集类问题概述

　　问题是学习的起点。幼儿在游戏和学习活动中，经常遇到各种类型的问题。当幼儿遇到的问题超出其已有的知识经验时，他们会借助查找相关的信息资源扩大认知范围，促进问题解决策略的产生。

（一）查找搜集类问题的概念

　　"查找"即查问寻找，"搜集"即到处寻求事物并汇集在一起。幼儿的查找搜集表现为通过借助一定的信息搜集渠道，运用一定的信息检索策略，有计划有目的地搜集自己所需要的信息，并运用信息解决问题的过程。在幼儿园包含多种探索问题的情境，例如，在游戏活动中、生活活动中以及问题式学习活动中，会遇到各种各样的问题，有些问题可以通过同伴交流解决，而有些问题超出了幼儿已有的认知范围，使游戏和学习活动难以继续进行，需要借助一定的信息扩充其知识经验，问题才能解决。幼儿在查找相关信息和实物资源的过程中，经常会出现查找搜集类问题。查找搜集类问题可以提升幼儿的信息素养，提高幼儿问题解决能力。

　　查找搜集类问题是指幼儿查找搜集信息探索问题时，由于信息素养水平发展的限制，在查找搜集的过程中遇到障碍，使查找搜集的信息不全面或无法查找到自己想要的信息的一类问题。查找搜集类问题经常发生在以下的情境中，如确定查找搜集渠道（如搜集蝴蝶的相关信息时应该选择网络信息资源、视频、音频、图书、绘本、实地参访、咨询老师、访谈家长和专家中的哪一种或几种），确定查找搜集的内容（在搜集蝴蝶相关信息时是搜集蝴蝶的种类、特征还是其他），选择搜集的具体方式（如询问家长时是否需要带着问题和问卷，问卷如何设计，如何寻找专家，见到专家要问什么、怎么问，用网络搜索信息时输入什么关键词），记录和整合信息（记录信息是录音、拍照或者表征，整合信息采用思维导图还是其他方式，如何利用信息解决自己的问题）等情境中，这一类问题可以归纳为查找搜集类问题。

（二）查找搜集类问题对幼儿发展的价值

鼓励幼儿根据主题内容的需要，主动收集资料、获取信息，这对幼儿产生问题意识、增强解决问题的能力、主动获取经验、扩展兴趣面都能起到积极的作用。信息的查找搜集通常发生在问题式学习活动的全过程，在提出问题阶段，通过搜集与交流信息，能拓展探究的范围及内容；在解决问题阶段，搜集和处理信息为探究过程提供策略，促进活动的深入发展；在交流分享阶段，信息的整理、归纳是幼儿呈现探究成果的有力依据。

1. 查找搜集类问题增强了幼儿主动探索问题的意识

幼儿在确立探索主题后会不断产生新的问题，从而激发他们积极主动地去收集相关资料。幼儿们想了许多的办法，最后得到的结果也许不是最完美的，但可贵的是幼儿在活动中学会了问为什么，有了问题意识，而且自发地寻找到了许多解决问题的方法，他们已学会带着问题寻找资料，而不是对着问题束手无策。

2. 查找搜集类问题有助于提升幼儿的信息素养

现代社会是信息社会，查找搜集类问题的意义，不仅在于帮助幼儿获取信息资源来解决问题，而且信息技术在早期教育中能创建丰富的学习环境，增加幼儿的经验，促进幼儿语言和思维的发展，提高幼儿的信息素养，为终身学习打下坚实的基础。因此我们支持幼儿在活动中，运用书籍、报刊、网络、电视、广播、录像、照片、玩具、现场采访、探索实录等途径去获取信息。我们引导幼儿在探究某个方案的过程中，带着问题去查找有关资料，使他们主动接触事物的兴趣大大提高。在活动过程中，幼儿为了能够了解更多关于主题的知识内容，会主动要求父母查阅有关资料。[①]

二、问题解决路径

查找搜集类问题在幼儿问题式学习活动中非常常见。幼儿在查找搜集信息的过程中可能会遇到一系列问题，如查找搜集的方式和渠道如何确定，查找搜集的内容如何确定，如何筛选搜集到的信息，如何记录和整合信息，如何利用信息解决自己的问题，等等。解决查找搜集类问题可以提升幼儿的信息素养，提高幼儿问题解决能力。幼儿在遇到查找搜集类问题时，通常使用以下方法解决问题。

---

① 于敏惠：《支持幼儿收集资料　主动吸纳各种信息》，载《学前教育研究》，2002（2）。

（一）明确问题和信息需求

　　幼儿在面临查找搜集类问题时，要首先明确自己的问题以及收集信息的目的，并在梳理自己已有经验的基础上，明确自己的信息需求，如在"蝴蝶"的学习活动中，幼儿在观察蝴蝶后，想了解更多关于蝴蝶的信息，在正式搜集问题之前，幼儿会在教师的引导下确定问题：我想了解的信息是"蝴蝶吃什么？毛毛虫是怎么变成蝴蝶的？怎么照顾蝴蝶？蝴蝶生活在什么地方？"等问题。明确了信息需求后，幼儿开始制订简单的信息搜集计划，明确要搜集什么问题、去哪里搜、怎么搜等，在幼儿确定自己需要搜集蝴蝶的相关问题后，幼儿会选择某一个或几个自己最感兴趣的问题，讨论找谁问、如何提问、怎么记录等。

（二）根据计划搜集信息

　　幼儿明确问题和解决方式后，就会按计划通过多种渠道、多种方式搜集相关信息，幼儿可以将搜集到的信息记录在问卷调查表上，或者让家人打印出来，也可以发送视频给教师。此时幼儿收集的信息通常比较零碎。

（三）整理和分享信息

　　幼儿将收集到的信息在小组成员面前分享，教师在这一过程中通过图文和思维导图的形式，帮助幼儿归纳他们收集的信息。以"蘑菇"活动为例，教师在幼儿分享搜集到的信息后，用思维导图的形式将幼儿搜集的信息展示出来，包含蘑菇的生长环境、种类、是否有毒、颜色等。此外，在完成信息检索过程之后，幼儿在教师的引导下对照自己的信息需求和问题，查看是否能解决自己面临的问题等，如果不能，需要再次进行信息检索。

（四）应用信息解决问题

　　收集信息的最终目的是解决自己遇到的超出已有认知范围的问题，在完成信息检索后，幼儿运用收集的信息解决问题，产生解决问题的策略，制订下一步行动计划，幼儿在了解蘑菇的生活习性后决定自己种蘑菇，并制订了蘑菇种植方案，包括种植什么种类的蘑菇、用什么容器、将蘑菇放在什么地方以及谁来照顾蘑菇等。

三、幼儿学习方式

　　《3—6岁儿童学习与发展指南》指出，"幼儿的学习是以直接经验为基础，在游戏和日常生活中进行的。""幼儿通过直接感知、亲身体验和实际操作进行科学学习。"幼儿早期的基本素质主要来自先天遗传，随着不断的社会学习与交往互动，其核心信息素养初步形成，换言之，幼儿核心信息素养并非全部都是与生俱得的，需要通过后天的教育、学习以及互动等方式来发展与建构。培养幼儿核心信息素养就是让其在实践操作中通过查找资源、实地调查、询问专家等方式，在家庭与幼儿园共同合作下，提高幼儿核心信息素养。

第一，查找资源。幼儿在遇到问题时，可以通过查阅图书、绘本、视频、音频等书籍资源获取信息，解决问题，也可以通过网络搜索。图书资源的优点是幼儿在教室里随手可得，随时可以翻阅，且携带方便。视频、音频资源更形象易懂，更方便幼儿了解信息。网络搜索的优点是方便快捷地定位信息，并且查找搜集的信息内容较新、较全。

第二，实地调查。幼儿可以通过实地参访调查获得相关信息，成人要注意与幼儿讨论参访地点与内容是否与问题相关，制订参访计划，做好参访前的准备工作、参访中的安全和信息收集工作、参访后的信息整理分享工作。

第三，咨询专家。幼儿还可以通过咨询相关领域专家搜集信息资源，通过电话、社交网络、拜访等方式找到专家。找到专家之后，围绕自己的问题询问专家，或请专家实际操作，如在种植活动中请专家展示如何种植番薯等。

四、查找搜集类问题蕴含的知识经验

查找搜集类问题蕴含的知识经验包括以下内容：一是在查找收集资源过程中，幼儿对科学技术有了更多的了解，学习了工具的基本操作方式。二是在实地参访的过程中，幼儿需要了解参访地的信息，进行参访前的准备，制订参访计划，学习如何与人交流等。三是在通过访谈专家获取信息的过程中，首先，幼儿需要制订计划，确定自己准备邀请哪位或哪几位专家，通过何种方式可以联系上专家，准备询问专家哪些问题；其次，幼儿开始实践自己搜集的方式，如通过电话、社交网络、实地拜访等方式找到专家，在找到专家之后，幼儿通过与专家交流或实际操作获得关键信息，在这一过程中，幼儿需要学习在交流时的语言表达，如何围绕问题进行提问，如何记录信息等。四是在查找图书资源时，幼儿逐步学习如何通过索引、检索表、目录、关键词的策略搜寻相关信息，早期读写能力也在不断发展。五是幼儿在完成信息搜集后，由于搜集的信息多而零散，此时，需要对信息进行筛选和整合，剔除无用信息，留下有用信息，并将信息按一定的方式进行整合，纳入自己已有的知识体系，实现新旧信息的同化顺应和平衡。幼儿还要把自己收集的信息与成人或同伴进行讨论、交流与分享，分享过程也促进了幼儿语言表达能力、思维能力与认知的发展。

～ 第三节 工程设计类问题 ～

我国幼教界很重视科学、技术、工程、数学的教育（Science，Technology，Engineering，Mathematice，STEM），工程是STEM教育中的重要内容，具有较强的跨学科性，一项工程的完成，通常要综合性地运用STEM教育及其他领域的知识技能，引导儿童从事工程设计活动，可以有效整合不同领域的知识经验，发展儿童的创造性思维，促进儿童全面发展。

一、工程设计类问题概述

幼儿有着天然的好奇心和探索世界的动机，他们天生就会改变环境来适应自己的需要，这些变化是工程思维的开端。幼儿天生擅长想象、构建、测试和改进，在玩耍时自然地参与设计。在幼儿园环境中，幼儿自然会被吸引到参与工程过程、技能以及思维的活动和经验中去。

（一）工程设计类问题的概念

工程设计作为工程最重要的部分，是为了满足人类的需求而对某一特定问题设计解决方法。[1]工程设计是工程师解决问题的基本方法，涉及许多不同的实践过程，如问题界定，模型开发与使用，数据的研究、分析和解释，数学和计算思维运用，确定解决方案，等等。[2]在幼儿的生活中有很多与自发的与工程设计相关的经验，例如，在积木建构区幼儿需要让他们搭建的建筑保持平衡，那么，在探索和解决问题的过程中，他们逐渐建构起与物理、对称、测量相关的概念，再现了人类早期的工程与技术。再如，为解决植物架太高不好照顾而自己设计制作植物架，为解决高楼层不方便运送被子而自己设计运被子的设备。在问题式学习活动中，幼儿遇到的问题包括如何搭房子，怎么制作"会跑动的车"，如何搭建小医院……这些都是典型的工程设计类问题。

工程设计类问题是指幼儿在生活和游戏中遇到的需要通过"制作"来解决的问题，通常需要运用到科学、数学知识以及各种工具、工艺（包括信息技术）进行设计，而后实际操作，将自己的创意、方案付诸行动，转化为物品或作品。当幼儿想要通过"制

---

① 杨玉琴、倪娟：《工程设计：STEM课程整合的有效途径》，载《上海教育科研》，2017（10）。
② 张志：《基于工程设计的STEM教学模式构建研究》，载《教育现代化》，2020（4）。

作"来解决问题满足需求，但是在设计、制作和改进的某一环节遇到了困惑和难点时，工程设计类问题便产生了。

学前阶段的工程问题主要指使用各种材料，设计、制造、搭建各种事物，常见的工程主题有："混合"，教师提供混合的建筑材料，让儿童使用积木、泡沫砖、易拉罐等去进行搭建；"回收"，教师带领儿童收集废旧纸箱、塑料瓶等物品作为建筑材料；"挑战"，教师引导儿童使用各种材料进行挑战性的搭建，如搭建得更高、建造可以爬行的隧道、对物体进行拆解等。

（二）工程设计类问题对幼儿发展的价值

1. 有助于儿童整体发展

工程设计类问题融合了科学、技术、工程、数学、艺术等领域的知识技能，具有很强的综合性，有助于更好地落实《3-6岁儿童学习与发展指南》和《幼儿园教育指导纲要（试行）》，促进幼儿的全面发展。同时也呈现出更强的包容性，丰富了儿童发展的可能性，有助于儿童获得更加全面的发展。这种跨学科的模式，注重保护儿童的主动性，鼓励儿童在活动的过程中，充分地调动自己的生活经验，综合运用知识与技能，独立或合作计划、探究、解决实际问题。儿童可以在从事工程设计类活动的过程中，积极整合多领域的经验，满足了幼儿的认知、情感、社会性以及人格的发展需要。与此同时，有助于儿童在知识经验及其生活的世界之间，以及不同领域的知识经验之间，建立起一定的联系。

2. 有助于培养幼儿的工程思维

工程是丰富和扩展幼儿天赋的理想途径。鉴于工程的综合性和应用性，以及儿童天生的好奇心，伊万杰罗认为幼儿园学龄前的课堂非常适合提供机会来促进工程思维习惯的发展。克里斯蒙德等人认为，幼儿的学习取决于他们探索环境、提出问题、解决问题、确定解决方案和做出决定的能力，这些技能是工程和工程思维方式的重要前驱，它们已被证明可以提高学生的动机、解决问题的能力、批判性思维和探究技能。工程思维是实践性的，强调思维的整体性、人文性和实践性，可以被认为包括逻辑思维、形象思维和顿悟思维，是以价值为取向的思维，以满足社会需要，实现并创造更大的价值为目标。[①]工程设计类问题是培养工程思维的有效载体。

[①] 吴永发：《基于STEM教育的工程思维培养》，载《教育探索》，2019（2）。

二、问题解决路径

结合幼儿年龄特点及问题式学习的一般过程模式，幼儿工程设计类问题的解决路径有如下5个步骤：确定问题—调查探究—形成设计方案—制作实物与测试改进—评价反思，展示分享。

确定问题。活动来源于问题，可以是幼儿感兴趣的问题，也可以是教师观察到的有探究价值的问题，并不是幼儿碰到的所有问题都可以演变成"幼儿的工程"。此外，要注意选择幼儿可能获得更多经验的复杂问题。

调查探究。调查探究是幼儿围绕问题深入研究、加深理解和扩展经验的过程，对设计建造有着直接影响。这一阶段主要引导幼儿通过科学探究的方法复演科学家探索、发现和认识的过程。在调查探究的过程中，教师需要及时掌握幼儿关键经验和关键概念的探究水平，判断幼儿新经验的发展是否充分，能否支持下一阶段的工程设计学习。如在"制作滑轮喂鸟器"的项目活动中，教师提供《儿童鸟类指南》《工作的机器》等书籍供儿童参考学习，并带领儿童实地考察树木环境、天气状况、鸟儿的种类和数量，在前期实地考察、阅读书籍、分析资料的基础上制定出主题的具体方案。

形成设计方案。设计是幼儿解决工程设计类问题的重要阶段，幼儿需要将调查探究获得的新经验和对问题的整体理解在工程建造中迁移运用，检验问题解决的效果。幼儿在前期调查探究的基础上，整合关于问题的已有经验，形成自己的设计方案，设计方案可以是以画画的形式表现出来，也可以是以计划的形式表现出来。

制作实物与测试改进。形成设计方案后，幼儿经历"初步设计—模型制作—测试验证—讨论反思—再次设计—验证优化"的环节，体现了工程设计迭代性的本质特征，并且为幼儿形成可能的最佳问题解决方案提供了路径。幼儿在遵循设计过程尝试制作时逐步形成解决问题的能力和逻辑，并最终形成宝贵的工程思维、设计思维品质。

评价反思，展示分享。展示与分享环节既是成果与学习过程的展示，也是改进环节。幼儿在展示的过程中，可以得到来自其他参展幼儿和成人对于作品的评价与建议，为幼儿下一步改进作品提供想法和灵感。此外，幼儿通过展示分享，整合了相关经验，回顾了学习过程，积累了解决同类型的复杂问题情境的经验，这可以鼓励幼儿继续积极探究、尝试解决。

幼儿工程设计类问题具有一般的解决程序，幼儿解决此类问题都需要遵循这些步骤，但是由于每个年龄段的发展特点、水平不同，因此工程设计的内容难度会呈现明显的梯度变化，可以通过内容深度的不同来匹配各年龄段幼儿的发展水平。

三、幼儿的学习方式

工程设计具有情境性，应用科学、技术与数学概念与方法的严谨性，系统思维，优选方案，模型和分析，循环迭代以及协作性等多种特点，并且特别注重设计作品的艺术性、人性化与创意。所以，并不是每个年龄段都适合开展此类活动。3-4岁幼儿虽然经常会提出各种问题且喜欢用多种感官或动作探索世界，但是无论是知识储备还是思维品质方面都不具备开展工程设计活动的能力。中班幼儿喜欢动手探索世界，能对事物或现象进行观察比较，能提出问题并大胆猜测答案。大班幼儿动手动脑能力更强，在探索中有所发现时会感到兴奋和满足，能用一定的方法验证自己的猜想，能用常见的几何形体有创意地拼搭和画出物体的形状。因此，工程设计类问题实质上更适合中大班幼儿的学习。在工程设计类学习活动中最突出的学习方式是调查分析、设计制作与改进优化。

调查分析。调查分析可以帮助幼儿围绕问题深入探究、加深理解和扩展经验。在界定问题，即确定问题和需要实现的目标之后，幼儿结合已有经验以及科学、数学、技术、工程、艺术等知识经验，清晰描述出需要解决的问题以及限制条件，而后通过各种途径搜集信息。调查分析是对信息搜集、加工、判断的过程，是进行交流、推理和决策的过程，是复杂思维操作的过程，可以为设计问题解决方案做好铺垫。

设计制作。设计制作是工程设计类问题中最普遍的学习方式，指设计实施方案和实际制作原型或者模型。幼儿可以采用头脑风暴产生若干解决方案，并论证方案的可行性，选择最优的解决方案。而后，按照计划方案构建和测试原型或者模型，当然，在制作的过程中，可以根据实践调整自己的设计。

由于幼儿思维以感知运动为主，逻辑抽象思维处于萌芽阶段，因此，幼儿设计的方案有可能缺乏严谨性、可行性，在制作的过程中可能会出现缺乏坚持性的特点，不能完全按照计划进行，我们允许幼儿在制作的过程中调整计划，但是不可以完全推翻计划，要有意培养幼儿制订计划时注意合理性和可行性，做计划方案时尽量考虑全面一些。在设计制作时，幼儿可以获得更加丰富、具体的经验。

改进优化。在工程实践中，优化是一个重要而富有挑战性的概念。有人提出了优化的方法，比如，为了降低成本或者提高效率，通过重复的、集中的测试和诊断，学生不断改进实验方案，决定要改进什么，重新设计什么，或者试图同时考虑这两方面，达到优化的效果。幼儿在实施最初设计方案的过程中，会不断的发现问题，调整方案，这其实就是在改进优化。解决方案最佳化可以帮助幼儿实现最理想的目标。

四、工程设计类问题蕴含的知识经验

　　幼儿的工程设计类问题是以科学和数学为核心的，此类问题的解决主要涉及科学和数学领域经验。此外，也包含技术和工程素养，艺术、计划合作等方面的经验。工程设计类问题非常突出的一个特点是自然地整合了各领域的知识经验，多种知识经验自然渗透于工程设计类问题中，幼儿在解决此类问题时，不仅获得了静态的知识经验，同时也很好地发展了幼儿综合运用知识的能力，以及好奇思考、持续思考、灵活思考、反省思考、合作思考等动态经验。

∽ 第四节　艺术创作类问题 ∽

　　艺术活动是幼儿成长中不可或缺的精神生命活动，是其早期学习经验中的重要内容。《3-6岁儿童学习与发展指南》中将幼儿在艺术领域的学习与发展划分为感受与欣赏、表现与创造两大部分。幼儿在进行艺术欣赏与创作活动的过程中会得到精神上的满足，他们根据自己的审美趣味，进行各种各样的创作。在问题式学习课程中，教师提供了丰富多样的材料支撑幼儿自由组合，鼓励幼儿运用他们的想象力实践新想法，完成创造性艺术活动。在这个过程中幼儿可能会遇到主题的选择，材料的运用等各种各样的问题，除了提供适宜的材料和机会，教师也需要营造一个安全的环境，建立了一种支持创造性艺术并重视过程而非结果的氛围，让幼儿可以全身心投入到用艺术表达和表现自我的活动中，幼儿在艺术创造活动中发展自己的核心素养能力，同时也成为了一个更全面的问题解决者。

一、艺术创作类问题概述

（一）艺术创作类问题的概念

　　杜威的艺术教育思想中有"艺术即经验"这一经典命题，认为艺术应当与现实的生活实践、经验相接轨，使艺术回到了普通的日常生活之中。孔起英将幼儿的艺术活动分成艺术感受、艺术欣赏、艺术表现与创造四个子部分，并提到了艺术具有典型的独创性，独创是艺术的根本特征。创作以艺术与审美为基础，以社会生活为源泉，是一种复杂的审美认知活动和审美表现活动，也是从审美认识到审美表现、从艺术构思到艺术传达的过程。创作来源于生活，但并不完全复刻生活，而是在主观想象的基础

上对脑海中的意象加以改造并以绘画、歌唱等多种方式进行表达。学前儿童的创作集中体现在文字和符号、绘本故事、音乐、绘画、建构、泥土、自然物的拼贴与组合、角色扮演、戏剧、泥塑造型等活动中。

艺术创作是指幼儿在进行艺术活动时通过物质材料的运用，进行审美的感知与体验，将已有经验进行选择、重新组合，加工成新的模式和思路，并把产生的新想法转化为可视、可听或可被感官体验的存在于现实的作品。艺术创作类问题则是指幼儿在进行艺术创作的过程中，由于已有知识经验不足（缺乏表象）、技能技巧不熟练、生活情境单一等多种原因，难以对已有的经验进行重新组合，加工成新模式、新思路或新作品，具体可能表现为经常重复进行同一种类型的活动，或在活动过程中操作方式、使用材料单一，缺乏新颖性和多样性，产生的各种各样与审美或是创作有关的问题。比如，幼儿想要画出某一个形象却又无从落笔，此类问题都可以归为艺术创作类问题。

（二）艺术创作类问题对幼儿发展的价值

1. 有助于发展幼儿的审美能力

艺术创作是儿童创造性地再现他们感知到的美好事物的媒介，他们在创作过程中，将自己的印象和感受表现出来，这不仅加强了他们对事物的感受能力，而且提高了他们对形象的塑造能力，从而对儿童的审美发展起到积极的促进作用。幼儿在进行创作的时候，思考的是怎么将一个事物变得更形象或者更丰满，例如，在进行陶艺制作的时候，会尽力将手中的黏土组合成脑海里理想的形象，这一过程其实也是幼儿审美趣味的体现，他们会在不知不觉中创作出自己心中"完美"的作品。

2. 有助于幼儿想象力和创造力的发展

幼儿进行创作是需要个体的思维参与的，当个体拥有了独立思考的能力，就能创作出更多丰富的作品。创作使他们觉得生活更亲切、更有趣，并能从中体会到自己的作用和力量。同时，创作的成功需要他们的专心和耐心，这对培养孩子的品质和个性有很大帮助。艺术创作是发展儿童想象与创造能力的重要手段。

3. 有助于幼儿深度探索艺术材料和工具

幼儿需要时间去深入研究每种介质——艺术材料和工具，而不是被材料淹没。问题式学习课程不仅给幼儿提供了开放性的材料，还提供了足够的时间支持幼儿进行深度探索。在创作遇到问题时，幼儿会主动探究已有材料的各种可能性。例如，在使用颜料工具时，他们可以自由选择颜色混合，来创造新的颜色；可以使用不同的模具将黏土塑造成自己想要的形状；可以根据自己的兴趣来展开创作活动，来达到自己的创作目标……当他们有机会深入探索艺术材料时，会展现出更持久的注意力，从而也更有助于深度学习。

二、问题解决路径

艺术创作类问题解决遵循普遍的问题解决路径，但是又有所区别。在发现问题阶段，幼儿表现出艺术创作的动机，这种动机可以是自发生成的，也可以是诱导生成的。他们可能出于对物质材料的直接兴趣，也可能是有明确的使用目的。接着幼儿需要认识问题和明确问题，感知与欣赏、情感体验和探索材料是幼儿在艺术创作时认识问题的三种重要方式。在获取到足够的相关信息后，幼儿需要通过想象和思维，在头脑中对手工作品的造型、结构、色彩、性能等各种要素及其相互关系与外部条件进行整体的计划和考量，这个过程是幼儿在进行艺术创作时的核心环节，为实现创作意图、开辟创作道路做准备。接着需要对材料进行加工，或改变材料的形态，将设计转换成可视的物件，形成具有个性、新颖性、独创性、丰富性的作品，最后以个人、小组或集体的形式进行分享交流。

艺术创作中教师需要注意幼儿常出现的作品呈现方式单一和作品表达层次的问题，艺术是创造力的表现，但是幼儿的生活经验积累尚浅，对很多事物还局限在单一的感知里，比如当提到要画树木时，可能所有小朋友画出来的树木都是粗树干、没有树枝的。因此需要在搜集信息时鼓励幼儿运用多感官去探索各种各样的树，可以通过网络图片，也可以通过真实生活中对不同种类树木的观察和感受，激发幼儿的创造性。

三、幼儿学习方式

（一）体验

在艺术创作类问题中，幼儿的学习离不开对材料的感知体验，体验是他们自主学习的重要途径之一。体验包括触觉体验、听觉体验、嗅觉体验、视觉体验等，在进行艺术创作时，通过多感官、全面的体验幼儿会对活动对象形成初步的较为全面的认识。例如在使用颜料之前，幼儿可能会用手指去触摸颜料的质地，用鼻子去感知颜料的气味；在进行音乐活动时，幼儿会跟着音乐的变化拍手跺脚，做出不同的反应；在职业体验中心中幼儿通过体验不同职业的工作，获得对不同职业的了解。

（二）操作材料

幼儿处于具体形象思维阶段，通过自己的感官和动作与外部事物相互作用是其发展水平内的学习方式，因此在艺术创作活动中，不难发现幼儿喜欢对材料进行意向性的摆弄。在陶艺制作时，幼儿需要用手捏出不同大小、形状的泥饼，并进行组合塑造；在进行戏剧活动时，需要根据角色和情节创设情境，从而在表演中更加投入；在与音乐相关的活动中，他们用肢体演奏不同的乐器，以此感受不同的音色以及锻炼自己对节奏的把握，幼儿对材料的直接操作就是学习知识的过程。

（三）联想与想象

幼儿在进行艺术创作时常伴随着联想与想象，他们会基于眼前的事物，联想到相似的物体，或者在头脑中创造出崭新的形象，这也是为什么艺术创作是富有创造力的活动，因为永远会有新的内容、新的主题、新的方法。绘画是最直接的幼儿展现其想象的艺术活动，他们通过色彩和线条表现心中所想，同时不断丰富完善，使作品更趋于心中的形象。戏剧活动、手工设计等活动同样离不开幼儿的联想与想象，他们会根据自己的生活经验和感性知识创编故事，运用自己的创造性思维设计艺术形象和艺术作品。

（四）扮演与表演

戏剧表演是幼儿艺术创作活动之一，在故事的发展中，幼儿得以思考各种关系和问题，获得综合性的发展。幼儿在扮演与表演中通过语言和动作去表现人物的思想、情绪和性格，获得经验的积累和语言能力的发展；通过每个动作和表情的练习，发展动作协调能力和手眼协调能力。在群体戏剧活动中，幼儿会逐步减少以自我为中心的想法，接纳同伴进行合作活动。

四、艺术创作类问题蕴含的知识经验

艺术创作类问题的核心知识经验是审美和艺术，在幼儿园阶段，艺术包括音乐、律动、视觉艺术和戏剧或表演艺术。幼儿通过聆听以及与各种不同声音互动来习得音乐，因此，成人应该给幼儿提供玩乐器、唱歌、编歌、听录下来的声音，以及讨论各种声音的机会。学前幼儿在摸索乐器、自创曲调、学习合唱、编歌之中，发展出对各种不同音乐的欣赏能力，也能接纳不同形式的乐曲表现。律动是用身体来表达想法、对音乐做出回应，以及传达内在感觉的一种艺术。当教师接受并与幼儿一起分享不断扩展身体运动边界所带来的愉悦，而不是去评判或是将他们的努力与别人进行比较时，学前儿童就会在做游戏的过程中尝试、发明、使用新的运动方式，视觉艺术指的是绘画、素描、拼贴、用黏土或其他材料做模型和雕塑、建构、做玩偶、编织缝纫，以及用印章、积木做出图形或是拓印等。戏剧是通过动作、对话或是两者兼有的方式来说故事，涉及幼儿想象力和模仿能力。扮演游戏不仅能促进幼儿的口语能力，让幼儿练习说故事的技巧，也同时给幼儿一项挑战：大家要一起玩，就得协调出要怎么玩的方法。所有这些技巧又反过来促进幼儿对阅读的理解。假装游戏还有其内在的社会属性。艺术性创作不仅涉及幼儿的智力和情感，还涉及幼儿的生理和社交技能。对艺术领域的探索本身就很有价值，而当艺术领域与其他课程领域相结合时，这种探索也会有更多的发现。

∽ 第五节　动作技能类问题 ∽

　　幼儿阶段是身高、体重等身体形态指标和平衡、协调等身体素质指标发展迅猛期。幼儿基本动作技能发展不仅有利于幼儿期身体形态、体质健康、自信心的建立和增强、良好性格的养成等，还与其今后动作发展、体育锻炼习惯培养及社会适应性等方面密切相关。在幼儿的生活学习中，应广泛开展基本动作技能学习，促进幼儿身心全面发展。

一、动作技能类问题概述

　　《学龄前儿童（3—6岁）运动指南》中指出要以满足儿童每天的活动时间和活动强度为前提，把发展儿童的基本动作技能作为核心目标。幼儿期动作技能的形成和发展对于人的一生来说至关重要，儿童早期是儿童进行基本动作技能学习的最佳时期，幼儿的学习生活中充满了需要操作练习才能解决的问题，动作技能类问题是一类需要多次练习才能解决的问题。

（一）动作技能类问题的概念

　　《体育科学词典》（高等教育出版社，2000）中对"动作技能"的解释是：动作技能也称运动技能，是根据一定的技术要求完成某种具体动作的能力。我们认为动作技能是一个学习的、以目标为导向的动作任务，需要按照某种规定通过练习而形成完善的、自动化的动作模式。幼儿的年龄较小，对于幼儿来说主要的任务是发展基本动作技能。《人类动作发展概论》（人民教育出版社，2008）一书认为基本动作技能的重要组成部分是身体的移动和操作物体的动作行为，基本动作技能涵盖了多种多样的技能，如跑步、连续前滑跳步、单脚跳、连续垫跳步、双脚跳、投掷、接、踢、扭转、转身和弯腰等。

　　动作技能类问题是指幼儿在参加体育、日常、游戏、区域等活动中，由于某个动作不会做或者不规范，从而影响其继续进行学习、游戏活动，难以实现自我服务，或者不知道如何将自己的生活变得井井有条时而产生的一类问题。

　　幼儿园中存在很多关于动作技能的情境，例如，刚刚入园的小朋友亟待解决的问题是能够自我服务——穿脱衣鞋、叠被子、独立进餐、整理餐具、刷牙等，这些需要剪、折、贴、夹、捏等精细动作的参与。此外，平衡、攀爬、悬吊、搬运、跳跃、投掷等涉及大肌肉动作的活动，也都蕴含着动作技能的学习。幼儿在动作技能的学习过程中，会遇到不会做不规范不熟练等问题，如"为什么我跳不过垫子？""怎样跳绳呢？"再如，在美工区活动中，如何把纸上的图案沿着轮廓剪下来？

（二）动作技能类问题对幼儿发展的价值

1. 为提高幼儿身体素质奠定良好基础

近年来儿童、青少年中肥胖超重比例增多，近视比例居高不下，当下的儿童、青少年的体质健康状况与身体活动不足有着密切的关系。幼儿基础动作技能发展和身体素质发展的关键时期是3—6岁，这一阶段基本动作技能为以后动作技能的发展打下坚实的基础，直接关系到幼儿以后的成长发育乃至整个生活。

2. 促进大脑执行功能的发展

大量研究表明，运动对执行功能及其子功能存在积极影响。在动作技能类活动中，无论是主要由小肌肉群参与控制的、要求手眼协调和高度精确度的小肌肉群运动（如乒乓球、篮球投篮等），还是主要由需要大肌肉群参与工作、动作精确度较低的大肌肉群运动（如跑步、跳绳、游泳等），本质都是通过动作技能的学习而实现的。动作技能的掌握多数情况离不开运动这一途径，而运动可以重塑大脑海马的结构功能，从而促进大脑执行功能发展，与此同时，通过运动这一中介，动作技能类的学习还可以起到改善情绪、增强记忆、促进个体心理健康的积极作用。

二、问题解决路径

动作技能的学习受幼儿身体发育状况和心理特点影响较大。3—5岁的幼儿可通过机械记忆记住，教师不宜较多讲解动作练习原理；5—6岁的幼儿理解能力逐渐增强，教师可讲解动作完成的目的及意义，使幼儿通过意义记忆更好记住动作。大班幼儿能有意识控制自我不良行为表现，初步的抽象逻辑思维开始萌芽，可让大班幼儿更追求动作技能的复杂度。不同年龄段幼儿在动作技能活动中遇到的问题不尽相同，所以问题解决路径也会略有差异。老师在这一过程中要发挥的作用就是充分尊重幼儿的身心发展特点，遵循最近发展区原则，通过丰富多样的活动形式，为幼儿创造能够刺激其不断模仿练习的机会。

因此，动作技能类问题的解决路径一般会有以下环节。首先，确定问题，明确自己的问题是什么。其次，选择策略，一般采用以下三种方式，策略一，自己通过观察、模仿同伴而尝试解决，策略二，寻求同伴的帮助，通过同伴的指导而习得，策略三，寻求老师的帮助，老师一对一指导，提供正确的动作示范、简短准确的语言提示或者口令。**再次，模仿练习**，巩固习得的新动作技能，起到强化的作用，可以通过体育活动、游戏活动、日常活动等情境来练习，直至某一个或者某一套动作达到规范的自动化，避免枯燥的重复。**最后，回顾反思**，幼儿总结遇到了什么问题，是如何解决问题的，达到经验的提升，为以后遇到类似问题提供解决参考。

3-6岁幼儿动作发展水平有明显的差异性，幼儿在动作技能习得的过程中也会有明显的阶段特征，因此，当幼儿寻求老师的帮助时，老师要明确幼儿的年龄特征、动作技能发展处于哪个阶段，进而有针对性地提供支持。动作发展一般是经历前控制阶段（动作泛化）—控制阶段（动作技能分化）—运用阶段（动作技能巩固）—熟练运用阶段（动作技能自动化）四个阶段。

当幼儿处于动作泛化阶段，老师支持的重点在于提供正确的示范动作，精准的语言提示，传递给幼儿准确的信息，激发其模仿的欲望。当幼儿处于动作技能分化阶段，老师支持的重点在于提高幼儿对不同方向、空间位置的正确认识，正确清楚的示范动作。可以带领小班幼儿在游戏情境中做，针对中大班幼儿则要分解示范动作，边说边做。当幼儿处于动作技能巩固阶段，新动作技能的掌握还不稳定，老师的重点在于进一步巩固正确的动作技能。

三、幼儿的学习方式

幼儿动作技能类问题解决的实质是实现从现有动作技能水平迈向目标动作技能水平的过程。要达到目标的跨越，最重要的学习方式就是模仿练习，或者说是重复，具体可以视为观察—模仿—整合—重复练习四种连续的方式。

观察。观察是幼儿最常用的学习方式之一，在动作技能问题的解决过程中，幼儿首要的行为就是观察。观察的目的是了解完成这种动作技能的基本要求、结构，在头脑中形成这种技能粗略的表象，建立起动作技能的定向映象。

模仿。操作的模仿就是实际再现出特定的动作或行为模式。幼儿将观察到的信息以外显的动作表现出来，实质是将头脑中形成的定向印象与肌肉动作联系起来。模仿可以检验自己观察到的动作是否准确，使之更加完善，同时可以加强幼儿自身的动觉感受。

整合。动作技能学习中的整合，是将模仿阶段习得的动作固定下来，使各个动作结合成为一体化的动作模式。在整合的过程中，幼儿对各个动作的控制逐渐增强，整体动作模式逐渐协调连贯。

重复练习。基于儿童的学习规律与特点，儿童的学习需要重复的经验才能更好的掌握一个概念（经验），不是通过一次活动就能掌握的。重复练习的目的是使得新习得的动作技能达到熟练，动作呈现出高度的准确性、稳定性、灵活性，不再需要专门有意识的控制，达到自动化的程度。重复练习是动作技能问题彻底解决的重要方式，是技能转化为能力的关键环节。

四、动作技能类问题蕴含的知识经验

动作是幼儿的基本活动能力，是幼儿在日常生活和游戏中所必需的身体运动技能。有关动作技能的核心经验，总体上可以分为运动和生活两个维度，包括身体控制与平衡能力、大肌肉动作、精细动作、身体移动能力、器械操控能力、生活自理能力。[①]这类活动让幼儿发展动作技能，养成健康生活的技能，学习培养良好的生活习惯。当幼儿扭动身体，跳跃、奔跑时，他们大肌肉动作正在发展，当幼儿在游戏中剪纸、穿珠、做泥工时，他们的小肌肉动作在不断变得熟练。随着身体动作的发展，幼儿能接受的挑战会越来越复杂，并且会从中培养出处理自身事务的责任感，如穿衣、吃饭。除此之外，动作技能的发展也可以促进社会化、情绪能力的发展，孩子能控制自己的动作之后，会做的事情越来越多，也更愿意尝试新的挑战。

～ 第六节　人际交往类问题 ～

进入幼儿园后，幼儿迈出了进入集体生活的第一步，他们的心理需求相较于婴儿时期发生了转变，人际交往能力对儿童的社会化、情绪情感发展乃至成年后的社会适应都是十分重要的，对他们的健康成长起着关键作用。在与同伴交往的过程中，儿童需要学习合理地表达情绪，关心关爱他人，掌握合作与分享等人际关系技巧，以满足新的社交需求，获得愉快积极的社会情感体验。

一、人际交往类问题概述

伴随着人际交往范围的扩大，儿童开始渴望融入人群，与他人建立亲密、友好、积极的关系。然而在日常生活中，由于社会性处于萌芽阶段，儿童经常会在人际交往中遇到困难。如果我们选择忽视儿童的交际难题并不给予适宜的引导，儿童的人际交

---

①柳倩、周念丽：《学前儿童健康学习与发展核心经验》，8页，南京，南京师范大学出版社，2016。

往能力往往难以得到提升，从而会导致儿童的情感需要处于不满状态，引发一系列心理健康问题。

（一）人际交往类问题的概念

　　人际交往智能具体是指在社会活动中一个人察觉区分他人的情绪、意图、动机和感觉，并能运用语言、动作、手势、表情、眼神等方式与他人相互交流信息、沟通情感的能力，它与人的情绪发展、自我概念、人际知觉、道德发展等方面密切相关。[①]儿童的人际交往是在儿童个体发展过程中逐步形成和发展起来的，婴儿最初与周围成人是一种直接的情绪性交往，以后转化为动作交往，再过渡到以言语为手段直接的情境交往[②]。对幼儿而言，人际交往包括亲子交往、同伴交往、师幼交往和与其他人的交往四种类型。在幼儿园儿童的人际交往主要是同伴交往。一日生活中，儿童与同伴会有频繁的交往行为，人际交往类问题正是由于人际交往智能引发的一类问题。问题式学习的一大核心特质便是鼓励儿童与同伴合作解决问题，通过互动扩充经验。在与同伴互动的过程中，受年龄特点的影响，儿童在与同伴、成人互动的过程中常表现出以自我为中心，并受经验所限缺乏合作、协商、沟通等人际交往策略，从而导致他们难以感受、适应、协调和处理同伴关系。当儿童缺乏社会领域的核心经验时，便容易出现各种各样的人际交往类问题，幼儿园阶段，典型的人际交往类问题情境有：

　　• 不懂分享。有的幼儿为了满足自己的兴趣需要，不会顾及他人的需要，常说"我要，我要"，或者"你不准"，时常因为物品所有权跟同伴产生冲突。

　　• 不喜欢与同伴交往。表现为部分内向的幼儿在人际交往中表现得比较被动，与他人交往的积极性不高，常常自己一个人待着。

　　• 不会合作。具体表现为不知道如何发起合作，合作目标不太明确，合作过程缺乏同伴协商，合作时间段，任务分工不明确，不遵守小组规则等。

　　• 攻击性行为。具体表现为幼儿用身体或言语直接攻击同伴，对同伴造成身心伤害。譬如出现推搡、抓、掐或者辱骂、嘲笑同伴的行为。

　　• 不会求助。表现为幼儿在面对困难时不会表达自己所处的困境或者渴望获得他人帮助的愿望。

　　• 经常告状。当幼儿缺乏交往技能时，遇到问题常常退缩，喜欢告状就是典型表现，幼儿会经常跑来投诉与自己产生矛盾的幼儿。

---

① 冯江英：《论儿童早期人际交往智能的习得与培养》，载《新疆教育学院学报》，2005，21（1）。
② 秦或：《儿童的人际交往与儿童的社会化发展》，载《商丘师范学院学报》，1995（4）。

（二）人际交往类问题对幼儿发展的价值

1. 有助于推动儿童社会化的进程

儿童正是通过与同伴的交往学会认识自己，并在这个基础上，获得有关他人的态度及有关冲突的各个方面的自然而真实的反馈，从而调整自身行为，促进社会化发展。掌握良好的人际交往能力对社会交往和实践活动有着积极的效果。通过解决人际交往类问题，幼儿在自我意识、人际交往、情绪交流与控制等方面会发生显著变化，开始初步掌握社会规范，适应自己的社会角色。

2. 促进儿童认知、语言能力的发展

人际交往对儿童认知、语言能力的发展起到了促进作用。首先，儿童的认知能力在交往互动中得以发展。幼儿会互相模仿同伴的行为，从而发展自己对事物新的认识。其次，幼儿的交往行为有助于其语言能力的发展。交往过程中，同伴尤其是成人会为幼儿提供非常多的语言刺激，给予丰富的表达内容，提供更多的交流机会，引发幼儿的表达愿望，同时给予幼儿丰富的语言反馈。

3. 有利于儿童良好的情绪体验

社会交往是社会生活中必不可少的活动，对维持人的心理健康和身体健康至关重要。拥有良好的人际交往能力将使儿童多与人交往，学会交朋友，乐于把心里话说给他人，并主动寻求他人的帮助，使身心处于良好状态之中。当儿童在同伴群体中被同伴接纳、建立友谊、并得到同伴赞许时，儿童便获得了亲密和自尊感。儿童在交往活动中保持愉悦的心情，以积极主动的态度从事活动，有助于他们形成健康的心理，在群体生活中得到愉悦的感受，消除孤独感和孤僻性格，积极地参与集体游戏中。

二、问题解决路径

通常在没有成人干预的情况下，学龄前儿童也能够采用自己的方式解决他们所遇到的大部分人际交往类问题。受能力的限制，他们与同伴交往碰到问题时往往采取退缩、等待的消极策略，甚至会与他人发生冲突。采用消极的解决策略往往会放大"人际交往类问题"所带来的负面效应，会使幼儿采取暴力、退缩的交往策略，从而不利于社会性的发展。

在此类问题情境中，幼儿的人际交往类问题解决路径一般遵循以下程序。第一个阶段是陈述矛盾、归纳原因。教师需要引导幼儿先冷静下来，停止争吵或争斗行为。情绪稳定后，幼儿需要学习轮流描述双方间发生的矛盾，并表述自己当下的感受。在讲述完事件和感受后，接着幼儿和同伴需要共同反思引起当前矛盾的原因。幼儿刚开始实施这一阶段时会感觉十分吃力，教师可以提供语言支架或者记录板引导幼儿熟悉流程。等到

幼儿熟悉后，可以逐渐撤掉支架，让他们独立完成这一步骤。第二个阶段是思考多种可能的解决方案。在这一阶段，孩子们需要就前一阶段的反思提出多种可能的解决方案。这一阶段至关重要，幼儿和同伴双方需要努力克服自我中心倾向，不仅需要理解对方的处境，甚至还需要作出让步，以达到解决矛盾的目的。第三个阶段是达成共识，选择解决方案，在这一阶段，幼儿需要通过民主决议的方式（如投票等）确定解决方案，并尝试执行解决方案，解决产生的矛盾。第四个阶段是强化解决矛盾的学习过程，当幼儿通过协商的方式解决冲突后，他们的学习活动并未结束。在最后一阶段，幼儿需要回顾整个解决过程，来获得、强化"协商"的概念，并深化学习掌握人际交往技能。

三、幼儿学习方式

幼儿的社会性主要是在日常生活和游戏中通过观察和模仿潜移默化地发展起来的，儿童需要不断地与同伴互动，通过协商的方式解决矛盾，从而建构良好的人际关系。因此，在解决人际交往类问题的过程中，儿童主要的学习方式是观察模仿以及协商。

（一）观察模仿

当儿童开始有人际交往的需求时，他们所能做的第一件事就是观察他人的行为、言语、表情等，之后在迁移运用到自己的人际交往情境中来。随着年龄的增长，观察模仿的范围也会扩大，他们不仅会观察模仿周围人的社交表情、语言、态度和策略，还会从绘本、影像资料等其他途径获取到有关人际交往的信息。当他们迁移运用到实际情境后，他们会根据交往对象的反馈或巩固相关经验或调整个人的交际行为。

（二）协商解决冲突

第二种方式则是通过协商解决交往中产生的矛盾。随着年龄增长以及社会性经验的丰富，幼儿解决冲突问题的策略水平逐渐上升，他们会逐渐克服自我中心，开始考虑同伴的观点，会考虑并采用一种折中的方式来解决冲突。儿童开始能理解他人的意图或动机，能以请求协商的口气，主动作出一些让步，与冲突的另一方进行协调，使双方的利益获得平衡。实际上，协商是一种更高级的交流沟通能力，它需要儿童接纳他人的观点同时还能合理解释自己的观点，通过与同伴共同讨论来取得一致意见，从而避免矛盾的产生或者激化。

（三）尝试主动交往

幼儿的人际交往能力是在不断交往的实践中提高的。在集体、小组或个别活动中，孩子们之间或主动或被动地发生着相互关系以及相互作用，正是在这种交互作用中，儿童以亲历学习的方式发展其社交行为，尝试、重复联系自己还不熟练的社交技能和策略，并根据即时根据同伴的反应作出相应的调整。在具体的交往情境中，通过主动交往儿童能够更容易习得同伴交往中的技巧。

四、人际交往类问题蕴含的知识经验

人际交往类问题主要是由于儿童缺乏指向与他人关系的社会性发展关键经验所引起的，包括对他人的基本认识、自我与他人之间的人际情感联结和人际互动行为与规范等，除了选取指向幼儿与他人关系的社会性发展关键经验，我们还选取了幼儿自我发展中的关键经验。此外，幼儿还要知道自己与集体的关系，了解自己在集体中的角色与责任。幼儿可以从探究自己和自己的家庭，关注家庭成员及相互间的责任开始，从学习如何与同伴、老师、父母交往，逐步开始思考家庭和班级的规则是如何帮助大家一起生活、和善相处的，并能够理解人们有不同的特征、兴趣和能力，接纳并欣赏人的多样性。

∽ 第七节　沟通表达类问题 ∽

维果茨基的社会文化历史理论告诉我们个体在与周围世界互动的过程中建构认知体系，幼儿与同伴、幼儿与教师、幼儿与环境之间无时无刻不在互动，在互动中生成一系列的交往痕迹，形成丰富的沟通表达活动。幼儿的沟通表达活动主要依靠语言这一中介来进行，语言发展是幼儿日后阅读理解和其他领域，如科学、社会领域学习成功的必要条件。[1]语言不是单纯地承载和传递信息，不像工具一样与主体分离，而是与语言使用者的认知、交流等融为一体，直接参与到认知、交流过程中。也就是说，语言的发展与个体社会性的发展关系十分密切，幼儿的行为习惯、团队合作意识、交往能力、社会适应能力等的发展，都与幼儿掌握和运用语言的能力密切相关，并且幼儿的语言能力随其认知能力的发展而发展，语言的发展也会促进思维的发展。[2]问题式学

---

①［美］安·S. 爱泼斯坦：《高瞻课程的理论与实践·语言、读写和交流：关键发展指标与支持性教学策略》，霍力岩等译，北京，教育科学出版社，2018。
②郭荣学、肖玉、章洪：《湖南省1—6岁幼儿语言发展的基本情况与规律》，载《学前教育研究》，2011（11）。

习课程鼓励幼儿积极与人交流想法、分享感受，为幼儿打造了乐于沟通表达的环境，无论是运用口头语言还是书面语言，每一个幼儿都有大量的机会表达自己的观点。

一、沟通表达类问题概述

（一）沟通表达类问题的概念

沟通表达是指幼儿在日常生活、游戏活动、学习活动中，使用口头语言和书面语言与人交流想法、分享发现、形成对话，在与周围的人、事、物不断互动的过程中获得信息，在不同的社会交往情境中表达自己的观点。幼儿将感知到的视觉信息、听觉信息、动觉信息以及主观感受、愿望或要求，根据已有的知识经验水平对这些信息进行加工处理，概括与组织，并加以内化，借助语言符号与象征符号来代替头脑中的想法，最终以语言的形式表达出来时遇到障碍的一类问题属于沟通表达类问题。

幼儿的沟通表达是在一定的情境中进行的，一般，幼儿与人交流沟通的过程并不是一帆风顺的，往往在不同的情境中伴随着一系列沟通表达类问题。幼儿在游戏活动结束后，需对其游戏过程进行表征，并在集体面前讲述表征记录，幼儿可能会遇到表征内容单一、表征内容与游戏过程无关联、头脑中的想法无法运用符号表征的方式呈现的问题。当幼儿遇到与同伴共同构建策略的情境时，可能会出现坚持自己的策略而不肯妥协、构建出的策略不被其他同伴接纳、难以贡献自己的想法等问题。在团体讨论时，幼儿可以与教师、同伴分享新的发现和信息，在交流的过程中，可能会遇到不愿意开口表达、他人正在说话时不会倾听、不敢说出自己的想法、所说的内容与主题脱离，表达时抓不住重点、表达的内容单调重复、表达不够流畅等问题。在与同伴分工合作的过程中，幼儿可能会遇到与同伴意见不一致的情境而产生语言或肢体冲突、不愿意接纳他人的意见、不使用礼貌用语等问题。在布展演讲的过程中，幼儿要为观众进行报告，可能会遇到演讲时抓不住重点、演讲时语气没有停顿、说话不连贯、不会使用姿态语言等问题。

（二）沟通表达类问题对幼儿发展的价值

1. 有助于建构幼儿的认知体系

语言和思维的联系是紧密的，幼儿使用语言有助于提高思维和想象力，而思维的发展又能促进幼儿的表达能力的发展，语言的发展为幼儿的创造性思维的萌发和发展起到了推动的作用。在语言输出的加工过程中，幼儿要把语言表达得正确、清楚、完整和连贯，也需要有感知、记忆、思维、想象过程的积极参与。幼儿在进行沟通表达活动之前头脑中会有一定的思考，通过外部可观察、可听到的语言描述各种人、事、物，比较、探索和发现认识对象的相似点和差异点，借助沟通表达获得认识对象的科学概念，促进幼儿理解、推理和概括能力的形成和发展，从而不断建构自己的认知体系。

2. 促进幼儿的社会性发展

沟通表达可以促进幼儿与人对话、交流，增加幼儿与同伴的互动，学习建立良好的社会关系。这种沟通有助于幼儿克服自我中心的言行，使幼儿能够主动地适应他人的行为从而调节自己的行为，并在此基础上逐渐形成语言自我调节能力，使自己的情感、态度、习惯、行为等与社会规范逐渐接近并吻合。

3. 发挥幼儿的个性潜能

由于每个人的生活背景各有不同，幼儿的想法存在差异性，幼儿的表达方式也并不是整齐划一的，每个幼儿都有着自己喜欢的表达方式。正是这种差异性，使幼儿在沟通表达的过程中逐渐形成自己的风格，形成个人独特的价值观和自我成就感，从而形成独一无二的人格。

二、问题解决路径

问题式学习课程中的沟通表达类问题一般要遵循以下几个环节：运用已有语言经验、思维转化为语言、个性化表达。在正式展开问题式学习活动之前，幼儿已经掌握一定的语言表达基础，而在不同的活动场景中蕴含着不同的信息，儿童不仅要了解每个活动场景下词汇和句子的意义，还需掌握句法结构，将问题式学习活动中不同场景下的语言经验进行有效整合，理解沟通的内容，将抽象的思维借助语言符号转化为清晰化、条理化的语言。幼儿运用认知监控问题式学习活动，通过语言表述认知内容，凭借语言与同伴分工合作，与同伴分享信息和交流发现，表达探究的乐趣。问题一经发现，幼儿便会七嘴八舌地表达自己的观点，积极在群体中发言，阐述自己对于问题的认识，这就涉及幼儿之间丰富的口语交流；在问题解决的过程中，幼儿之间需要进行多次团体讨论，针对某一具体问题可能会出现不同的思考，团体讨论能够包容幼儿的思维差异，使幼儿构建出多种问题解决策略；为了获取更多的信息，幼儿需要自主搜集信息，不论是咨询专家、借助网络工具、查阅书籍、实地参访，幼儿搜集信息的过程中能够获得口头语言和书面语言的各种经验。最后，幼儿通过口头语言、表征记录、作品和布展等个性化的方式，回顾并总结活动的全过程，明晰活动的优势经验与不足，对活动各环节进行评价和自我反思，最终完成问题解决活动。

幼儿是在与他人交往互动中建立起来语言表达能力的，一开始幼儿只是在观察与模仿他人的表达，在小班阶段较为明显。3-4岁的幼儿最初并没有形成良好的语言表达能力，由于注意时间较短，因此在倾听他人说话时注意力较差，对语言的理解和表达程度不够。随着与人交流的经验逐渐丰富以及认知逐渐发展，在观察、模仿成人、同伴的外部可观察到的语言行为基础上，幼儿能在各种活动情境中主动表达自己的想法、愿望及要求等。4岁幼儿已经知道根据听者的年龄来调整自己的说话方式。随着年龄的增长和生活经验的丰富，5-6岁幼儿不仅可以有逻辑地表述，而且还能根据需要恰当地运用声音的高低、大小、快慢等变化，使言语更为生动形象。

三、幼儿学习方式

《幼儿园教育指导纲要（试行）》明确指出："语言能力是在运用的过程中发展起来的，发展幼儿语言的关键是创设一个能使他们想说、敢说、喜欢说、有机会说并能得到积极应答的环境。"在解决沟通表达类问题的过程中，儿童主要的学习方式是倾听、表达、提问以及争论或争辩。

倾听。倾听是幼儿理解语言的前提，只有懂得倾听、乐于倾听且善于倾听的人，才能了解交流过程中信息的意义。最初幼儿并不清楚沟通的策略和规则，幼儿可以在日常生活中通过认真倾听身边的同伴、成人是如何表达想法，逐渐了解他人的表达内容和方式，学习如何使他人注意到自己说话、学习在众人面前演讲、学习与他人协商等，在倾听的基础上，幼儿逐渐能够理解他人传达的意思，学会在不同场合下沟通表达的行为规范，学会文明语言用语，自如地转换与不同交往对象对话的内容。

表达。幼儿通过与他人的交流、对话，围绕各种话题进行讨论，表达自己的见解，使他人了解自己的想法、需要和情感，与他人的交往互动建立联系。幼儿的基本自然表征能力通常包括：言语表征（用口语的方式描述事物的特征，描述事物的范围，描述事物的深浅）、动作表征（用身体来表演）、符号表征（用书写做自然笔记。表征的符号更多的是幼儿自创的符号，表征的形式更多的是绘画）及建构表征（用自然物拼或搭应用自然材料，小年龄段以平面的拼为主，大年龄段以立体的搭为主）。问题式学习支持幼儿在不同的情境中运用多种表达方式与人交流，在表达的过程中不断学习口头语言、符号表征的技巧，提升语言使用的丰富性、准确度和敏感性。

提问。幼儿的周围世界存在着众多新鲜事物和不断变化的新异环境，幼儿会对那些新奇的、形象的、具有鲜明特点的事物产生强烈的兴趣，产生浓厚的探索欲望，他们会经常提出："是什么""为什么""怎么做"的问题，问题式学习为幼儿创造了宽松的语言环境，支持幼儿积极提出自己存在的疑惑，大胆思考并表达自己的想法。问题式学习活动是一种思维活动，在活动中幼儿通过吸收和加工有关的词语和话语，对事物有着科学的认识和概念，以形成自己的认知体系，从而可以间接丰富自己的语言体系。

争论与争辩。事实上，争辩是一个集体力、脑力和口才于一体的活动。幼儿要表达清楚自己的观点，就必须根据自己对环境和对手的观察分析，选择并运用学到的词汇和表达方式，试图有条理地表达自己的观点。在问题式学习中，涉及各种各样的争论活动，例如幼儿通过讨论最佳的问题解决策略，据理力争，明晰事物之间的因果关系，达成对策略的共识。幼儿不仅可以学到争论、辩论的逻辑技巧，还能获得语言能力的提升和思维水平的发展。

四、沟通表达类问题蕴含的知识经验

幼儿解决沟通表达类问题的过程实际上也是获得语言能力的过程。幼儿的倾听与表达构成了口头语言的内容，倾听是幼儿理解语言的前提，只有懂得倾听、乐于倾听且善于倾听的人，才能了解交流过程中信息的意义。幼儿的倾听习惯与能力并不是通过专门的训练养成的，而是在日常生活的一次次对话中发展的。幼儿口语交流能力的学习是语言领域学习的重中之重，幼儿要学习倾听他人的想法，学习如何适宜地表达自己，学习如何与他人交流，这些是幼儿未来学习与发展的基础。幼儿的口语交流能力不是训练出来的，而是在自然的生活情境中，在交流运用中不断发展的。幼儿早期读写能力逐渐发展的现象称为"读写萌发"。阅读帮助幼儿了解更广阔的世界，幼儿阅读的对象是广泛的，幼儿从书本、标志、菜单中获取信息，建构和产生意义，这些都是幼儿的阅读行为。书写是幼儿表征的方式之一，幼儿通过书写记录想法和发现，传递信息。幼儿学习读写的活动是一个在生活中持续萌发展现的过程，是在社会关系和有意义的活动中发展起来的。教师要为幼儿创设温暖的氛围，提供宽松、自由的语言交流环境，鼓励幼儿与同伴、成人的交流，让幼儿想说、敢说、喜欢说并能得到积极回应，与幼儿进行有意义的交流，让幼儿接触到各种书籍，应用各种策略去理解、解释、评估和欣赏的各种文字材料。培养读写兴趣和良好的读写习惯。

∽ 第八节　自主守则类问题 ∽

规则在幼儿的生活中无处不在，有了规则的约束和指导，每个幼儿都生活在不超越底线的自由状态中，生活在和谐与秩序中。规则在成人看来是客观的、预先规定好的，但对于规则理解和执行的主体——幼儿来说，规则不是一个早已确定的、必须执行的结果，而是幼儿自主建构对规则的理解并执行规则的过程。幼儿不是规则的被动接受者，我们应该尊重幼儿在规则制定、执行过程中的自主性和感受、体验。幼儿在日常生活和学习中会存在违反规则、同伴之间产生规则冲突等问题，但这恰恰也是教师对幼儿进行规则教育的契机。

一、自主守则类问题概述

（一）自主守则类问题的概念

所谓自主性，即幼儿主动探索事物的意识与倾向性，包括对各种规则和行为规范的探索与实践、改良与修正，其本质是对人类行为规律的认识与把握，幼儿的自主性应与其规则意识同步发展、协调发展。规则属于幼儿社会性发展中社会认知的范畴。规则是人们在日常生活、学习、工作中必须遵守的科学的、合理的、合法的行为规范和准则。[①]

幼儿一日生活中，处处都有规则。例如，在进行团体讨论的时候，幼儿需要遵守一定的规则，学会倾听，不随意打断他人说话，轮流发言，不做"语霸"；在户外游戏活动时，能够遵守一定的安全规则，不做伤害自己和他人的行为；在与他人交往时，能遵守人际交往规则，学会谦让、合作、分享；遵守一定的公共规则，爱护环境、爱护公物等。在问题式学习课程中，幼儿常常会面临规则问题，如当现有的规则不符合幼儿的利益时，有些幼儿便会试图破坏游戏规则或游戏情境，致使游戏无法进行下去。譬如在进行区域活动的时候，有的小朋友在规定进区人数满了之后，为了满足自己的需要会无视规则，坚持进区，进而引发规则问题。

从儿童个体的角度看，规则的意义是自主建构的。刚刚萌发规则意识的幼儿经常会出现思想与行为脱节的现象，在了解了规则的前提下仍然频频出现违反规则的问题，自主性较差。自主守则类问题是指幼儿在日常生活中没有将规则内化为规则意识和执行能力，存在规则意识弱、频繁违反规则等现象的一类问题。

（二）自主守则类问题对幼儿发展的价值

1. 促进幼儿规则意识的形成和社会化的发展

一般幼儿自我控制能力差，规则意识差，内部自律机制还没有完全形成，更没有达到"社会化的人"所应有的水平。遵守规则是个体的人要立足社会必须具备的基本素质，儿童的规则意识和执行规则的能力是儿童社会性适应的基本内涵，关系到个人生活幸福和将来的事业成功。

---

① 郑三元：《规则的意义与儿童规则教育新思维》，载《湖南师范大学教育科学学报》，2006（5）。

幼儿园的规则教育是塑造幼儿成为社会人的重要途径之一。幼儿通过规则教育，才能逐渐学会基本的社会道德规范，并尝试以此处理与他人的关系以及进一步克服任性、自我中心等不利于交往的行为，从而顺利完成社会化。在幼儿园的一日生活中，幼儿在一日生活各环节中与教师、同伴、环境互动，学会遵从集体共同的价值体系和行为规范，形成自我意识，养成规则意识和对周围世界的秩序感，认识自己与他人、环境和社会的关系，并以行为准则来规范自己的行为，逐步将社会规范内化为个人行为准则，逐步由一个自然人转化为社会人，为社会化进程打下良好的基础。

2. 有助于幼儿形成内心的秩序感

人从出生起，就生活在一个看似无序实则有序的环境中，追求秩序感也因此成为人类生命个体的一种需要。当它得到满足时，人就会产生快乐和放松。当它遭到破坏时，就会产生焦虑和不安。人类生性就具有对稳定状态的追求，即希望身边的事物能够在外部时空表现形式、内部构成要素方面保持相对和谐的状态，从而消除内心的不确定性和危险感，形成稳定感和安全感。蒙台梭利就将形成对世界的秩序感作为幼儿教育的重要任务。幼儿在解决自主守则类问题的时候将会建构自己对规则的理解，规则的稳定性将有助于幼儿形成秩序感和安全感，进一步支持幼儿的自我导向学习，避免学习的盲目和随意。

二、问题解决路径

幼儿的规则意识养成是一个从他律走向自律的过程，也就是从规则的外部强制性走向规则的内在自觉性的过程，由此造成的社会认知冲突正好为幼儿社会性的发展提供了契机。幼儿对自主守则类问题的解决一般遵循以下规则。

第一，认识问题、分析问题。幼儿在产生自主守则类问题后，教师首先要找到产生此问题的幼儿，让他们先稳定情绪，向他们澄清产生该问题的背景、经过和结果，然后带领幼儿一起分析问题，是什么原因导致了该问题的产生。第二，调整自身行为或重新制定规则。一方面，教师可以引导幼儿评价自己的行为，倾听幼儿关于处理这个问题的看法。引导幼儿认识到规则对于他人以及自己活动的重要性，体验规则对自己的意义。另一方面，教师可以引导幼儿思考这个规则本身是否合理，是否有进一步改进的空间。例如，这个区规定了只能进三个人，但大家都想进去玩，该怎么办呢？教师可以带领幼儿一起进行团体讨论，形成关于规则制定的共识，这样更有益于幼儿形成规则意识并形成正确的行为。

然而，规则制定好了并不是意味着规则是一成不变的，规则具有灵活性。规则要建立在幼儿对于自己以及问题情境充分了解的基础之上，是从多种方案中做出的明智选择，是对问题——对应的反应，因此会随着问题情境的变化做出相应的调整。

三、幼儿学习方式

规则与幼儿的生活密切相关，因此幼儿园的规则教育是十分必要的。在此过程中，幼儿不是被动的规则接受者，而是规则的主动建构者。幼儿在教师引导下，通过自己的活动实现对其世界中规则的建构，形成自己关于规则的理解，在实践行动中遵守规则。

在游戏中理解和遵守规则。在游戏中，幼儿可以很好地理解和遵守规则，这时规则不是外在于幼儿的、抽象的文字符号，而是幼儿乐于接受并自觉遵守的规则。例如在玩"木头人"的游戏时，幼儿在听到指令后自觉做一个造型并保持不动，在这里，规则意味着兴趣和积极的体验。当幼儿体验到规则给自己带来的乐趣后，便会慢慢地形成规则意识。

榜样学习。榜样示范法是指在幼儿社会教育活动中，教师用自身或他人的好思想、好行为或英雄事迹去影响和教育幼儿形成良好品质的方法。[1]社会学习理论代表人物班杜拉认为，除了以偶然强化为中介的直接学习以外，通过对榜样行为的观察和模仿来学习是幼儿习得社会行为的另一重要途径。幼儿的思维特点具有直观形象性，谈话、说理等方法虽然对促进其社会性发展有一定的效果，但是亲眼看见实际行为的发生更起作用。教育实践也表明，榜样对幼儿规则意识的形成有着潜移默化的促进作用。

协商自定规则。在一日活动中，教师可以根据实际情况大胆放手，以尊重为原则，以引导为手段，允许幼儿自己去思考规则和要求，探索规则和要求的合理性。当幼儿成为制订规则的主人时，儿童执行规则的能力便提高了，同伴间的监督、提醒，比教师一遍遍强调规则的效果要明显得多。这意味着教师要改变向幼儿传授规则的传统做法，引导幼儿自主建构规则。

四、自主守则类问题蕴含的知识经验

自主守则类问题蕴含的主要经验如下：幼儿要能够了解公共规则、家庭规则、交往规则，理解遵循规则对于保障家庭、幼儿园和社区秩序的重要性，并清楚不遵守规

---

① 周梅林：《幼儿社会教育活动指导》，59页，上海，复旦大学出版社，2009。

则会产生消极后果。幼儿规则教育的具体内容不是固定的、一成不变的，各年龄班对于幼儿规则教育内容的选择应有所侧重，结合幼儿生活，与幼儿一起讨论问题产生的原因，使规则的产生建立在幼儿理解的基础上。在规则内化的过程中，孩子们也更能了解自己在家庭、幼儿园及社区中不同的角色与责任，并做出力所能及的贡献；在规则意识的形成与建立的过程中，孩子们初步认识并理解家庭、幼儿园、社区中人与人关系的依存性、交互性，关于规则的历史性、地理性的知识经验也渗透其中了。

第四章 组织实施

　　问题式学习课程是指有目的地引导幼儿主动发现问题、解决问题，不断增长新经验、逐步走向思考独立、生活独立、人格独立的创造性学习过程。问题式学习课程中，学习者积极尝试独立思考、不断接受新挑战；学习者学习如何做决策，并且能够真正参与做决策。学习者与教育工作者是伙伴关系，教学的目的是促使学习的产生并促进学习，而不仅仅是开展一系列的教学活动。

　　问题式学习课程的组织实施是课程理念和目标走向实践的必要环节，是课程内涵的现实体现。问题式学习课程中对主动学习的思考、对学习者中心的定位、对教与学方式的表达都决定着课程组织的价值取向、实施策略。在问题式学习课程中，学习蕴含于生活中，无时不在、无处不在，生活是最好的"大课堂"；学习是学习者与学习环境相互作用的产物，游戏环境是幼儿学习的最好场所。

　　新的学习范式使传统模式下的教学和学习彻底发生了转变。学习被重新定义，并置于教学的前列。学习者富于创造性的学习、走向深层的学习、自由快乐的学习成为课程组织实施的主体部分，灵活、开放、多样化的学习方式满足不同需要的幼儿，对教师及相关教育工作者积极发挥促进者、支持者的作用提出了挑战。

～ 第一节　幼儿问题式学习的一般特点 ～

　　在问题式学习中，幼儿通过解决问题获得学习。幼儿具有的以自我为中心、凭借表象进行、不可逆并且相对刻板的思维特点，与成人的以问题为中心的、可以脱离实物的抽象思维存在很大差异。因而幼儿解决问题的过程和方式既遵循问题解决的一般规律，又遵循幼儿期独特的身心发展特点。我们认为，幼儿的问题解决过程大致遵循以下五个步骤。

一、感知问题情境、觉察到疑难

幼儿了解周围事物或现象最直接的认知方式是感知，当他处于一个真实的情境中时，首先要做的是感觉和知觉情境中的各种信息，在头脑中形成一个完整的印象。对幼儿来说，把一个情境确定为问题情境有时候也是很困难的一步。有时，幼儿并没有认识到有一个明确的目标，或没有认识到自己当前的状态与目标之间存在着差距。例如，制作恐龙图书时，幼儿认为画几张恐龙的图画钉在一起就是一本恐龙图书，并没有意识到图书需要有封面和封底，因而他们不认为自己遇到了问题。这种情况下教师就要引导幼儿了解目标，认识到与目标的差距。有时，幼儿会高估自己的能力，或低估达成目标过程中的障碍，想当然地认为任务很容易成功。例如，幼儿认为用奶粉罐和纸板搭一座桥很容易，没有预想到奶粉罐容易倒，纸板太软难以承重。这种情况下最好的方式就是给幼儿时间，让幼儿充分地操作和探索，在操作过程中幼儿会逐渐发现问题。

二、认识问题

幼儿在情境中一旦觉察到了有问题存在，教师或者幼儿就要将问题表征出来。例如，幼儿在为赛车编号时，觉察到编不重复的号码对自己来说是一件从未做过的疑难事，教师随机将问题表征为"怎样用这些数字编不同的号码?"这本是困惑于幼儿心中的疑难，教师借助词语的表征使之成为明确的问题，使幼儿对问题的理解显得顺其自然，并顺利地对下一步要采取的策略展开思考。认识问题这一步非常关键，如果幼儿没有真正认识到问题，是很难解决这个问题的。需要引起注意的是，表征问题的词语非常关键，对没有任何认知经验的幼儿来说，将成人用的词汇和术语用在问题的表征上，容易造成幼儿一脸的茫然，有时候手势、动作与语词搭配使用会使幼儿很快就能理解。

三、拟定策略

一旦幼儿有效地认识了问题，下一步就是要拟定解决问题的策略。单个幼儿拟定的策略也许是非常简单的单一策略，但在小组或集体中，这一过程中经常涉及发散性思维和聚合性思维。在发散性思维中，幼儿各自依自己的理解猜测试图生成各种类型的、可能的问题解决方案。然而，幼儿一旦已经想到了或受同伴启发了解了大量的可能性，他就必须开始利用聚合性思维，从多个可能性中选择一个自己想要开始试验的方案。

四、操作材料试探

动作和思考同步是幼儿的认知特点。因此，当策略已经形成时，要立即投入到操作试验中，以及时留住幼儿的"思考"。试验所用的材料是幼儿首个重点观察的对象，了解材料的特点可以使幼儿的操作更有针对性。例如，幼儿在思考如何使小滚筒改变直行路线的策略时，发现上下口径不一的滚筒滚动路线为曲线，于是幼儿选择"想办法让滚筒一边大一边小"的策略来进行试验，使得试验一开始就趋向于有效的问题解决，缩短了无效操作的时间。

五、评估

一轮的操作试验过后，幼儿需要对自己或同伴的答案进行评估。评估是将拟定的策略与实际操作试验的结果进行比对，并判断是否达到目标或达到多少。通过评估，幼儿可能会发现结果与目标存在着距离而重新认识问题，或从同伴处获得启发重新思考的策略，开始下一轮的试验。通常，关键性的进步都出现在评估阶段。

以上是一个从众多问题解决案例中归纳出来的有一定代表性的问题解决步骤，步骤的顺序可因需要而发生改变，在考虑这几个步骤时别忽视了它的灵活性。我们可往返于各个步骤之间，甚至在合适的时候可以跳过或增加某些步骤。同时，它还具备周期性的特点，幼儿解决问题时可能会反复经历以下步骤：幼儿第一次认识问题，拟定策略以后，评估发现问题并没有得到很好的解决，需要重新发现问题，分析问题，或寻找新的信息资源，拟定新的策略，再次尝试和评估，直至获得满意的结果。幼儿在解决一个问题的过程中，有可能会发现新的问题，再次踏上问题解决之途。

幼儿的问题式学习不同于成人，带有幼儿自身的学习特点。3-6岁的幼儿处于前运算阶段，他们好奇、好问、好探究、好模仿，他们有多种学习方式，其中最主要的方式就是直接感知、实际操作、亲身体验、观察模仿。幼儿在解决问题的过程中会综合运用这些学习方式。

〜 第二节　随机问题式学习 〜

随机问题式学习是指在幼儿游戏的过程中，教师通过激发幼儿对游戏的想象和创造，不断生成挑战性的目标，即时捕捉幼儿为努力达成目标而遇到的困难和问题，促进幼儿创造性地解决问题，获得新经验的学习过程。

在问题式学习课程中，随机问题式学习占据着十分重要的地位。《幼儿园教育指导纲要（试行）》指出，教师要"善于发现幼儿感兴趣的事物、游戏和偶发事件中所隐含的教育价值，把握时机，积极引导"。随机问题式学习坚守着纲要指明的方向，在蕴含丰富挑战的游戏环境中不断促进幼儿的学习与发展。

首先，随机问题式学习以游戏化的方式进行，能够使幼儿保持主动学习的热情。游戏符合幼儿的天性，在游戏中学习能使幼儿始终保持在愉悦的状态中，使得困难和挑战也充满着探索的乐趣。

其次，随机问题式学习的灵活性能够支持幼儿个性化学习。随机问题式学习浸润在游戏的场景中，问题的来源是"随机"的，教师并不为幼儿制定要探究的"问题"，而是支持幼儿在游戏中自由探索、自主探究，在与环境的相互作用中发现自己感兴趣的、想要探究的问题。在游戏活动中幼儿有着不同兴趣，发现的问题也不同，可能出现的问题是一个或多个。教师的支持依据幼儿的兴趣而定，当个别幼儿的兴趣发展为更多幼儿的兴趣时，问题解决就变为小组式的讨论和共建。在时间的把握上，幼儿问题解决的时间可长可短，取决于问题的复杂程度、探究空间和幼儿兴趣的持久性。

再次，随机问题式学习为幼儿提供相互交往和交流的合作游戏环境，有助于幼儿持续性分享思维的形成和发展。研究表明，更多地持续性分享思维会促进幼儿最大的发展。随机问题式学习中，成人与幼儿通过言语促进思维互动。师幼、幼幼经常性地通过对话、讨论进行交流，分享游戏的经验、想法或者创造。当幼儿通过智力合作共同解决一个问题或开展创造性活动时，参与的双方必须都有思考，在理解上必须有发展和扩展。这种持续性分享思维能够有效促进幼儿的思维发展，同时在对话式的交流沟通中，幼儿的语言表达能力也在不断地增长。

我们借鉴了麻省理工学院教授雷斯尼克提出的创造性学习模型，结合幼儿阶段游戏式学习的特点，构建了随机问题式学习发生与发展的螺旋图。随机问题式学习是游戏式的学习，利用幼儿善于想象和创造的天性，培养幼儿在游戏中勇于冒险，乐于挑战新的目标，能够主动提问，积极与同伴交流，创造性解决问题的品质和能力。

草坪上几个孩子在玩耍，将他们前几天制作的"能滚动的车轮"推来推去，真实的轮胎加上木板比较重，需要两个孩子合力一起推才推得动。但是轮子真的在滚动，这使孩子们很开心，非常卖力地在使劲推。

想象　孩子们特别喜欢《宝宝巴士》这首歌、他们一边推轮胎玩一边唱。接着他们你一言我一语地说，我们建的是"宝宝巴士"，"宝宝巴士"能坐很多人，是能开动的，我来做司机，你们做乘客，到了谁家里谁就下车！

　　创造　孩子们在旁边搬来一堆木板，开始在有车轮的木板上搭建，用木板和大树桩建造了车座，人可以坐上去了！于是两个孩子推动车轮使它滚起来，坐在座位上的乘客高喊着"加油！加油！"。这是一辆真实的车！不但能开起来，还能真的坐上去！孩子们为他们的创举获得成功兴奋不已。

　　记录　回到教室里，孩子们记录"宝宝巴士"游戏的精彩时刻，有的孩子画了搭建巴士的过程，有的孩子画了搭建巴士过程中遇到的问题，还有的孩子画了从巴士上掉下来的惊险一刻。

　　分享　记录时间结束后，一个班级的孩子们围坐在一起，一起分享他们的游戏。教师使用放大器和投影仪放大了宝宝巴士游戏的记录，请孩子们讲述他们游戏中的经历和解决的问题。有个孩子讲出了他的历险记，他坐在巴士上时总是摔倒，那个凳子总是晃来晃去的。教师请大家一起帮他们想想办法。于是，孩子们七嘴八舌地讨论了很多策略，并且非常期待下次再去尝试。

　　反思　接下来的几天时间里，孩子们不断试验着大家提出的策略，也会在分享的时间讲述成功和失败的体验，随着孩子们提出的问题越来越深入，教师引入了真实巴士座位的讨论，孩子们对如何搭建、连接和稳固座椅有了更多想法，并不断在行动中尝试。自然带入的知识丰富了孩子们的经验，有的孩子在父母的帮助下进行了更深入的思考和探索。

　　在这种游戏式学习中，教师通过观察幼儿的游戏、与幼儿互动、反思教学实践等反复循环的过程，可以积累很多有价值的经验，并在创造性的工作中与孩子一起体验成长的快乐。成为一位能胜任随机问题式学习的教师，要努力思考如何创造一个支持幼儿问题解决的游戏环境，使幼儿在这样的游戏环境中不断地想象和创造，提问并解决问题。随机问题式学习包括创造性游戏环境、材料、问题提出、问题解决四个关键要素。

一、创造性游戏环境

　　随机问题式学习中，创造性思维的培养居于核心地位，在幼儿尽情游戏时，教师要尽可能地尊重幼儿的兴趣和想法，给予幼儿自主探索的权利和自由，支持幼儿充分运用各种材料尝试去创造游戏，而不是将自己的意志强加给幼儿。幼儿的思维如果被教师的各种规定束缚，就难以形成创造性的思维，只会成为一个唯唯诺诺、按照教师期望的要求去玩的小机器人。

（一）户外游戏

　　户外游戏为随机问题式学习的发生创造了无限可能。户外游戏顺应幼儿自由、奔放的天性，为幼儿提供了想象创造的天地。户外游戏的空间是开放的，除了自由奔跑和玩耍，还可以自由移动、反复改造，户外游戏的材料是低结构性、无主题限制的，在搭建、玩沙、戏水、玩泥、角色扮演、玩色、木工、攀爬、捉迷藏等各类游戏中发挥着重要作用。户外游戏充满着童趣、每天都有着新的变化。自主生成的游戏使幼儿沉浸在自己的想象中，不断地拓展关于游戏的想法、不断创造性地组合材料、吸引越来越多的同伴加入以实现游戏的想法，游戏的创生、发展、升级、再创造贯穿始终，好的问题在这一过程中不断涌现，成为幼儿学习的良机。

（二）"预埋"问题

环境是"问题"产生的土壤，教师在创设空间环境时会"预埋"各种问题，这能够为问题式学习的发生和开展创造条件。户外游戏环境应具备自然、趣味、丰富、互动、挑战、多变的特点，在满足孩子玩耍需要的基础上，还应能激发幼儿不断冒险、挑战，以卷入更多的思维努力实现游戏目标（见表4-1）。

表4-1　环境与"预埋"的问题

设计	特点	可开展的游戏	预埋的问题
瞭望台	登高望远，可浏览到后花园的全貌，帮助幼儿将各游戏区域一览无余，观察高处的飞鸟、树叶	哨兵游戏 攀爬游戏 ……	在高处看到了什么，发现了什么，在这里可以玩什么游戏
小路、攀岩、钻洞	具有趣味性、隐秘性，光线与阴影	躲猫猫游戏 光影游戏 地道战游戏	洞可以在游戏中发挥什么作用； 躲猫猫游戏需要建立什么规则； 攀岩时怎样可以又快又稳
泥沙厨房	有趣味、可创造。可以利用泥沙的可塑性，创造小厨房的各种角色扮演材料	角色扮演 运沙 制作干沙和湿沙	如何让沙子塑形； 开餐厅需要什么； 可以制作哪些"食物"
木工制作与维修	动手动脑、操作性强。可以根据游戏需要制作简单的游戏道具，维修坏了的材料等	制作木工作品 拆装 修补	怎么做一艘能在戏水池里行走的船； 怎么保护自己不被锤子砸到； 怎样给恐龙建个房子
……	……		

有些时候，教师也会有意制造环境中的"不完美"，通过有目的地设置问题情境使幼儿在游戏中发现问题，想办法解决问题。

图4-1　没屋顶的房子

（三）策略资源库

　　游戏中有挑战性的问题解决往往需要建立在幼儿已有的经验之上。对于游戏经验尚缺乏的幼儿，面对挑战性的目标，有时也难以建构出有效策略。游戏策略资源库可以解决新手经验不足的问题。有效的策略资源库是幼儿可理解的、与幼儿当下的游戏和问题解决相关的、可以不断更新和丰富的。策略库的构建除了教师以外，幼儿和家长都可以加入进来，通常从以下几个方面进行：

- 观察幼儿在幼儿园开展的游戏，及时捕捉游戏中的创意想法、策略，以视频或图片的方式进行记录，按不同游戏类型进行归类整理。
- 通过线上检索等多种途径收集精彩的游戏玩法，针对游戏的不同类型进行归类整理。如搭建游戏、光影游戏、角色游戏、玩沙、玩水、玩泥等。
- 将已收集到的信息进行再分类，列出同类游戏的不同玩法，例如，搭建游戏包含了搭房子、搭滑梯、搭建双层巴士、搭建未来幼儿园等。
- 邀请家长共同参与构建游戏资源库时，教师会与家长们共同讨论游戏对幼儿产生的价值，以及为什么要构建游戏资源库，鼓励家长们积极参与构建游戏资源库，与幼儿共同在家收集好玩的游戏策略。
- 在电脑中建立电子文档，并明确资源包名称。对每个资源包中的信息进行分类，如分为视频、书籍、图片、文档等。

（四）材料

　　幼儿的游戏与学习是在与周围环境的交互中进行的，用于操作摆弄和制作的材料是必不可少的，在幼儿的游戏中发挥着重要的作用。材料的种类很多、对幼儿游戏的支持也不一样。高结构的材料一般由设计材料者按照一定的目标和使用规则设计而成，学习目标是计划性的，需要通过操作这一类的材料来完成。随机问题式学习中幼儿游戏中的材料特点刚好与此相反，它是用来支持幼儿的创造性游戏的，是开放的、低结构的，可以随着幼儿想法的变化不断地重组与再造，它能使游戏的想象和创造有无限的可能性。对材料的选择是否合适应该问问使用它的人——幼儿。幼儿是材料搜集的参与者、材料使用的改造者和管理者。材料是要为幼儿的创造服务的，而不是摆来给人看的。不同的材料各有其不同的美，应将其美尽显而出。此外，与使用材料相匹配的工具和安全性也是必须要考虑的。对材料的选择和利用可以从以下几个方面来考虑。

以低结构、开放性材料为主

低结构、开放性材料指的是幼儿可随意移动的、可重组、可拆卸、可创造、可塑性强，支持幼儿能从简单游戏到复杂游戏、不断变化重组、能为幼儿所用、支持想象和创造的材料。

图4-2　搭桥过河　　　　　图4-3　斜坡滚球游戏

变废为宝

生活中的废旧材料随处可以收集，低成本，低结构，但幼儿对收集的材料是无法把控的。同时有些材料的颜色、尺寸不适合幼儿，他们无法自主操作。教师需将废旧材料进行加工改造，使幼儿的小手可把控，能让其自主掌控和组合。

图4-4　竹制品打磨切割后投放

充分利用自然物

　　自然物是低结构的、可随意组合的，同时也是低成本、环保、能重复使用的，自然物是幼儿游戏中的主要材料。生活中的自然物随处可见，取之不尽、用之不竭。幼儿能挎着小篮子在幼儿园中随时随地去收集各种各样的自然物材料，如树枝、树叶、鲜花、干果等，周末也可以和爸爸妈妈们去踏青、游园，也会收集很多的自然物，把这些自然物清洗干净，分类放好，就成了幼儿很喜爱的游戏材料。自然物能最大限度地支持幼儿的想象和创造，为幼儿的游戏提供源源不断的材料。

图4-5　我们砌的砖头房

图4-6　植物手提包

图4-7　我自己

图4-8　公主

二、问题提出

　　问题提出是一种认知活动。在随机问题式学习中的问题提出是指向幼儿提出问题的过程，以及在这个过程中所伴随的情感体验。教师精心创设问题式学习环境的目的，是激发幼儿在这一有准备的环境中产生认知冲突、发现问题、认识问题、主动提出真问题。在这样的过程中，每一名幼儿积极思考、主动提问，始终沉浸在游戏的快乐和挑战之中。同时，具有差异性的幼儿在开放性的学习环境中获得自由和自主，尽最大可能释放着个体的优势、兴趣以及发展的潜能。

保持主动的状态、挑战性目标、捕捉好问题、鼓励幼儿提问这四个要素在问题提出的过程中占有重要的位置，作为教师，要细心呵护幼儿的好奇心与兴趣，使幼儿的学习始终处于主动的状态，要将幼儿视为游戏的创造者、赋予幼儿自主自由和想象创造的权利，以支持者、促进者的角色追随幼儿的游戏，为幼儿提供主动提问的支架，使幼儿在自然的玩耍中不断挑战自我，增长智慧。

（一）保持主动的状态

主体性是人类超越其他动物，成为万物之灵并不断获得发展的根本特征与原因。一个人不可能在各方面都获得均衡发展，但是主体性却是人发展的基本要求与内容，是全面发展或身心和谐发展的核心特征。幼儿作为具有生命力的个体同样也具有发展的主体性特征，积极主动地探索事物是每一名幼儿向往的，他们不希望别人在他们不需要帮助的时候去打扰他们。幼儿生活的世界每天都在向幼儿展示着新的气象和变化，大到日月山川、小到花草鸟虫，刺激着幼儿的感官，也丰富着幼儿头脑中的表象。这些表象借助着幼儿的想象进入到神奇的游戏世界中，成为游戏的丰富源泉。细心呵护幼儿的好奇心会使幼儿身心放松、思维活跃，各种奇思妙想不断迸发而出，学习主体的状态才能真实展现。

"向着游戏出发"是每天随机问题式学习的开始，在通往户外游戏的路上，幼儿满脸欢乐，像只快乐的小鸟一样叽叽喳喳，非常兴奋。来到游戏场，未等脚步停稳，幼儿已迫不及待地冲向他们早已想好的游戏场地，讨论他们的行动，并你搬我抬地将材料运往自己的领地，开始他们的设计和建构。这样的场景每天都在发生，孩子们每天都满怀着这样的热情投入到游戏的挑战和学习中。很难想象多年前传统教室里那一群沉默的孩子，以及望向教师的那种无光眼神，是曾经真实地存在过。

幼儿的身心发展规律揭示了幼儿必须积极地参与学习活动，消极接受信息的教育不能有效地促进幼儿的发展。我们应该尊重幼儿主动学习的权利，不应把成人的思维方式强加给儿童，不能把课程目标的实现定位为书本知识的获得，而应为幼儿提供鼓励思考、鼓励去探索和创造的学习环境，使幼儿真正成为拥有游戏权利、主动学习权利的人。

（二）挑战性目标

皮亚杰的平衡化建构模型理论指出，只有当输入的环境信息与幼儿的已有认知结构发生冲突时，才会引发幼儿的疑惑和想要探究的问题，从而促使幼儿的认知平衡得以在某一较高发展水平上重新确立。环境为这种平衡化提供了外部条件，环境引发了认知冲突，激起了不平衡，从而导致了新的平衡过程，促成儿童认知结构的变化和发展。

在随机问题式学习中，教师应时刻观察幼儿游戏，解读幼儿游戏中的行为，仔细倾听幼儿的想法，了解幼儿游戏中新目标的产生。新目标的产生意味着挑战的到来，当幼儿面临的挑战超越了其自身已有的认知经验，发生了认知冲突，并成为幼儿当下的困境或障碍时，学习的机会也随之而来。有别于成人的学习方式，幼儿游戏中的学习具有情境性、操作性的特点，幼儿的思考与当下的行动是融为一体的，在试误中解决问题是幼儿通常采用的策略。挑战性目标的形成也不是固定不变的，而是在幼儿发现问题、解决问题的过程中不断变化的。因此，很难清楚地界定幼儿学习的过程。现实情况是，当幼儿有了解决问题的思路之后，会有一个又一个新的游戏目标的产生，并随着兴趣的不断延伸而得到进一步的发展。

想象是幼儿的天性，天马行空的想象经常会使幼儿燃起创造的热情，使游戏进入到新的境界。丰富的想象力预示着无穷的创造力，在随机问题式学习中有着非常重要的价值。创造想象是指一个人根据自己的创见，独立地去构造新形象的过程，创造想象是创造性活动不可缺少的成分，新颖、独特是创造想象的根本特征。创造想象是在再造想象的基础上发展而来的，随机问题式学习中，师幼会经常讨论游戏可以怎么玩，当讨论到某类游戏时，教师会将游戏策略库中的相关案例调出来给幼儿看，通过对图片或视频的观察，孩子们丰富了相关游戏的经验，接着，教师利用引导性问题促进幼儿对不同游戏策略的概括，帮助幼儿形成能在当下环境中开展游戏的点子，幼儿把这些点子进行新的组合加工，就形成了新的游戏目标。

户外游戏时，孩子们来到草地上玩起了搭房子、沙地寻宝、过家家、玩水等游戏。教师观察到很多游戏场地都布满了玩游戏的孩子们，唯独泥巴池里没有孩子在里面玩，空空如也。游戏结束后教师发起了团体讨论："为什么没有人去泥巴池玩呢？"小朋友们说："不喜欢泥巴池，泥巴太脏，我不想在里面玩""泥巴不好玩""我家里没有这种红色泥巴，从来没玩过不知道怎么玩""我也不会玩。"

从团体论讨中发现，幼儿对玩泥巴游戏缺少经验，没有发现其趣味性。"担心泥巴弄脏自己是孩子的顾虑，城市里的孩子没有玩过泥巴，不知道把衣服弄脏了会不会被妈妈批评"等等原因使幼儿对泥巴池望而止步，缺乏游戏经验也是其中的主要原因之一。于是教师与幼儿一起从游戏策略资源库调取出"玩泥巴游戏"的图片、视频，边看边讨论世界上不同地方的孩子是怎么玩泥巴的。

教师提出了第一个引导性问题："你发现他们是怎么玩的？"幼儿通过学习玩泥巴的相关案例，发现了泥沙厨房怎么玩、泥巴的可塑性、小猪佩奇跳泥坑、泥巴池里建房子等玩泥巴的不同策略，孩子们边学习边说："这也太好玩了吧，我也想玩！"教师观察到幼儿对泥巴游戏的"玩儿心"被激发后，提出了第二个引导性问题："咱们的幼儿园也有泥巴池，你们想在泥巴池玩什么游戏？"小朋友们按捺不住自己的心情，纷纷发表自己的创造性玩法和点子，例如，我要在泥坑里用木板搭一座桥；我想要在泥坑里用泥巴捏成球玩投球游戏；我想在泥巴池捏一个很大的泥巴人；我想做一艘船放在泥坑里；我要像小猪佩奇一样跳泥坑、打滚等。教师把小朋友的想法都记录了下来，谁想的办法老师就在策略的旁边标注谁的名字，这使得孩子们感到特别自豪。

　　新的游戏目标产生后，大家发现当下的"泥巴池"环境并不能满足幼儿的游戏需求。于是教师与幼儿又一起讨论如何共同对"泥巴池"进行改造。幼儿也是环境改造的参与人，可以根据自己设计的游戏提出需要增加的材料。例如，"我要在泥巴池做饭过家家，我觉得要一个厨房，里面能用泥巴做饭。还要砖块、桌子、木板，还要很多的小桶、铲子、大水管、砸泥巴的东西"。

图4-9　团体讨论"怎样玩泥巴"

　　教师结合幼儿的讨论需求，改造了泥巴池。在泥巴池旁边安装了泥巴厨房的游戏情境；在泥巴池里竖立了一块木板，增加"砸泥巴"的游戏情境；在泥巴池里铺设了一块木板，能够玩泥巴塑形也能直接光脚踩泥巴；增添了玩泥巴的工具等。环境是幼儿和教师共建的，孩子们创设出了他们自己喜欢玩的游戏环境，很有成就感。

图4-10　改造后的泥巴池

在策略资源库激发产生游戏目标和游戏环境改造后，泥巴池从刚开始无人问津，到现在变成了孩子们最喜欢玩的游戏场地，每天都抢着去泥巴池玩。他们在泥巴池中尽情地打滚儿；跳水坑；寻宝；把泥巴砸到木板上看看谁砸得最高；在泥巴厨房用泥巴和各种自然物做出可口美味的"饭菜"，玩起了买卖游戏；在泥巴池里砌房子，等等，不断生成游戏目标，不断实现游戏各种玩法。

图4-11 玩泥巴

随着游戏经验不断地丰富，小朋友们又迸发出新的点子。有一天，小朋友们说："我们想在泥巴池里搭建一个滑滑梯，然后挖一个大泥坑，我们就可以滑到泥坑里面去了，这也太好玩了。"

新的游戏目标产生后，幼儿开始迎接新的挑战，他们不断地调整自己的策略，创造出了更多新的游戏玩法。

观察了解幼儿已有发展水平，为幼儿创设开放、自主的环境氛围，激发幼儿的想象创造、形成有挑战性的新目标是随机问题式学习教学的重点。挑战性目标会使游戏情境更加复杂、更具吸引力，当幼儿深度卷入游戏之中时，好问题就会不断涌现出来。

（三）捕捉好问题

以皮亚杰理论为基石的问题式学习理论认为，幼儿的学习活动应与幼儿已有的发展水平和生活经验相适应。幼儿对事物的理解依靠幼儿已有的经验，如果幼儿没有任何经验与要学习的内容发生联系，同化和顺应就不能发生，学习也就没有了意义。在随机问题式学习中，只有教师了解幼儿已有的发展水平和经验，才能对幼儿探究的问题情境保持敏感，只有教师了解幼儿解决核心问题的已有认知结构，才能更好地追随幼儿，支持他们自主、有效地获得信息，不断丰富和完善其认知结构，最大限度地促进幼儿的发展。

在幼儿的游戏中蕴藏着丰富的随机教育契机，教师如缺乏敏感性或没有细致地观察倾听幼儿，教育契机就会转瞬即逝。随机问题式学习是落实问题式学习课程目标的重要组织方式，其价值主要体现在对问题的把握上。一个好问题的出现，不仅仅意味着幼儿的兴趣和投入，也体现着关键经验的价值，体现着课程目标的承载。好问题是需要被发现的，教师应成为捕捉好问题的关键人物。

教师对于问题的捕捉主要通过三个方式实现：第一个是现场观察和评估幼儿的游戏；第二个是在团体讨论中倾听幼儿的表达，从中感受幼儿的困惑和迷思；第三个则是去分析幼儿的表征记录，从中挖掘有价值的点，通过团体讨论将其转化为问题的形态。

户外游戏时，晟昕想继续完成昨天搭建的迷宫，发现地上用竹竿搭建的迷宫不知道被谁弄坏了，他从一旁拿来一些雪糕筒将迷宫围合了起来，并跑到门卫室门口拿了一个正在维修的牌子放在迷宫的出入口旁，在里面重新将迷宫搭建好，接着他拿着一根竹竿插在地上，把积木架在竹竿上摆弄着，其他小朋友看到问："你在玩什么游戏呀？"晟昕说："我搭了一个摄像头，可以转动起来帮我看着（迷宫）。"当他在给小朋友展示他的摄像头时，突然"摄像头"掉了下来，他尝试把"摄像头"安装上去，但是还会掉下来，于是他又换了块不同形状的积木、还是掉，接着他找了块木板放在积木与竹竿的连接处，但木板也掉下来。经过多次尝试，发现还是不行，"摄像头"不稳，总是掉下来。晟昕跑到老师面前问："为什么我搭的摄像头不稳，总是掉下来？"

这是一个教师在游戏现场捕捉到的问题，其实它是两个问题。教师在观察时发现，第一个问题是这个小朋友的迷宫被破坏了，这个时候幼儿想做个摄像头来看管他的迷宫，幼儿从最初的游戏想法出现，到产生搭摄像头的目标，是他在试图解决第一个问题。而第二个问题的出现，是幼儿从已有经验出发，认为他可以用积木搭一个摄像头来解决他的第一个问题，但是在反复尝试后发现积木和竹竿无法连接。很明显，幼儿想要解决一个真实的问题，但是他遇到了挑战。

通过观察和记录，教师能够收集到海量的与幼儿自主游戏相关的事实性证据。围绕这些证据教师需作出即时判断，捕捉幼儿遇到的困难、疑惑、奇思妙想，寻找到能够提升孩子游戏水平和认知发展的切入点，开发问题方案，与孩子们共同进入问题解决的阶段。

（四）鼓励幼儿提问

随机问题式学习是一种未经计划的，完全由幼儿际遇的问题为起点的学习活动。强际遇性、个性化、灵活性的特点给活动实施带来了较大的挑战。我们发现，很多教师在刚开始接触随机模式时，经常会反馈这样的疑惑："我们班的小朋友很少提出问题，那我怎么开展随机问题式活动呢？"教师所反馈的困惑使我们意识到课程中应该蕴含让幼儿成为"积极的问题提出者"的学习机会，而这样的学习机会其实就藏在幼儿的自主游戏中。

支持幼儿进行自主游戏正是为了克服"随机"给活动实施带来的难题。自主游戏是幼儿自由、自主、自发的游戏活动，能够充分展现幼儿的主体性和创造性。在游戏中，当环境更开放、主题更丰富、教师干预更少时，幼儿遇到的挑战也会越多，所需要付出的努力就会越大，随之产生的问题数量和质量都能得到提升，而幼儿的随机问题式学习就由此悄然发生了。

受思维和语言水平的限制，幼儿的问题意识还比较薄弱，尤其是3-5岁的幼儿，一方面，他们较少会使用结构完整的疑问句；另一方面，他们还没有足够的能力用简练的语言描述清楚自己的困惑。因此，幼儿的"问题"往往隐于面纱之后，需要教师的帮助，才能显现出原型。揭开面纱的最佳方式就是为幼儿的表达提供语言支架，其一是提供范句的示例，让幼儿的表达更加流畅、清晰，其二则是通过语言互动（提问、追问和反问），引导幼儿描述问题情境，最后在幼儿理解问题情境的基础上，可以用清晰完整的语言将幼儿表达不完整的问题再重复一遍，帮助所有的听众都能理解。

三、问题解决

（一）将问题解决置于情境之中

幼儿的问题解决活动是复杂的，包括了社会、物理和认知的因素。幼儿不是根据内心关于世界的符号表征行动、解决问题的，而是在与环境直接接触和互动中行动并解决问题的。幼儿在与同伴共同设计、建构游戏的过程中不断创造着新的情境，并将自身已经习得的默会知识，即既往活动中习得的知识经验、被实践过的信息以及从同伴游戏中观察到的策略等，应用于当前情境下的问题解决中，促使新的策略和作品不断产生。默会知识在幼儿的问题解决过程中发挥着作用。随着幼儿游戏经验的不断丰富，新信息和新的策略不断地被发现和应用，其默会知识的复杂性和有用性都会随之增加。当幼儿在新的情境中解决问题时，需要通过反思来建构新的解决问题的方法，行动与反思经常反复交替出现，推动着问题解决的进程。

（二）引导幼儿积极参与团体讨论

当幼儿拥有丰富的游戏体验后，教师可以及时地组织一场团体讨论，鼓励幼儿分享自己的游戏。此时，讨论更像是一种社群内部的分享会，参与的个体间（教师与幼儿、幼儿与同伴）是相互平等、相互尊重的。通过开放式的分享与对话，幼儿能够大胆地分享自己的游戏体验，表达自己的观点。教师也可以在倾听的过程中，了解到幼儿的真实想法，引导幼儿理清思路。游戏后的分享交流是发挥教育价值的重要契机，幼儿在游戏中所获得的经验也在共享的过程得以进行初步的整合、提升。

1. 倾听和回应幼儿的表达

组织有效的团体讨论首先需要营造自由的讨论氛围和宽松的心理环境，这需要教师持有正确的儿童观和教育观，在一日生活中的各个环节，都能鼓励幼儿大胆表达。尽量多给幼儿创造一些讨论和发言的机会，允许他们就某一话题展开有序的争论，让他们意识到自己可以对事物或事件提出自己的质疑。同时，教师也应当带着一种理解与共情的姿态，以平等的态度与幼儿对话。给予幼儿的表达以积极的反馈，走进幼儿的内心。

2. 选择适宜的组织样态

组织团体讨论的直接目的是通过延续幼儿通过游戏所获得的愉悦体验，使他们在积极的状态中释放可以引发随机问题式学习活动的信号。根据以往的实践，通常课程中的团体讨论呈现以下不同的样态：

第一种，事先没有明确讨论主题或焦点事件，教师邀请或幼儿自发地站到同伴面前，分享自己和谁玩、玩什么、怎么玩以及游戏中的积极或消极体验。

第二种，团体讨论伊始还没有明确讨论主题或焦点事件，过程中教师会依据幼儿讲到的某个话题，或者是某个话题使成员的兴趣聚焦到了一起，随后幼儿会针对此话题进行更深入的讨论。

第三种，通过对幼儿游戏现场和游戏状态的观察和评估，教师已然捕捉到有价值的点，此时教师可以提供游戏现场的照片或者视频，鼓励幼儿一起回忆游戏经历，围绕某一焦点型的事件展开讨论。

第四种，团体讨论开始，由教师直接提出问题，引发幼儿的思考与讨论。此时由教师提出的问题必须是集体共同关注的、显性的、开放的。

可以看到，根据实际情况的不同，每种组织样态中讨论的发起者、节奏的把控者、高潮的助推者都会有所变化，有时是幼儿主导，有时也会是由教师主导。面对处于不同年龄段、不同团体讨论水平的幼儿，教师需要根据实际情况选择不同的实施样态。在刚将团体讨论这一组织形式引入幼儿的一日生活时，教师需要有意识地引导幼儿熟悉讨论的基本流程，通过提供语言支架以及行为示范等方式，让其意识到这一环节应该做什么。在这一阶段，团体讨论的样态更多会偏向于第三种或第四种，教师需要发挥支架作用，主动向幼儿抛出问题，引导其回忆和思考自己的游戏。等到团体讨论成为幼儿的学习常规后，他们对于社群的信任感和归属感逐渐增强，对团体讨论的掌控感也会逐渐变高。到这一阶段，团体讨论的样态会更倾向于第一种或第二种，幼儿会自发地上前分享自己的所玩所思所想，教师的角色会逐步淡化。

（三）利用思维可视化的表征记录促进有效沟通

随机问题式学习中，针对游戏后的表征记录存在两种形式。第一种是幼儿的自主记录，一般发生在游戏结束后，团体讨论开始前。幼儿会用简单的线条或者符号来记录自己的游戏场景、材料甚至还有与同伴的互动。幼儿的表征记录真实地反映了当下的想法，既可以作为评估的事实性证据，这一形式也为幼儿的分享交流（语言表征）做好了前期梳理。

另一种形式则是发生在团体讨论的过程中，教师需要承担记录者、执笔者的角色，和幼儿共同建构与当下讨论主题相关的思维导图，让幼儿的思维过程更流畅、更显性化。这一形式下的表征记录是主题性的、简练的、不断发展的。主题性的是指团体讨论中的表征记录是具有明确主题的，或是以一个具体的问题，或是以某一个具体的事件为中心，记录下行为主体、具体的内容以及幼儿的观点。简练体现在表征的具体形式上，虽然教师是执笔者，但仍要考虑到幼儿的特点，尽量少出现文字，多以图或照片来表征。好的团体表征应当是不断发展的，它不一定只发生或只适用于当下这场讨论中，它可以是连贯的、不断建构的，以体现幼儿在游戏中思维发展的连贯性和过程性。

以图文相结合的方式进行表达有利于幼儿相互之间的理解与交流，符号表征是幼儿特有的表达方式，也是幼儿表达思想的手段。小组的讨论交流可以借助图文的方式以思维导图为工具进行记录，直观呈现互动交流的创造性想法，有助于幼儿建立信息之间的联系，为概念的获得提供支持。

（四）实践共同体

在一个班级的小社会中，共享的学习常常在讨论中进行。情境中的游戏及问题解决也经常成为团体讨论中共享的画面，促使班级中所有的幼儿建构着共同的理解，支持产生兴趣的幼儿随时加入游戏的实践中。随机问题式学习中，幼儿的策略形成发生在问题解决的各个环节中，尤其常常与"行动"交织在一起，并无先后之分。这一现象与随机问题式学习的受众有关，3-5岁年龄段儿童属于思维冲动型，计划能力处于萌芽阶段，他们经常会不假思索地对某个事物或现象产生各种猜想，并可能会立即采取行动。在组织实施的过程中，教师一方面要尊重幼儿的这一特点，包容幼儿的想法并允许中途更换策略，另一方面也需要有意识地引导幼儿对自己的猜想、策略进行小小的审思，再采取行动验证想法。

在团体讨论中，我们经常会听到幼儿产生各种各样的猜想，这种猜想建立在他们已有的知识经验或者人生阅历之上。例如，当幼儿在户外活动时，他们在第一次制作完跷跷板后发现翘不起来，总是倒。针对这个问题，教师带领幼儿一起组织了讨论，在讨论过程中，幼儿生成了各种各样的问题解决策略。讨论记录如图4-12所示。

> 蒋：用钉子去固定，我们去找戴师傅。
> 陈：用三角形和长方形架在一起。
> 康：翘不起来，我觉得可以一个中班的小朋友和一个小班的小朋友玩，这样我就可以翘起来，然后还可以左边一个胖的，右边可乐和图图，就可以了。(大家哈哈大笑)。
> 柏：可以在长木板下面换个形状去尝试，用所有的正方形、长方形、扇形所有的形状都试试看看哪个好用，比较稳。
> 黄：下面用凳子，长方形、三角形堆起来搭，这样会稳。
> 李：我和许言可玩应该可以翘起来，我是男孩她是女孩。
> 苏：我要找个和我差不多的小朋友就可以翘起来了。
> 陶：还想去找梯子、轮胎做，有6个小朋友提出来了。
> 缪：可以在百度上看看跷跷板的照片。

图4-12　团体讨论记录

从团体讨论记录中，我们可以看到，幼儿不仅能够产生丰富的猜想并且是具有一定现实依据的。猜想是激发幼儿产生策略的基础，幼儿猜想的过程正是思维作出努力去接近真相的过程，并由此产生有根据且具有针对性的解决办法。当幼儿进行猜想后，教师此时不需要着急地对幼儿的猜想作出是或否的判断，而更应该去提炼和概括儿童猜想的共同点，并在此基础上生发出核心问题。在这一案例中，可以看到针对跷跷板翘不起来总是倒的问题，孩子们想出了用钉子固定、三角板和长方形板组合、不同重量对比等策略，在此过程中，教师不必立马给出答案，而是鼓励幼儿大胆猜想，"头脑风暴"想出尽可能多的办法。

在这里需要强调的是，在讨论的过程中，无论核心问题的原始面貌是分析现象、认识事物或是探究原因，在激发幼儿产生策略时，都需要将幼儿的思考方向引导至"我如何做"，譬如"怎样才能搭一个不倒的跷跷板？""怎样让跷跷板成功翘起来？"等等。这样的引导方式正是遵循了"大胆猜想—试图验证"的路径，幼儿的推理、辩证、创造性在这一过程中都需要发挥重要作用，思维的流畅性以及逻辑的缜密性也会得到发展。

一开始，当幼儿遇到"如何做"的问题时，他们会积极调动自己所有的生活经验，并尝试提出各种各样的办法。通过对表征记录的分析以及教师的反馈，我们发现年龄越小的儿童提出的策略越天马行空，他们的生活经验尚浅，常常将现实和想象混淆在一起。这符合幼儿天真的年龄特点，但不具备执行的条件，不利于问题式学习活动的实施。生成可行的策略是问题式学习活动中的重要学习内容。

究其根本，幼儿生成策略的质量和数量与其知识水平和生活经验是息息相关的。因此，激发幼儿产生富有创意、具有根据的策略的有效之道是丰富和补充儿童的知识经验。在随机问题式学习中，我们主要通过如下的方式，来帮助幼儿扩充知识经验，生成策略：

信息搜集。引导和支持幼儿通过多种手段、多种渠道来搜集与问题相关的信息是最为便捷和及时的方式。他们可以查找书籍、询问相关人员，或是在成人帮助下运用网络搜索。

提供相关问题解决策略。教师提供的相关问题解决策略需要和当下的问题息息相关，教师可以引导幼儿分析相关问题情境中的问题解决策略，为儿童生成策略提供思考的范例，进一步拓宽幼儿思路。

此外，实践共同体中阶段性的反思是随机模式的重要组成部分。过程中，幼儿需要对自己的学习进行阶段性的回顾和审视，阶段性的反思通常是在团体讨论中进行。例如，在活动中有哪些新的发现？采取了什么方式来解决问题？解决问题的过程中是否遇到新的困难？等等。通过阶段性地总结反思，考察策略的实施成效，进一步优化问题解决策略。同时，教师也需要借助这一时机进行反思，审视自己的教学行为以及活动的组织实施，为后续的活动实施提供更适宜、更有价值的帮助。

第三节 专题问题式学习

专题问题式学习是指由幼儿在生活中经历的事情或感兴趣的话题引发、以驱动性问题为导向，在一系列行动中搜集信息、学习新知、解决问题并能获得真实体验的深层学习过程。专题问题式学习多在5-6岁幼儿年龄段开展，以10人以内为一组的小组形式进行，指向幼儿的深度学习与高阶思维能力的发展。

深度学习是指一种主动的、带有批判思维的建构主义学习过程，其目的不是单纯、被动地记忆和理解所学知识，而是能够将新知识和已有知识有效地联系起来，并且能够应用所学知识在真实复杂的情境下解决现实存在的问题。就学习者个体层面而言，深度学习需要个体全身心整体性投入，既要有理性思维的参与，同时更要有兴趣、热情、意志、精神等方面的卷入，它们之间相互影响、相互作用，共同影响学习者的学习。此外，学习者深度学习过程不仅是一个个体心理过程，还是一个社会文化过程。真实发生在幼儿园情境中的深度学习更多的是发生在幼儿群体互动中的共同学习，而不是在一个真空中展开，这就必然涉及社会文化的因素，一个关涉情感、价值、精神的过程。

专题问题式学习实质上就是深度学习，从目的、动机、学习方式、学习结果四个方面可以发现二者的高度一致性。在目的层面，专题中的问题解决追求的是碎片化知识的整合与运用，而非浅层的"知道与领会"，与深度学习所要求的"运用、分析、综合和评价"的高级认知层次相契合。从动机层面来看，幼儿的专题探究是其兴趣所在，在问题探究过程中也会更具有主动性与积极性，学习时也就会更加投入。在学习方式层面，深度学习强调新旧知识的联系，知识与生活的联系，幼儿在问题解决过程中恰恰需要吸纳新信息，迁移运用已有的知识经验，并将新信息同化或顺应到已有的认知结构中，学习对于幼儿来说不是孤立地重复，而是灵活地运用。从学习的结果来看，幼儿在问题解决的过程中进行了知识的重构与运用，产生学习迁移，发展了高阶思维能力与高级认知技能，专题问题式学习的一般过程包括四个阶段，即启动阶段、认知阶段、合作阶段和评价阶段。其过程如图4-13所示。

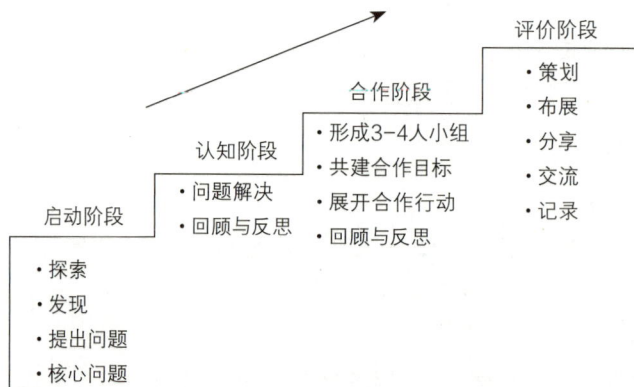

图4-13　专题问题式学习的一般过程

启动阶段：

汽车是孩子们非常感兴趣的交通工具，班级周一的晨谈会上，总会遇到孩子兴奋地讲述与家人一起驾车出游的经历。驾车出游话题发起后，小朋友对汽车感兴趣，教师发起了汽车的话题讨论："汽车的仪表盘有什么用？汽车为什么会有方向盘？汽车为什么会有轮胎？汽车的后视镜是干什么用的？汽车的轮子为什么会转那么快？……"大家一致同意开启探究汽车的专题之旅。

不少孩子对汽车有着已有的经验，提出的问题一部分由这些孩子来解释，师生共同思考想要探究的核心问题，并将社区能否提供观察、探索汽车的资源作为必要条件。师幼通过共同调查发现，幼儿园旁边就有一个停车场，社区里有一个地下停车库，幼儿园里有个校车。在征得社区管理处主任的同意以及园长的同意之后，大家确定了几个想要探索的核心问题，包括"汽车的车轮为什么会滚动""汽车有多少种品牌""汽车为什么要有车牌号码""停车场能容纳多少辆车"。

认知阶段：

问题引起了孩子们浓厚的兴趣，每个问题有四五个孩子加入形成小组，一起讨论调查计划，他们确定要参访的地点、要咨询的"专家"、要获取的信息，并为此做好准备。在经历一到二周的探索之后，各小组在一起交流他们的收获。在教师的提议下，大家决定进行校车模型的制作。孩子们先找来了各种材料，彼此交流想法，对作品进行评价，发现问题、讨论问题和不断地改进，建构起一个个小的汽车模型。教师引导幼儿回顾整个问题解决过程，鼓励大家说出遇到的困难以及如何最终获得成功，记录下幼儿很多智慧的点子。

合作阶段：

在观察到幼儿已经获得了大量的新经验之后，教师提议合作完成一辆校车模型，于是大家一起讨论这个校车做成后应该是什么样的。诸如，应该能坐下10个人；应该会走动；应该有能开关的门；要有幼儿园的标识；司机的转向盘要能转动；前后都有车灯等。

各小组有了自己的目标，商量如何分工、如何获得想要的材料和工具、在哪里开始工作等，一些争议会通过协商的方式解决掉。冲突发生时，教师会将问题交给孩子们讨论，通过民主、共建策略的方式积累孩子们的合作经验。各小组的作品将会得到大家的评价，并不断改进直至达成目标。

评价阶段：

伴随着大量小的汽车模型呈现和一辆合作完成的大汽车模型的成功，孩子们兴奋不已。在老师的提议下，一起策划接下来的展示活动。孩子们并不想把它办成一场展览，而是想举行一场赛车会，他们想邀请来访者一起加入他们的赛车游戏。他们将模型布置在教室里的各个角落，并且又找来很多的纸箱，制成了能套在身上的汽车外壳，编好车牌号码，做好了游戏的准备。这个游戏他们之前玩过很多次，所以对如何组织非常有信心。

来访者包括父母和隔壁班的同伴，孩子们会介绍自己的作品以及合作完成的作品，并且会重点介绍他们设计的游戏，邀请来访者成为游戏的主角。游戏之后的座谈会上，来访者和孩子们交流他们游戏的想法，一些鼓励和赞赏的语言会燃起孩子们更高的热情，像专家一样讲述他们对汽车各类问题探究后形成的认识。展示活动结束后，一些学习过程中的记录和作品的照片也都由孩子自己收入档案中。

学前儿童能够主动探究问题情境，但获得的信息是零散的、浅层的，难以应对复杂问题的解决。此外，学前儿童的社会认知和交往能力处于正在发生和发展的不成熟时期，尚未具备自主地、独立地参与小组合作解决问题的条件。为此，在专题问题式学习中，教师应把握好时机，在幼儿好奇心得以萌发、有了深入探究的兴趣之时，应积极发挥主导作用，追随幼儿兴趣的同时也要精心选择驱动性问题，开发问题方案并做好学习环境方面的准备，为着幼儿深度学习的发生创造条件。

专题问题式学习的五大要点包括：核心问题、热情、多样化的学习方式、学习小组、布展。

一、核心问题

在幼儿提出的一系列问题中，有些问题是比较关键的、共性的，且蕴含着幼儿值得学习的关键经验。我们称这样的问题为"核心问题"。一个好问题预示着一场深度学习的旅程即将开始。

（一）发现问题

好的问题往往隐藏在大量的提问里。当幼儿在一个相对复杂的问题情境中积极探索时，好奇心被激发，新的情境与当前经验的差异形成了认知冲突，一个接一个的问题便不断地产生。主动提问是幼儿卷入问题情境的一种体现，看似零乱的问题不但揭示了幼儿的兴趣点所在，也在提示着教师及时捕捉隐藏在幼儿提问背后的、有价值的核心问题。

例如，在初步尝试了用奶粉罐和纸板搭梁桥以后，幼儿可能会提出"为什么桥柱（奶粉罐）会倒""怎样搭桥才不容易倒""用什么做桥面比较合适"等问题。教师可以用幼儿能看懂的符号帮助幼儿将发现的问题一一记录在大白纸上，并在每个问题前注明是谁提出的，以鼓励幼儿主动提问的行为。

问题式学习中的核心问题应具备心理学术语中结构不良问题之特征，其至少具有复杂性、真实性、以及是否有助于落实目标三个特性。

（二）分析问题

对核心问题进行分析时，教师应先引导幼儿思考他们已经知道的以及想要知道的；然后再引导幼儿思考解决该问题的想法，这有助于激发幼儿下一步的想法，以及进行尝试和探究的动机；最后是他们对问题的看法，比如，导致该问题产生的原因、怎么去收集需要的信息、怎么解决该问题等。这些思考有助于幼儿对问题有一个清晰的认识，激活幼儿与该问题有关的已有经验，帮助幼儿明确接下来努力的方向。对问题的分析可以在幼儿解决问题的过程中反复进行，因为随着解决问题活动的发展，幼儿对该问题已有的经验和看法都会发生变化。

教师可以用表格、思维导图或其他认知工具将幼儿对问题的分析记录下来，方便查看。表4-2是一个搭桥专题问题式学习活动中幼儿关于"怎样搭桥才不会倒"这一问题的分析表。

表4-2　搭桥的问题

我们已经知道的	我们想要知道的	我们的想法
桥柱稳了桥才不会倒。 桥柱搭得越高桥越容易倒	用什么东西搭桥柱会更稳。 一座桥需要几根桥柱	可能是因为奶粉罐太轻了所以会倒。 可能是因为奶粉罐太细了。 如果把奶粉罐粘起来可能会稳一点儿

分析问题的过程也是幼儿检验自己已有经验、拟定学习议题的过程，有利于培养幼儿的元认知能力。教师鼓励每一位幼儿表达自己的想法，贡献自己的策略，支持与肯定幼儿的独立见解。当幼儿分析问题还不太熟练时，教师可以通过示范，或语言支架给幼儿提供一定的支持。教师也可以作为学习共同体中的参与者，参与到问题分析中，适当地提出自己的想法，促使幼儿对问题的分析更加全面。

（三）子问题与问题解决

幼儿问题式学习活动的展开方式有很多种，主要取决于核心问题的性质。核心问题的解决过程伴随着子问题的产生，也形成了多路问题解决路径，大体可分为并列式、滚动式和综合式。并列式是指多个问题的解决同时推进，幼儿根据自己的兴趣选择不同的问题进行探究，将探究的结果在小组内共享。滚动式是指全组幼儿共同按照一定的顺序依次探究问题，一个问题得到解决后，再探究下一个问题。综合式是指并列与滚动交融进行的复杂问题解决过程。

以哪种方式展开活动取决于问题的类型和幼儿的兴趣。有些问题是相互独立，互不干扰的，例如，"我们吃的食物从哪儿来"和"各类食物对我们的身体有什么好处"，幼儿可以根据兴趣分为两组，分别探究一个问题。有些问题的解决有赖于多个问题的共同解决，如"怎么种小麦"，需要知道小麦适宜生长的温度是多少，小麦需要浇多少水，小麦喜阳还是喜阴等，只有这些问题都得以解决，才能真正解决"怎么种小麦"的问题。针对这样的问题，幼儿可以分工合作，分别搜集不同子问题的信息，并在小组内共享，最终形成问题的解决策略。还有一些问题是程序性的，一个问题解决后才能开始解决下一个问题，"怎样做纸杯蛋糕"就是这类问题的典型。在这个问题情境中，幼儿需要依次解决"需要哪些食材""如何打蛋""如何分离蛋白和蛋黄""如何打发"等问题，最终才能成功地做出纸杯蛋糕。这样的问题通常需要小组所有幼儿共同经历每一个步骤，依次解决每一个问题。

二、热情

热情是指学习者在强烈的好奇心驱使下，在整个学习过程中的投入状态。具有热情的学习者自始至终对学习保持着浓厚的兴趣和高度的专注力，并能在学习过程中克服困难直至获得成功。对学前儿童来说，被赋予选择的权利、融入真实的问题情境、将学习跟周围的世界连接等因素都是幼儿积极投入不可缺少的条件。

（一）选择

选择是支持幼儿进入学习的一种方式，贯穿在学习的全过程。在学习的启动阶段，幼儿可以追随自己的兴趣，选择想要开展的学习专题；在认知与合作阶段，幼儿可以选择感兴趣的问题，选择想要加入的学习小组；在评价阶段，幼儿可以选择展示学习成果的方式，确定展示的主题、策划用什么方式组织等。当幼儿有越来越多自由选择的权利时，他们的想法就会五花八门，创新的热情和责任感就会不断提高。

（二）真实性

生活化的课程使幼儿始终处于生活在当下的真实体验，如台风破坏了环境等现实中的问题随处可见，幼儿可以根据自己的经历和现实的体验提出他认为重要的问题，这种方式很容易引起所有幼儿的共鸣。此外，对真实问题的探究自始至终都与幼儿园以外的世界紧密地联系在一起，使幼儿的学习可以一直沉浸在真实的情境里，并获得很多来自不同方面的真实的信息。如当幼儿对制作蛋糕产生兴趣时，可以实地参观蛋糕师傅制作蛋糕的工作间；对种植产生兴趣时，可以开辟菜地种植蔬菜等。真实的问题得以创造性地解决时，还能实现具有真实意义上的价值，如吃到自己种植的蔬菜，或者为社区里单车乱放问题提供了有效策略等。当幼儿发现通过自己的努力成为社会中有价值的一员时，他们会激起更高的学习热情和持续的动力。

（三）连接

教师可以与幼儿讨论如何利用媒体来发挥积极的影响，如创作安全教育题材的儿童剧，包括：采访、选择内容、创编情节、排练、拍摄、剪辑、通过软件上传，使之成为幼儿喜欢的媒体节目；也可以将研究的问题及相关知识创作成科学小故事视频，发表在班级博客上等。连接能使幼儿扩展他们的学习和交流伙伴，他们的作品被更多的观众欣赏和赞叹，同时，他们也会在更加广阔的视野中发现新的兴趣和值得探究的问题。

三、多样化的学习方式

在专题问题式学习的开展过程中，教师和幼儿可以针对核心问题，组织开展丰富多样的活动，学习隐含在核心问题中的关键经验。教师应支持幼儿多样化的学习方式，如感知、体验、操作、提问、搜集信息、求助、模仿、合作、练习、倾听、做实验、实地参访、团体讨论等。教师应引导幼儿讨论如何获得相关的信息，什么时候需要主动寻求帮助，如何记录所发现的有用信息，并为每位幼儿准备好需要的工具，帮助幼儿发展搜集信息、处理信息、寻求事实依据的能力。

（一）实地参访

幼儿以直接经验的学习为主，实地参访为幼儿提供了获得一手经验的好机会。幼儿有机会到现场研究时，他们会更深入地去思考主题，试着为自己特殊的问题找出答案。他们在参访地点近距离地专心观察各种设备与材料，甚至还访问现场人员，并把收集到的信息记录下来。在这个过程中，幼儿扮演着相当主动的角色。实地参访让孩子在个人经验的基础上建构新的知识，而且把在课堂上所学的，与教室外的世界相联结。尤其当幼儿用看得见、听得到、闻得到的感官来体会、了解新资料时，会获得更好的学习效果。

社会上有许多有趣、可让孩子和教师进行实地参访的场所，如商店、街道、自然景观、历史性建筑物、交通工具、服务和设施等，能让学龄前儿童对自己所处的世界有更多的理解，让他们透过第一手经验的探讨而成为专家。

在实地参访前，教师应引导幼儿做一些准备工作，以保证实地参访的效果。最重要的就是明确想要收集的信息有哪些。教师可以引导幼儿思考：想知道什么，想发现什么，想要访问谁，想对专家说什么，想请他多介绍些什么，如此就能轻易地做出一张问题清单。除此以外，让幼儿具备一些观察记录的方法也很重要，他们可用速写、拓印、协作、数字、图表、照相等方式来记录景象、声音、质地等。为避免幼儿在参观时过于兴奋而不能搜集到足够的信息，教师在带领幼儿参观时可以尽可能将可捕捉到的事物拍照留存，或利用录像、录音记录下来，并将所有的记录带回教室。

实地参访回来以后，教师要及时组织幼儿讨论，让幼儿谈谈共同拥有的经验。他们很快就知道每个人记得的细节都不大相同，而且对同一个主题的兴趣点也有差异，一旦这些差异被确认出来，集体的经验也随之丰富起来。

（二）访谈专家

并不是所有场所都适合接待幼儿实地参访，这时，请相关的专家来幼儿园与幼儿互动也是一个不错的选择。专家指的是对于孩子正在研究的主题有间接经验的人。可以邀请专家到教室里与幼儿对话、回答问题、参加讨论及接受访问。让来访专家事先知道幼儿已有经验以及想要了解的内容，将会很有帮助。

（三）小组讨论

在幼儿叙述本身的经验时，教师可以提出问题，引出幼儿对物件、人物运作情形的知识极限。其中很重要的一点是不要去纠正幼儿，也不要马上提供正确的答案。我们能给幼儿的协助是让他们玩味问题，思索找到解答的方法。当孩子猜测、推敲着人们做些什么，家庭、商店、街道和其他地方如何有效地运作及其过程为何时，必然会产生不同的见解。

（四）反复操作

有些问题是通过操作可以被解决的。例如，"怎样搭积木才不容易倒？""漂浮的东西可以沉下去吗？"幼儿通过操作和观察，就能建构问题的答案。

（五）搜集信息

有些问题需要查阅相关信息才能解决。例如"适合孵小鸡的温度是多少？"幼儿可以通过看图书、请成人帮忙上网获取解决问题需要的信息。

四、学习小组

以小组形式来学习是专题问题式学习的组织形式。

（一）小组成员构成

幼儿特别喜欢跟好朋友在一个小组，而且他们会将公认最聪明的或者说最有主见的孩子推选为小组长。这种组建小组的方式是幼儿欢迎的，和好朋友在一个小组里学习，经常在一起讨论、想办法解决问题就成为很快乐的一件事。当然，也存在异质分组等一些研究发现的好处。最重要的是要看到小组组建的目的是什么，如果是要解决难题，那么沟通与合作就很重要。

（二）小组合作以共同的认知经验为基础

教师们通常会反映这样的问题：由同伴组成的小组学习时不能很好地合作。我们通过实证研究证明，幼儿的学习不同于成人的学习，幼儿在问题式学习活动中的认知负荷是有限的，在同一个过程中，既要求幼儿解决难题又要求幼儿以合作的方式解决难题，对幼儿来讲是很难做到的。在一个特定的问题式学习情境下，可以考虑分阶段提出学习目标，第一阶段突出认知难点不要求合作，强调师幼互动，积极发挥教师的引导作用；第二阶段在同样认知难度下突出小组合作能力的培养，通常以3-4人为一小组，强调幼幼互动，教师要将幼儿合作能力的培养放在首位。

（三）合作意识先于合作能力

幼儿首先要认识到合作可以完成他自己完成不了的事情，合作很有用、过程很快乐，才会乐于合作，产生合作的愿望。合作能力的提高是一个长期的过程。关于如何合作的问题其实对一个人的成长来说是非常重要的，但又往往容易被忽略。4岁的幼儿已经有了明显的合作意识，具备了有目的地培养合作能力的条件。

（四）合作策略

合作策略可以来自于幼儿，也可以从策略资源库中提取。协商、轮流、分担等策略会用于不同的场景中，以解决合作中遇到的各种各样的难题。新的策略一旦被使用过，就会成为幼儿可以一直使用下去的工具，随时准备拿出来解决问题。随着策略的丰富和一再被使用，幼儿的合作能力也得到大幅提升。

五、布展

布展是指将幼儿的问题解决过程及成果进行展示的一种形式。对幼儿而言，布展使他们有机会来"说明他们的所学是很重要的，如此学习的意义就会被强化"。布展不仅可以促使幼儿回顾、反思自己的学习，提高自我评价能力，还提供了同伴之间互相学习、互相评价的机会。此外，布展还可以向特定的观众（教师和同学、校长或班主任、父母或其他来访者）交流展示幼儿的发现与成就。

布展同样是一种幼儿参与式的表现性评价，其主要目的在于帮助幼儿进行回顾、反思和自我评价，使幼儿对自己的学习过程和成就有清晰的认识，提高幼儿的自信心和元认知能力。如果计划以布展的方式进行回顾与总结，那么从问题式学习的开始阶段就要注意收集过程性资料，包括照片、作品等。在整个布展的过程中，要让幼儿充分地参与进来。

（一）回顾与反思

回顾是一个思考的过程，也是一个发现自己的过程。对什么好奇、发现了什么、提出了什么问题、怎么解决问题的、遇到了什么困难、是不是每次都成功了等都是对学习过程的回顾。在这个过程中，幼儿重温自己经历的学习过程，认识到自己成功的来之不易，也发现了很多好的学习策略，并且决定在下次的学习历程中能够做得更好。反思有助于帮助幼儿形成自我控制、自我调节的自律心态，也有助于提升幼儿元认知意识和能力。通过回顾、讨论与反思，积极的情绪、行为得以强化，幼儿可以感觉到自己的学习在不断进步，逐步增强解决问题的自信。

（二）展示的多样性

问题式学习中问题的来源具有生活化、即时性的特点，所以每次学习结果的呈现都是不一样的。有的是以戏剧的形式、有的是以生日会的形式、有的是以展览的形式等，展示的多样性体现了学习的丰富性，以及不同学习经验所表现出的不同的发展势态。选择哪种方式做展示要由幼儿做决定，但教师必须打开幼儿的视野，引导幼儿发挥最大潜能将展示作为又一次提升的机会。

在展示开始前，教师可以和幼儿讨论：要如何和别人分享他们所学到的东西，要分享哪些内容，邀请谁来参观，打算如何邀请。鼓励幼儿用多样的方式和他人分享他们学到的一切。对幼儿而言，先从讨论主题网络图开始是有帮助的。教师一开始可以拟定一个主题网络图，且将其定名为"我们学到了什么"。如果幼儿可以在讨论时一边看着他们的作品，一边谈论他们学到了什么，发现了什么，或知道了什么，通常会形成一场丰富的讨论。

（三）表达成长

问题解决伴随着高峰体验，会给学习者留下难忘的学习体验。表达成长就是将个人的学习收获、个人的思考与他人交流、相互倾听和欣赏的过程。至纯至美的舞台展示是一种表达，思路清晰流畅的演讲也是一种表达，这些表达里蕴含着学习者的成长和感悟，是知识经验和积极情感内化、关键能力提升的一个过程，是个人成长的标志性时刻。每一名幼儿都有表达的权利，幼儿可以选择自己喜爱的方式表达自我，越是表达能力弱的幼儿越需要老师的帮助和鼓励。

幼儿可以讨论决定展示的时间和地点，设计邀请函，邀请观众前来参与。展示期间，幼儿担任各种角色，向观众展示他们的才艺和创作的作品或者组织一场别开生面的游戏等。展示过程中或者完成后，幼儿与来访者进行充分的交流，表达自己的感受，倾听观众提供的反馈，反思收获的不易、并促成接下来的新的目标和愿望。

第四节　自我导向问题式学习

自我导向问题式学习是指在充分发挥幼儿主观能动性的基础上，教师通过设计问题方案、创造问题情境、采用各种手段来支持幼儿实现自我导向的、创造性的学习。在自我导向的问题式学习中，幼儿的好奇心受到充分的重视和保护，在学习目标的确定、学习内容的选择、操作材料的搜集、学习进度的安排以及学习结果的评价等方面都拥有自主权，幼儿对为什么学、能否学、学什么、如何学都有自觉的意识和反应。

当下我们处在一个快速发展的信息时代，未来的社会更加需要具有终身学习能力的社会人。自我导向问题式学习能够帮助幼儿强化自我意识，在自主管理学习的过程中不断发展自我控制能力和元认知能力，这些都是获得终身学习能力的关键因素，因而，从幼儿阶段就进行培养具有非常重要的价值和意义。

首先，自我导向问题式学习能够满足每一名幼儿的兴趣和需要。我们认为，幼儿不但拥有一百种语言，还拥有一百种思考、一百种创造，理想的教育就是要满足幼儿的个性化需要，为幼儿提供发挥潜能的学习环境。教室作为幼儿自我导向问题式学习的主要场所，在支持幼儿多样化学习方面发挥着重要作用。教室里所设置的不同类型、形式多样的学习区中，预埋了能够充分满足幼儿兴趣的、蕴含各领域关键经验的问题方案，是教师为支持幼儿个性化学习而精心打造的。同时，教师对幼儿的尊重、放手和认同使幼儿非常放松。教师鼓励幼儿用自己喜欢的方式表达想法，尝试用各种材料、多种方式验证自己的猜想，对他们给予充分的认同和理解，幼儿在这种环境下感觉到自己被重视、被肯定。因而自我导向的学习是一种无压力的学习，在时间、空间、进程上都由幼儿自己控制，可以让幼儿保持在一个轻松的、愉悦的状态中，不断地获得想象和创造的灵感，在学习过程中所遇到的困难和问题也可以得到回应与支持。开放的教室环境、拥有充分自主权的幼儿以及不断发挥支持、促进作用的教师最大限度地满足了每一名幼儿的兴趣和需要。

其次，自我导向问题式学习能够使幼儿学会学习。学会学习不是将习得知识作为学习目的，而是重视在解决问题的过程中培养幼儿主动的学习态度、自主的学习能力和有效的学习方法。自我导向的问题式学习中，幼儿清楚地知道自己在学习过程的每个阶段需要做的事情，并自主调控、管理自己的学习进程。学习资源的丰富性和适宜性为幼儿提供了充分的自主学习条件，以图片、视频、绘本等方式所呈现的学习资源，直观且具象，能帮助幼儿理解信息、筛选信息并用于解决问题，培养了幼儿的信息素养。先学后教方式支持幼儿主动提问、积极思考，使幼儿成为学习的主体，幼儿在内在动机的驱动下不断挑战自我，主动寻找合作伙伴、主动寻求调查对象、主动学习知识和技能，在观察、记录、表达、交流的学习过程中自觉强化了学习能力，获得了解决问题的技能。由此可见，幼儿学会学习不但能获得经验的增长，更重要的是学会了学习方法，对自己应如何更好地学习有了更多的理解，这些都是终身学习不可缺少的品质和能力。

再次，自我导向问题式学习有助于实现学习的连续性和完整性。随机式学习以及专题式学习的好处不问自明，它能跟随幼儿的兴趣使幼儿完成一次愉快的、有意义的学习之旅。但在知识获得方面显得碎片化，不能很好地处理所学内容是否具备连续性和完整性的问题。在自我导向问题式学习中，我们借助问题方案的设计及组织实施来实现幼儿所学内容的连续性和完整性。在问题方案的设计方面，我们力求从问题方案的类别及数量方面全面覆盖幼儿学习与发展各领域的关键经验，使幼儿在对各问题方案连续地探索过程中反复地操作练习。我们以阶梯目标的方式确保学习线索的连续性，阶梯目标的设计充分尊重每个幼儿的发展水平和学习需要，使幼儿的学习始终建立在已有经验的基础上。此外，我们重视在不同问题方案的学习之间建立联系。不同的问题方案涉及不同的关键经验，在学习告一段落时要进行复习巩固。在阶段性的巩固复习过程中幼儿学习的范围逐渐扩大，并在对重要概念的抽象化理解和关键经验的认识深度方面越来越趋向完善，最终实现逐级而上，成为在某个发展阶段上相对成熟的个体。

最后，自我导向问题式学习是一个探究和创造的过程。幼儿天生具有强烈的好奇心，对周围的新奇事物和现象感到好奇，在富有吸引力的、有挑战性的问题式学习环境的支持下，通过持续的探索挑战未知、创造性解决问题，获得问题解决的高峰体验，以及强烈的成就感和满足感。

自我导向问题式学习的过程性体现在选择问题方案、确定学习目标、设计制作、讨论评价与提问、教师讲解、改进作品、展示交流各个环节之中，如图4-14所示。

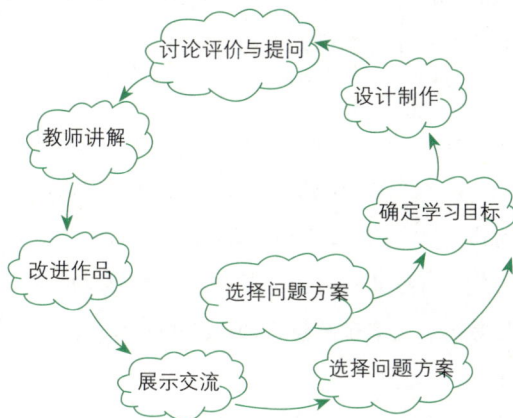

图4-14　自我导向问题式学习螺旋图

场景

快乐的游戏每天都在幼儿园上演，那里完全属于孩子们的世界，在好奇心的驱使下，一个又一个问题式学习活动随着游戏的展开不断地产生出来。这一天的上午，户外活动中的几个男孩子发起了警察游戏。

选择问题方案：警察游戏中孩子们有了制作警车的需要，于是他们打算下午在教室里的立体造型区制作一辆警车。

确定学习目标：学习区的制造问题方案里有五个阶梯目标，其中造车在第三个目标，于是孩子们选择了这个目标。他们在这个问题方案里看到了很多关于制作汽车的相关案例，也找到了警车的图片，于是他们有了创作的点子。

设计制作：通过图片视频观察，他们决定用纸盒来做车厢、易拉罐瓶做警灯、瓶盖做车轮，他们在教室里找到了一部分，还有一部分孩子们决定回家搜集材料，第二天再带到幼儿园。老师也即时将孩子们的想法与家长进行了沟通。第二天大家都带回来了各种各样的材料。孩子们开始尝试用搜集来的材料进行创作，发现用于制作车轮的瓶盖太小支撑不住纸箱，又尝试了大瓶盖、木头片、光盘等材料后，还是觉得不理想，于是大家讨论决定改用真实的乐高小滚轮，一个孩子去乐高区找了两个小滚轮，试做成功后每个人也进行了改进，做成了一辆会滚动的警车。

讨论评价与提问：教室里突然多了几辆会动的警车，吸引了不少孩子的注意。老师请孩子们拿出警车的图片与作品进行比对，请孩子们说说哪里很成功，哪里还需要改进。大家发现，做好的车都没有车牌号码，老师提醒，如果马路上的车都没有车牌号码会发生什么事呢？请幼儿提出问题。

教师讲解：教师通过视频重点向孩子们介绍了汽车的发展史，以及车轮为什么会滚动的秘密。同时，通过图片的比对，帮助幼儿认识了不同种类的汽车及相应的功能。

改进作品：孩子们在了解了关于汽车的知识之后，决定对他们自己制作的汽车进行完善，有的刷了和真实警车一样的颜色，有的给车上了车牌。一辆辆小汽车的制作终于成功了。

展示交流：在展示交流前，孩子们做了精心的准备。在老师的引导下，孩子们回顾遇到了什么问题，采用了什么策略解决了问题，老师将他们前后几次的作品照片也都给大家看，大家都感到战胜了很多困难，并且完成了很好的作品。孩子们为成功感到很开心，他们要把心中的感受连同作品一起向大家分享。老师邀请孩子们在社交平台上分享他们的作品，孩子们激动地给大家讲解警车的构造和制作的过程，约定第二天带去户外一起游戏。

选择问题方案：游戏在快乐地进行着，随着孩子们的想象，新的情节又出现了，在有了要制作一件更有挑战性的作品想法之后，他们选择了一个区域，开始了新的设计与制作……

孩子们在制作警车时获得了很多经验。当孩子们想要制作警车时，他们在捣鼓了半天无果的情况下，想到了上网搜集相关案例，这时，他们要学会搜集信息的经验；当他们缺少材料时，他们向爸爸妈妈求助，要学会如何将自己的问题准确地向父母表达，怎样寻求帮助，提升了他们的表达能力和交往能力；当孩子们在制作警车的车轮时，他们不仅更好地了解了警车的结构，更学会了如何解决车轮转动的问题。在自我导向的问题式学习过程中，围绕着作品的创作，孩子们不断地解决问题，也养成了自我反思的习惯，促使孩子们向着成为具有终身学习素养的方向而成长。

根据以上对自我导向问题式学习过程的描述，可以概括出如下**特征**。

能动性。自我导向问题式学习有别于放羊式的区域自由活动，它既体现出学习者积极、主动地在行动中学习的学习状态，又包含了学习者在教师的支持和引导下，自觉从事和管理自己的学习活动这一更高层级的学习状态，它是幼儿这一主体能动性的体现。

相对独立性。自我导向问题式学习支持幼儿在学习过程中尽可能不受教师或他人的控制，独立地开展活动。但这种独立性又是相对的，幼儿阶段特有的年龄特征和以感知、操作为主的学习特点都与高年龄段学生有很大的不同，需要教师给予相应的指导或支持，诸如设计有助于幼儿感官参与的学习环境、开发富有趣味性的问题情境、采用便于幼儿理解的学习方式支架幼儿的学习策略等，幼儿学习自主性的体现离不开教师主体作用的支撑，处理好二者的辩证关系才能真正实现高质量的自我导向问题式学习。

　　创造性。创造是幼儿的天赋本能、兴趣所在。自我导向问题式学习也是一个创造的过程。创造是幼儿在相对独立的学习状态下，自主确定学习目标、建构个性化作品的学习过程。创造中的幼儿处于自然做事的状态，沉浸于一个个情境之中，动用各种感官，反复琢磨、操作试探、解决问题。

　　自我导向问题式学习具有一般区域自主游戏的共性，但又更加突出激发幼儿在游戏中学习的目的。教师要避免放羊式的组织，把握好自我导向问题式学习的实质，才能使游戏式学习真正实现其价值。

　　自我导向问题式学习的四大要素包括问题方案、掌控感、兴趣、成功体验，具体指向自我导向问题式学习有效实施的内外部条件。幼儿不同于成人的学习特点，更需要教师进行专业化的思考，使幼儿始终保持学习的热情、在操作、探索、问题解决中获得感官的体验，以及创造性思维能力的发展。

一、问题方案

　　问题方案是由教师在尊重幼儿身心发展规律的基础上，以游戏化或操作式的学习方式，为幼儿设计的有挑战性的学习活动方案。问题方案是预成性的，每个问题方案里的游戏预埋了学习与发展的关键经验，并以阶梯目标的形式出现，呈现出层次性，能够满足不同发展水平幼儿的需要，是落实课程目标的重要载体。

（一）结构

　　问题方案的内在结构包括关键经验、阶梯目标、相关案例、信息资源、学习策略资源等。阶梯目标是指在清晰梳理每个问题方案中学习线索的基础上，由易到难而形成的阶梯式目标；相关案例是指围绕每个阶梯式目标而搜集到的、与当前学习活动相似的视频或图片；信息资源是指在网上检索的、与问题解决相关的知识，通常包括图片、绘本、视频等；学习策略资源是指具体采取什么样方式学习的策略，为便于幼儿掌握，绘制成流程图或视频方便幼儿随时学习（如怎样使用剪刀）。

（二）种类

　　问题方案的种类包括硬笔画、软笔画、泥塑、纸艺、角色扮演、表演、阅读、视听、建构、拼图、下棋、手工、沙盘、水箱、饲养、种子发芽、观察发现、拆装、修补、木工，共二十类。问题方案融入教室里的各学习区内，是半封闭式的。学习区的空间、时间、材料、工具、设备、人、维护等各要素都与问题方案相匹配。

（三）特点

问题方案具有预成性、支持性、全面性、系统性的特点。问题方案的预成性是指要在幼儿开展学习活动前已经做好准备，问题方案里更多的是资源方面的准备，且资源的选择是要经过精心设计和筛选的，是幼儿本人不需要成人帮助就可以学习和理解的。问题方案的支持性体现在，教师要建立以幼儿问题式学习为核心的支持性学习环境，当幼儿作为学习主体出现时，能够主动、自主地探索，并且能够根据需要改造学习环境。问题方案的全面性体现在游戏活动的丰富和多样方面，不同类型的问题方案隐含的关键经验不一样，能够覆盖课程各领域关键经验，实现幼儿的全面发展。问题方案的系统性体现在学习线索上，建立在学习线索上的阶梯目标为幼儿学习的连续性提供了可能。

（四）设计

问题方案的设计要联系生活，尊重幼儿的学习特点，在内容的选择上要善于发现幼儿的兴趣点，及时增补和更新。在情境的创设上要考虑周全，支持幼儿自由自主地操作，而不会担心做错事。在阶梯目标的呈现上，要直观、便于幼儿理解，在学习策略的提供上，要多样化，支持不同学习风格的幼儿学习。在相关案例的筛选上，注意寻找生活中真实的场景，并筛选已有的典型案例，激发幼儿设计的兴趣。

二、掌控感

幼儿天生对周围的世界感到好奇，具有探索和控制环境的内在动力，这种动力激发幼儿去掌控自己的能动行为、掌控外界物体、掌控所面临的任务和问题，并从中获得掌控感，而且会对个体未来能力的发展和良好能力感的形成产生重要影响。幼儿的掌控动机可以分成三个方面：掌控物理环境、掌控社会环境、掌控身体技能。幼儿对环境的掌控动机与其认知发展之间存在着互相促进、螺旋上升的关系。幼儿如果对环境越积极、越渴望，就越能激发他们练习新的技能，探索未知物体的属性，而在这个过程中，他们获得的满足感会进一步促进能力与认知的发展，认知发展又可以反向加强幼儿掌控新环境的动机，由此促进幼儿能力不断发展。

掌控感也可以理解为幼儿进入学习环境时的一种心理状态。在一个能完全纳入幼儿视野的空间里，不同的幼儿自由地走来走去、寻找心仪的工作或观察同伴的创作，随时可能发现兴趣、进入渴望的工作区角来建构心中的奇思妙想。每个半封闭的学习区内，一眼望见的便是标识清晰的各类材料、工具，被分门别类有序地摆放在适合的位置，富有创意的作品恰如其分地展示在醒目的地方，无声地告诉幼儿这里曾经发生过的精彩……一个能被幼儿自由选择、深度探索、有吸引力的学习环境，才是幼儿真正的快乐田园，灵感、创作才会从幼儿的内心不断迸发出来。这正是自我引导的问题式学习环境，是一个完全由幼儿自己驾驭、属于幼儿自己支配的小世界，在这个世界里，教师是一名服务者，为了幼儿自发性、挑战性的学习不断完善和改造学习环境，使其更加适应幼儿多样化的学习；教师也是一名守护者，小心翼翼地保护着幼儿具有掌控感的强大内心，并始终赋予其自由的权利和责任。

（一）空间

熟悉每个学习区。幼儿对空间内的每个学习区越熟悉，越有利于做选择。学习区是半封闭的，空间与空间之间的间隔不遮挡幼儿的视线，可以使幼儿在一个相对安全、不易被干扰的空间专注地学习。学习区之间是可自由走动的，不会限制幼儿在不同的学习区寻找材料或合作伙伴。有时幼儿也只是想观察别人是怎么做的，这也是一种学习。在一个有限的空间里，人数过多会使幼儿失去自主或被规则限制自由。

（二）时间

要具有稳定性，可以在每天固定的时间段里进行，一般情况下，自主工作的时间不少于一小时。要具有持续性，有些复杂的问题解决不能当天完成，所建构的作品能用一天以上的时间持续创作不被破坏或收起来，半成品被保留到下一次的工作时间继续完成。要有快慢的自由，幼儿创作需要花多少时间、学习进度的快慢由幼儿自己做决定。幼儿有天生控制自己学习进程的需要，当幼儿按照自己意愿行事的需要得到满足时，幼儿会获得自我掌控感，产生积极的学习动机和愉快的情绪体验。

（三）标识

标识的作用是方便幼儿自主取放物品。同时也可以成为一名"隐性教师"，培养幼儿的学习习惯和行为品质。尤其是对于混龄班年龄较小的幼儿来说，能够根据物品上的标识将材料放回到指定的位置，可以适量减轻教师整理环境的压力。标识的表征方式能被每一名幼儿识别和理解。不同色块的标识具有直观的效果，可以帮助幼儿一目了然，把握整个布局。幼儿可根据需要制作标识，使环境更适合自己的学习需要。

（四）规则

一个班集体的环境需要建立规则以形成人人自觉遵守的常规，在这个前提下，才会有每个孩子的充分自由。班级公约是在民主的环境中产生的，每位孩子都会参与班级公约的讨论，并充分发表自己的意见。班级公约的形成需要经过一半以上幼儿的举手表决。规则并不仅仅是对幼儿的外在要求与限制，而是幼儿主动建构的，教师对其积极的期望和指引，由幼儿讨论产生的规则更能够帮助他们理解规则是如何产生的，意识到规则给自己及班集体带来的益处与乐趣，因此也更能具备遵守规则的良好品质。即便没有明确的文字说明，班级公约依然是每个孩子心中都能理解且自觉遵守的规则。

（五）认知挑战

建立在兴趣上的认知挑战使幼儿愿意为之努力和冒险。除此之外，还需要学习者对认知的难度有掌控感，面对难题时能够自信、积极的面对，而不是放弃或逃避。真正的学习是面对挑战进行的思考和努力，需要付出持续的专注力和坚持。自我导向问题式学习通过问题方案的设计为幼儿搭建逐步成长的阶梯，在教师的支持和鼓励下，使幼儿小步前进就可达到目标，不断强化学习的自信心，获得对学习的掌控感。

三、兴趣

在一项工作开始之前，幼儿首先想要寻找到自己感兴趣的工作。自我导向学习强调，内部动机是学生学习的最好内驱力。内部动机是自我导向学习产生的前提和基础，只有一个抱有强烈内部动机的学习者才会积极地投入到学习活动中，并在整个学习的过程中维持学习动机以达成自己的学习目标。幼儿的内部动机往往来源于情境兴趣，即对环境中的新异刺激感到好奇。操作摆弄材料、随意走动、自由观察等无目的地玩对幼儿来说就是兴趣开始的表现。这种兴趣会影响幼儿学习的持久性，以及在遇到困难时的挑战性精神。

（一）游戏

游戏不需要昂贵的玩具，它是好奇心、想象力和创造力的结合，幼儿在游戏中的探索、冒险、创造、实验和协作，既是玩耍也是最自然的学习。

玩耍中的幼儿经常会迸发出新的想法和情节，这些想法使他们有了创作的冲动，教师要想办法抓住这样的时刻，引导幼儿将想法转化为创作的挑战和乐趣。通过游戏来学习最重要的是让幼儿决定制作什么，以及如何设计制作，完成的作品将被用于游戏之中，发挥重要的作用。这使幼儿在创作之初就已经对作品抱有期待和热情。较复杂的制作者可能会涉及一些特定的知识、基本的技能和工具的使用，教师可以为幼儿提供学习这些基本知识技能的框架，通过练习来习得。操作性的练习只是踏脚石，而不是最终目的。

（二）材料

　　游戏中的材料是低结构的，没有特定的操作规定，支持幼儿随意组合；材料是方便组合建构的，支持反复拆装、重组；生活中的废旧材料需要进行二次开发，能在不需要成人的帮助下，方便幼儿自主操作。材料应有配套使用的工具，并且具有安全性，支持幼儿自由玩耍。不同材料应配有与之相配的盛具，方便收纳。使用材料时不担心弄脏地面和桌面，需要时配以相应的围裙等。材料具有层次性或不同大小尺寸，能满足不同年龄幼儿的学习需要。

（三）心流

　　当幼儿沉浸于当下的学习时，忘了时间、忘了自我，即是在经历学习最理想的体验"心流"。这样的体验有非常强的愉悦感，且往往伴随着新的发现、创造，如入无人之境，最终实现自我超越。对幼儿来说，要达到这样的境界至少需要三个条件。一是学习目标对学习者来说有很大的挑战性，当下的学习被卷入问题解决之中。有挑战性的学习目标对幼儿来讲是有吸引力的，但如果有违年龄适宜性原则，也容易使幼儿受到挫折。学习目标如果刚好处于幼儿的最近发展区，会使幼儿在一个相对舒适的范围内保持最佳学习状态。最好的办法是让幼儿懂得从最简单的事情做起、逐级而上，这是获得成功的关键。二是学习环境能够支持学习者的自主学习。当幼儿进入专注的学习状态时，不被打扰是对学习环境最基本的需求。创设环境时要根据材料的特点考虑空间大小、操作台是否适用、是否有配套地使用工具，当幼儿遇到问题时能否有自主学习的资源和可搜索信息的条件支持等，家园的沟通能否有助于幼儿的问题解决等，所有因素都应能指向自我导向的学习方式。三是学习者能够对学习结果要产生的价值有充分的认识。或许在创作之初，幼儿就对作品充满期待，直到一个具有创造性的作品被真正用于幼儿的生活或游戏之中，发挥着重要的作用时，这种期待就成为了兴高采烈的现实。重要的是，在整个学习过程中，这种期待一直都深深地存在于幼儿的心里，支持着他们不断地从失败中再爬起，并不断地付出努力。

（四）同伴

　　游戏中的学习会使幼儿沉浸在思考当中。在某些时候幼儿需要独处的空间，来使头脑中的想法能有机会实现，但更多的时候，幼儿需要与同伴或成人交流，在互动中分享想法、从他人处得到反馈，并相互借鉴彼此的灵感。从独立思考到合作、共同创造是更多游戏中表现出来的学习特点。

　　好的合作基于伙伴们共同的兴趣或互补的专业知识。当创作中的学习被卷入问题解决时，具有与问题相关知识经验的同伴或成人便成为合作团队中重要的角色。互补可以使幼儿及同伴在解决问题时发挥各自的作用，使合作团队中的每个人彼此相互欣赏，结下深厚友谊。

四、成功体验

适当的挫折体验有利于幼儿意志力的锻炼和培养，积极的鼓励和成功的体验也能够帮助幼儿获得良好情绪，激发更进一步的认知兴趣。成功体验是指个体在完成某项任务后产生的一种满足与愉快的情绪。[1]对于幼儿来说，肢体发展尚未协调，做好一件事情需要成人适当的支持与鼓励，在心理发展特点上，幼儿的成功体验多有赖于成人的评价，因此教师应该关注幼儿的身心发展水平，给予每一个幼儿充分展示自我的机会，注重幼儿的个体差异，在这种氛围下让他们收获更多的成功体验，增强自己的自信心。

（一）失败是成功之母

问题的解决都会面临风险、都会经历失败。是否能坚持下去不只需要幼儿自己的决心，更多的时候，同伴的嘲笑或帮助、教师的责怪或鼓励，会使困境中的幼儿采取完全相反的行动。教师应当保护幼儿的个性与创造性，尊重与满足他们合理的要求。当幼儿感到教师和周围的同伴在关心、尊重自己时，就更有可能去尝试新事物、承担风险，而风险是创造过程中必不可少的一部分。越是经历过风险和困难，成功后的高峰体验就越是强烈。不怕困难、敢于挑战是问题式学习中最可贵的学习品质。

（二）分享喜悦

班级里应鼓励这样一种文化：当幼儿在学习中获得一项新技能或有了新的创作作品时，会认为有责任与大家分享。集体中的分享不仅仅是创作者本人的表达，他会受到同伴们的赞赏，并且成为可以教别人的"小老师"，创作者本人内心的成就感会油然而生。以这种方式被集体接纳，使幼儿形成了积极的自我意识，过往挑战目标时所经历的艰难此刻都化为甘甜。

（三）新技术

随着新技术在生活中越来越多地出现，一些新型的社交平台为合作提供了更加多

---

[1] 夏明珠：《成功体验与幼儿自信心的培养》，载《湖南第一师范学报》，2003（4）。

样化的协作方式。如可以将幼儿的作品上传至幼儿园的交流平台中，这样会吸引更多的幼儿和家长参与协作。

～ 第五节 问题式学习的教学原则 ～

问题式学习活动在遵循一般的教学原则的基础上，历经多年教学实践，凝练出以学定教、师幼双主体、生成与预成相结合三条原则。

一、以学定教原则

在问题式学习课程中，我们不是直接教给幼儿我们所认为的他们应该学习的知识，而是充分尊重幼儿的学习特点和发展规律，尊重幼儿差异，基于幼儿学习方式的差异，进行有针对性的引导和支持。

学习方式关注的是孩子们怎么运用他们的大脑大胆而有效地学习的。在学前期，孩子们学习的方式是多样化的，他们具有符合自己特点的学习方式。迄今为止，对于学习的理论解释主要有三种，即行为主义、认知心理学和社会文化发展理论。尽管三种理论的关注点有所不同，但其实都在尝试回答同一个问题：当我们在思考和学习的时候，大脑里正在发生什么？尽管了解与儿童大脑相关的知识能够提高幼儿园教育的科学性，但它并非推动幼儿学习的有效策略。

《指南》中关于幼儿的学习方式的具体要求为：幼儿是以直接经验为基础，在游戏和日常生活中进行的。要珍视游戏和生活的独特价值，创设丰富的教育环境，合理安排一日生活，最大限度地支持和满足幼儿通过直接感知、实际操作和亲身体验获取经验的需要，体现幼儿独特的年龄特点。当我们细读《指南》的文字时，能够看到它对于保护儿童学习方式的自然性的重视。幼儿是充满求知欲的，他想理解事物，发现事物是如何运作的，想要获得能力，能够掌握他自己和周围的环境，能够做他看到其他人做的事情。他是开放的、善于接受的、非常敏锐的。他不会把自己关在陌生、混乱、复杂的世界之外，他近距离地、机灵地观察这个世界，努力把它全部吸收进来。他是实验性的，他不仅仅是观察周围的世界，还品尝它、触摸它、掂量它、打破它。幼儿从不畏惧探索未知的世界，与成人不同，他们不会思前虑后，通常会大胆地尝试各种各样的方式，去了解周围世界运转的秘密。

传统的课程为幼儿安排的学习途径通常是先系统地学习理论，再通过大量练习将理论与实践融合。但这对幼儿来说是十分枯燥无聊的。作为教育者，我们需要学会换位思考，从幼儿的角度来看学习。我们必须意识到幼儿的学习是出于兴趣和好奇心，而不是为了取悦或者满足掌控局面的成人；他们应该掌握自己的学习，自己决定想要学什么，想要怎么学。在幼儿的眼里，世界是一个整体。他们喜欢遵循自己的直觉，学习那些让他们感到好奇的事情。从这个角度讲，幼儿始终是带着"问题"学习的。在问题式学习课程中，尊重幼儿学习方式的多样性和自然性是进行教学设计首要考虑的前提。教师必须具有这样的意识：让幼儿能够有权力并有条件选择不同的方式学习和探索，这才是保障幼儿主体性的重要策略。

二、师幼双主体原则

主体性是主体的品质与能力的反映与概括。作为教育主体的学生，其主体性的品质与能力主要表现在主动性、独立性、创造性三个方面。随着学前教育改革的推进，"以幼儿为本"的教育理念深入人心，幼儿在学前教育中的主体性日益凸显。"以幼儿为本"要求教师转变传统的教育观念，不能简单地将幼儿看作知识接受的"容器"，而要看见幼儿是一个有能动性、创造力的主动学习者，他们充满好奇心，渴望探索周围的一切。教师要将幼儿看作教育的主体，承认并尊重幼儿这一特殊且独立的个体的存在，尊重幼儿天性，看见儿童发展的内在潜力，为幼儿学习与发展提供支持。

在问题式学习课程的教学中，教师要遵循以幼儿为本的主体性原则，将其作为指导自己教育教学实践的根本原则。教学要考虑幼儿的兴趣和需要，教学的最终目的是促进幼儿身心全面和谐地发展。在教学过程中，教师俯下身来，与幼儿站在同一高度，将自己视为幼儿游戏的伙伴和观察者、支持者和引导者，而不是知识的拥有者和权威者。问题式学习活动的整个过程充分尊重幼儿的主体性，问题式学习活动缘起于幼儿在与周围环境的相互探索中发现的问题，是幼儿感兴趣的问题，问题与幼儿的情感、已有经验产生联系，而不是成人强加给幼儿必须学习的知识经验。在问题解决的过程中，幼儿自主选择同伴、材料、构建策略解决问题，而不是教师直接教给幼儿解决问题的具体策略、知识技能等，幼儿在解决问题的过程中习得隐含于问题背后的知识经验、技能和情感态度价值观。在问题解决后，幼儿自己总结、评价自己的整个问题发现、问题解决的过程。以幼儿为本的理念已深深内化于每个教师的心中，并体现在问题式学习活动的教育教学行为中。

问题式学习课程带来了幼儿学习方式的根本转变，也对教师的教育观念和行为提出新的要求。教师应成为幼儿学习活动的观察者、支持者、合作者和引导者，让幼儿在探究、体验、合作、实践等学习过程中，充分发挥自主学习的积极性、主动性和创造性。问题式学习活动的开展和推进离不开教师的专业支持，主要表现如下。

第一，营造学习共同体。基于问题的学习非常注重小组合作，教师需要营造轻松愉快的学习氛围，鼓励幼儿进行合作学习，与幼儿共建"学习共同体"。

第二，创设问题情境。感知、理解问题是幼儿开始问题式学习的起点。而大多数时候，幼儿受认知水平的影响，他们很难能够清楚描述问题的细节，这也对幼儿解决问题的过程和结果产生重要影响。因此，教师需要引导支持幼儿通过多种方式去理解和表征清楚问题。

第三，发挥"支架"作用。在整个学习过程中，教师要做的不是给学生提供现成的资料或答案，而是通过制定时间计划、在元认知水平上对问题解决过程进行提问、及时给学生以必要的反馈等一系列支持性或支架性工作，将学生引向问题空间，以促进学生积极地探究新的领域、新的信息。

第四，引导问题后的反思。[1]主要体现在引导幼儿审视自己和他人的思维过程并改进思维策略，引导幼儿审视策略运用的情境，最重要的是帮助幼儿发展自主学习能力。

三、生成与预成相结合原则

问题式学习课程打破了传统的"以教师中心""以书本为中心""以课堂为中心"的"三中心"局面，强调要以幼儿为中心，支持幼儿在发现问题、解决问题的过程中促进个人经验持续不断地增长。问题式学习课程力图在预设与生成之间寻求平衡，以保障课程实施的顺利进行。

问题式学习课程强调生成性。问题式学习课程不是预先设计好的、确定不变的，教师也不是预设的课程计划的忠实执行者。教师和幼儿在活动中联合创造教育经验，课程实施是在具体的问题情境中创生新的教育经验的过程。问题式学习将幼儿从"书本世界"或"科学世界"中抽离出来，将幼儿置于更广阔的生活世界，课程向幼儿回归，向幼儿的生活世界回归。问题式学习中的问题不是教师预先规定好的幼儿必须去探究的问题，而是幼儿在游戏中、在与环境的互动中发现的自己感兴趣的、有价值的问题，教师通过自己对幼儿活动的观察敏锐捕捉到幼儿的问题，对幼儿现有水平进行评估，明确幼儿的兴趣和需要，进而展开有针对性的支持，幼儿和教师一起进行问题式学习活动的探索。问题式学习活动强调创设有吸引力、挑战性、丰富性的学习环境，以支持幼儿的问题发现和问题解决，幼儿在与环境的相互作用中生成一个个问题

---

[1] 汤丰林、申继亮:《论基于问题学习的教师观——兼论我国新课程实施中教师角色的变化》，载《高等师范教育研究》，2003。

式学习活动。

　　问题式学习活动强调活动的生成性并不意味着排斥课程的预成性，而是要在两者之间达到一种平衡。问题式学习课程虽然强调要以幼儿为中心，追随幼儿，但生成不代表放任幼儿、忽视教师在幼儿学习中的角色和作用，课程实施要体现教育性。在问题式学习课程实施中，教师不只是幼儿的追随者，同时也是幼儿学习的支持者和引导者，在进行问题式学习活动之前，教师要设计问题方案，做一个有准备的教师，以在幼儿产生此类问题时进行及时的、有针对性的支持和引导。教师要根据自己对幼儿活动的观察和评估，捕捉幼儿活动的兴趣和需要，针对幼儿产生的问题进行问题方案的设计，教师要明确幼儿产生的问题属于哪一类型的问题，该问题幼儿可能遭遇什么障碍，幼儿可能的学习方式以及此类问题对应的问题解决路径。此外教师还要针对幼儿产生的问题，进行环境的创设和调整，以进一步支持幼儿的问题式学习活动的开展。

～ 第六节　问题式学习的教学策略 ～

　　问题式学习活动是课程实施的基本路径，然而问题式学习活动并不是教师随心所欲、不假思考地随意开展，而是坚持以幼儿为中心，依据对幼儿当前学习兴趣的评估灵活设计问题式学习活动。"观察—评估—设计"是支架和扩展幼儿的问题式学习的重要一环，基于观察和评估而进行的课程设计构成一个闭环，循环往复、不断向前，贯穿幼儿问题式学习的全过程。

　　通过观察幼儿，教师将获得大量关于幼儿的信息，幼儿对什么感兴趣、幼儿的探索发现和所遭遇的难题是什么。评估基于对幼儿的观察和其他途径的了解来判断幼儿当前的兴趣、问题的焦点、幼儿行为背后的思维方式以及发展水平，对幼儿的学习做出基于证据的判断。观察、评估和设计三者之间不是割裂的，而是相互联系的，对幼儿的观察需要与幼儿评估、课程设计之间建立联结，不能为了观察而观察、为了评估而评估，而是要站在教育者的立场上对幼儿的学习做出适宜、有效的回应，支持幼儿的学习和发展。

　　"观察—评估—设计"不只是发生在问题式学习进行前，而是贯穿问题式学习的全过程，循环往复、不断向前。在问题式学习活动进行之前，教师基于对幼儿在活动中的行为表现，对幼儿的探究兴趣、问题焦点、发展水平、学习需要等进行解读和评估，进而设计问题式学习活动，在学习环境、操作材料、课程资源、师幼互动等方面进行规划和设计。在问题式学习活动开展过程中，随着探究的深入幼儿的学习时刻在发生，幼儿可能会围绕核心问题产生许多子问题，这时也需要教师采用"观察—评估—设计"的循环来支持幼儿的深度学习与探究，为幼儿学习提供支架。在进行完一次"观察—评估—设计"后，并不意味着这一循环的结束，在设计付诸实施后，教师仍需要观察儿童，了解计划是如何成功地满足了儿童学习和发展的需要，从而再次对活动设计做出评估，该过程是持续进行的。

"观察—评估—设计"可以是即时完成的，也可以基于对幼儿长时间的持续观察进行课程设计。在很多时候，幼儿的学习与体验是发生在当下的，他们不会把问题储存起来等到第二天或下个星期再提出，问题可能稍纵即逝。因此，当幼儿在从事某项活动时产生了浓厚的兴趣或遭遇问题时，教师可以捕获"教育契机"，即时进行课程设计。教师对自己看到的幼儿行为表现做出判断，然后付诸行动，它是即时发生的。然而，教师会对幼儿进行不止一次的观察，从而了解幼儿各项能力的发展状况以及在发展过程中遇到的问题，了解幼儿在各项能力上的发展水平，为幼儿设计适宜的挑战，做出适合于其发展需要的课程决策。这一过程是持续性的。教师不论基于观察、评估做出即时回应，还是在观察一段时间后做出回应，其基于观察、评估的课程设计始终是循环往复、不断向前的。

一、观察

观察就是了解幼儿做了什么、说了什么。在问题式学习课程中，教师最重要的一项工作就是观察幼儿。通过持续不断的、多角度的观察，教师得以看到幼儿正在做的、尝试做的、可以做却还没有做的事情，能够听到幼儿用语言表达心情和感受、想要什么以及进一步的游戏想法。观察是教师认识幼儿、了解幼儿的第一步。问题式学习课程中，教师观察的目标不仅仅是为了了解幼儿，也包括通过有目地观察获得幼儿兴趣、需要、当前认知水平、已知与未知等情况的记录，为问题的提出和评估做好准备。

（一）观察与识别

教师的观察贯穿一日生活的各个环节，一日生活中的游戏活动、生活活动能够更好地体现出幼儿的自然状态，是教师进行观察的好时机。观察需要记录幼儿的信息，但不是什么都要记。有明确的观察目的有助于帮助教师提高观察效率、节约有限的时间。问题式学习课程中的观察目的主要包括三点：

- 了解幼儿的发展现状

- 了解幼儿的兴趣

- 了解幼儿的探索发现

　　由于观察目的不同、教师的观察记录方式也是不同的。当教师想要了解幼儿的兴趣时，可每天在周工作表上记录晨谈时讨论聚焦的话题、在跟踪表上记录幼儿游戏的选择或记下幼儿生活中正在经历的特别事件。当教师想要了解幼儿的探索发现时，可在教室中的问题板上随时记录幼儿提出的问题或用工具记录幼儿当下的新发现。当教师想要了解幼儿的发展时，可以采用典型行为描述、评量表等方式进行记录，随身带的便笺纸、笔记本、手机或电子设备等工具可以提供符号、文字、照片或视频信息。

　　要利用观察来认识和了解幼儿，就要能够对观察到的现象进行识别，才能使之转化为对教学有指导意义的信息。对幼儿发展水平的识别要求教师心中要有一张清晰的"地图"——幼儿学习与发展的地图，能够根据幼儿表现出的行为，准确地找到其在发展"地图"上所处的位置。问题式学习课程的幼儿发展目标和学习内容为教师提供了"地图"，教师可以参考目标和学习内容的发展线索，分析幼儿的发展水平。在识别时，教师要有一个广阔的视角，不仅关注幼儿的认知发展能力，还要关注幼儿的社会性和学习品质的发展。教师只有通过观察和解读了解了幼儿的当前发展水平，教师才能够确定幼儿的最近发展区，思考可以对儿童提出何种程度的挑战以支持他们的进一步发展。

　　识别应建立在持续观察的基础上，而不是单次观察，应基于对不同情境的观察，而不是某一特定情境。这是一个熟能生巧的过程，教师在不断地观察和识别幼儿的过程中，自身的专业能力也在不断提升。

（二）观察与回应

　　问题式学习课程是生活化的课程，幼儿的学习自然融入一日生活之中，随时随地都在发生。对幼儿发展的了解需要持续的多视角观察，这一过程中，教师仍肩负着教育者的责任而非放任不管。教师应在日常生活中敏锐感知幼儿的需要、透过有目的地观察和分析，思考幼儿行为与课程目标之间的联系，捕捉教育的契机，及时回应幼儿。教师的回应重点关注三点：即时满足幼儿的需要；通过互动促进幼儿的学习；关注所有幼儿。

　　问题式学习环境是有挑战的环境，幼儿经常会遇到困难或需要帮助。一些幼儿不喜欢或不知道怎么向教师求助，有可能会中断探索而失去信心。教师需及时发现幼儿遇到什么困难，在想什么办法，环境是否支持幼儿自主解决问题，如何鼓励幼儿自主解决问题，这么做的益处是显而易见的，幼儿独立探索、解决问题的能力并不是一开始就很强，需要老师的支架，特别是即时的回应和鼓励。

什么样的支持对幼儿当下的学习是有帮助的？有可能幼儿正在解决一个难题，他被困住了，反复探索都不得其解，这时如果教师能适当拆解难度，通过引导性问题给幼儿一个提示，就能使他的探索继续下去而不是放弃。又或者幼儿正在无目的地摆弄材料，而你提出的一个引导性问题使幼儿开始了最近发展区内的问题思考，学习便发生了。所以教师不但要能即时，还要能在关键点上与幼儿进行互动，发挥支持和促进作用。教师思考如何与幼儿互动时，可以联系发展目标和学习内容。发展目标有如导航，教师对目标越熟悉，在做观察和记录时效率越高，越容易产生与幼儿互动的策略。

在一个教室里，教师对所有幼儿的关注也是必需的。在紧凑又忙碌的工作中要兼顾所有幼儿、同时进行观察记录会使一些新教师感到手忙脚乱。经过专业训练的教师能从容不迫地完成观察任务，并保持良好的工作习惯。教师先要对所有幼儿所处的环境有整体的了解，知道整体的空间规划以及设置了哪些情境、每个情境"预埋"了哪些问题、游戏可能的发展线索是怎样的等，并采用便捷有效的记录方式，如利用照片、短视频等直观方式记录幼儿遇到的问题，为接下来的团体讨论提供依据。留出专门的时间让每个幼儿通过符号和图画的表征将玩过的游戏记录下来是一种非常有效的办法，既能发挥幼儿的自主性，又将每一名幼儿的学习与发展纳入到了视野之中。

（三）观察与引导

好奇好问、乐于探索是幼儿的天性，在幼儿对周围事物的探索中，发现问题、探索未知的活动最容易引发幼儿的探究行为。教师的任务如果只是为了提供材料和条件而不注重引导，所提供的感官探索环境只能单纯满足幼儿的感觉和体验，或使幼儿因享乐过度而感到厌倦、失去兴趣。好奇并不等同于产生疑惑和求知的欲望，由好奇发展到提问需要教师有意识地引导。

问题式学习重视对幼儿的观察记录和解读，深入细致的观察记录能够揭示幼儿的学习路径，以及他们探索事物意义的过程。观察记录是一种工具，帮助教师与幼儿反映以往的经验，倾听对方的想法、理论、见解和理解，教师通过提问启发幼儿对这些观察记录加以反思，解析自己的想法或行为，引导幼儿在与同伴和教师的互动中学会思考。主要关注：激发认知冲突；了解已知与未知；鼓励幼儿发问。

如果一个孩子专注于一个学习目标，他就会忘却自我，完全沉浸于当下，深深地投入到正在做的事情中。对于幼儿来讲，学习目标有可能是游戏中的一项挑战、或为解决问题而产生的求知任务，学习目标太容易，幼儿会感到厌烦，如果太难幼儿会感到焦虑、沮丧甚至放弃。好的学习目标应既不容易又不太难，与幼儿已有的经验相联系，又具有一定的挑战性，这就是最近发展区。教师对幼儿的引导则在于了解幼儿当前的认知状态，在最近发展区内激发幼儿产生有挑战性的学习目标，这是个体认知冲突产生的前提。教师在观察中及时捕捉这样的机会，使幼儿能有更多这样的体验。

当幼儿真正投入到游戏中时，游戏的目标会不断产生，也会不断调整。在游戏中，问题解决是不断发生的，贯穿于游戏的全过程。教师通过对幼儿学习的持续观察和记录，解读幼儿问题解决背后所坚持的信念，在理解幼儿的基础上审思教学的价值与幼儿学习的意义所在。教师应该意识到，无论是幼儿自己说出来的、还是观察时发现的，一个好问题的出现总是意味着学习机会的来临。而这种情况通常是在团体讨论分享时产生的。透过教师提供的观察实录或幼儿自己的表征记录，幼儿能够将亲身经历很清楚地表达出来，述说发生了什么、遇到了什么困难。教师应注意提供照片或短视频，及时引导班级幼儿加入对游戏或问题的讨论之中，使每个参与讨论的幼儿如身临其境，获得对当前话题的理解和认识。传统的以教师为中心的教室中，教师会常用提问的方式与幼儿互动，使得参与讨论的幼儿只有少数几个。有一个好的办法是，教师和幼儿围坐在一起，大家对所观察到的事情共同发表理解和意见，在一张大白纸或黑板上围绕讨论话题的已知和未知，呈现每一名幼儿的想法和观点，讨论能不断激发幼儿的想法，讨论的过程中也会很自然地产生一个又一个问题。需要注意的是，引导幼儿行为的问题必须是他们自己的问题，教师将幼儿提出的重要问题作为出发点，以使他们能够积极参与并建构理论。

具体做法：

- 教师在观察时注意收集"具有挑战性的游戏行为或其他学习行为"信息，将直观记录如照片或视频进行筛选，做好组织幼儿团体讨论分享的准备。
- 游戏结束后，让每一名幼儿都用图画或符号记录自己的体验或想法。
- 团体讨论时使用放大器将幼儿或教师的记录呈现，幼儿分享和团体讨论。
- 采取开放性问题等策略与参与团体讨论的每一名幼儿互动，促进他们积极思考并产生联系。
- 对聚焦的话题进行如"关于这个你知道什么、不知道什么"的讨论，激活幼儿已有的经验，记录幼儿的未知和问题。
- 引导幼儿通过互动和合作，自主解决简单问题。

二、评估

评估是对问题式学习活动的学与教进行科学价值判断的过程，它是保障活动实施质量，促进幼儿深度学习的重要环节。在社会建构主义理论框架的指导下，教师把学习者看作评估过程的主动参与者。教师需要利用记录解读幼儿对所要探索问题的信念，透过幼儿对细节的表达以及对幼儿提出问题的分析，了解幼儿兴趣背后的原因、幼儿当前知识的来源，支持幼儿主动探索对问题意义的理解。

（一）搜集问题

在问题式学习活动中，幼儿会对周围观察到的事物、经历过的事情、讨论中的疑思、活动中的发现进行讨论，提出一个又一个引发好奇心和求知欲的问题。问题式学习强调将学习置于真实的情境之中，激发幼儿在体验、感知、探索的过程中不断发现有趣的现象，产生探究的目标，在挑战性的学习环境中提出一个又一个真实的问题。幼儿提出真实性的问题是驱动幼儿学习的"燃点"，幼儿的学习自主权是幼儿学习的"燃料"，由幼儿生发的"问题链"推进学习的进程，教师的及时有效的支持是幼儿深度学习的助燃剂。

当问题出现时，要对问题进行有意识地搜集，帮助幼儿将其头脑中的想法可视化。有时幼儿确实遇到问题，但又不知道怎样将问题表达出来，这时教师需要进一步地对其进行引导，运用通俗易懂的方式如语言、图画或文字符号帮助其将问题呈现出来。

搜集问题的可以是教师，也可以是幼儿自己。问题的发生、呈现有助于幼儿专注于当下有意义的探索，同时也提醒周围的同伴和老师，为问题解决者保留好"现场"，以使持续性的问题解决得以实现。

（二）分析问题

分析问题在评估中非常重要。对来自于幼儿的问题进行分析，能够帮助教师倾听幼儿内心世界的声音，深入了解幼儿是如何思考，如何学习的，让幼儿的感受、想法和态度变得清晰可见，使教师对幼儿的理解更加深刻。同时，幼儿及同伴也是问题分析的主角。分析涉及要回顾各类记录，诸如照片、短视频、符号表征、图画、思维导图等这些可视化又直观的记录，可以让幼儿了解自己，看见自己的思想、态度和能力，看到自己与周围世界产生的联系。在分析问题的过程中，幼儿会不断产生新的想法、策略，同时幼儿经验的差异又会使一些简单的问题得以解决，使得具有挑战性的问题得以突显出来。分析问题也是师幼共同进行的过程，幼儿的参与度越高，越能够使幼儿进入到思考状态，使初步的感知探索逐渐发展到深入的思考和探究。

分析问题时应考虑以下方面：
- 呈现记录，了解问题产生的过程是怎样的。
- 透过记录观察问题产生的情境有哪些特点。

- 是什么原因导致问题的发生？
- 当下有什么办法可以解决问题？
- 对这个问题非常感兴趣的是个别幼儿还是多数？
- 问题的进一步解决需要做些什么？

（三）筛选高影响力问题

在问题式学习中，选择高影响力的问题尤其重要，高影响力的问题被称为"好问题"，它就像是风向标，能够引领幼儿走上有意义学习的道路。高影响力问题一般具有以下特点。

1. 问题都是源自幼儿的真实生活

问题一般要与幼儿的实际生活相关联，初步认识自身与周围世界存在的意义。教育心理学的研究表明，学习者与其认识的对象关系越大时，产生认识事物的动机也就越强。这样的问题不仅能够吸引幼儿的学习兴趣，而且能够激发幼儿探索所要学习的知识并进行深度思考。

2. 问题是结构不良的、开放的

所谓结构不良是指问题应该具有一定的复杂性，包括许多相互联系的部分。结构不良的问题没有足够的现成信息，需要幼儿去收集信息，必须通过观察、比较、操作、实验和推理等学习方式才能发现问题的症结所在。

3. 问题对幼儿有挑战性

问题的挑战性刚好在幼儿的最近发展区内，对幼儿来说不宜过难也不宜过易，难度高的问题可能会削弱幼儿问题解决的积极性，太容易的问题可能会使幼儿很快在活动中失去兴趣。有挑战性的问题需要新经验的介入才能得以解决，会激发幼儿的求知欲和探索欲，问题解决过程中更容易调动幼儿的高阶思维。

（四）判断问题的类型

问题式学习中的问题往往没有固定的答案，是条件不充分的、有多种解决方案的问题，同时问题因来自于不同的情境又呈现出不同的特点，问题解决的路径也会相应不同。在众多问题式学习案例中，问题的类型不是单一的，而是既丰富又各有独特性的，了解和掌握不同类型问题的特点及解决问题的路径有助于帮助教师思考回应幼儿的有效策略，为幼儿找到适宜的学习路径，发展幼儿灵活的思维能力。同时，丰富的问题类型也为幼儿多样化的学习方式得以实现提供了条件。

《指南》中关于幼儿的学习方式的具体要求为："幼儿的学习是以直接经验为基础，在游戏和日常生活中进行的。要珍视游戏和生活的独特价值，创设丰富的教育环境，

合理安排一日生活，最大限度地支持和满足幼儿通过直接感知、实际操作和亲身体验获取经验的需要"，体现幼儿独特的年龄特点。幼儿在问题式学习中的学习方式是丰富多样的，可以是独立思考，也可以是分工协作，没有单一的最佳的学习方法。就像是每一名幼儿都是独特的，学习情况也是各不相同的，问题式学习尊重每一名幼儿的个体差异，关注每个幼儿各方面的发展，并为幼儿提供适宜的支持。在问题式学习活动中幼儿可以通过感知操作、亲身体验、观察模仿、语言理解、合作互助、游戏等方式进行学习，我们尊重不同幼儿之间学习方式的差异，支持每位幼儿达到最大限度的发展。

　　问题式学习课程根据幼儿多样化的学习方式，结合教师开展的教学实践与问题所隐含的知识经验，将核心问题类型划分为探索发现类问题、查找搜集类问题、工程设计类问题、艺术创作类问题、沟通表达类问题、人际交往类问题、动作技能类问题、自主守则类问题。这八种问题类型囊括了问题式学习活动中幼儿所有的学习方式，从每一种类型的定义、特点、与问题式学习课程的联结、幼儿的学习路径、教师关键性支持策略等方面赋予八种问题类型存在的科学性和合理性。面对幼儿遇到的复杂的问题，教师可以对核心问题类型进行判断，根据问题类型预测可能的学习方式，支持幼儿充分发挥想象力和创造力，在最佳的学习状态中探索未知领域。

三、设计

　　我们之所以要观察、评估幼儿，不是为了观察而观察、为了评估而评估，而是要更好地了解幼儿，了解他们的兴趣所在、已经知道了些什么、想达成什么目标、遭遇了什么问题和障碍，识别每名幼儿目前的表现，为教师的教学提供起点，进而作出引导他们向前发展的计划，使之满足幼儿的学习和发展需要。

　　传统课程中，教学设计通常等同于教学计划，目的在于规划活动流程，确定实施的环节及顺序，并准备好每一环节所需要用到的教学资源。而在问题式学习活动中，设计需要重新回归儿童立场，目的是激发幼儿的问题意识，为他们解决问题提供适宜的支持。这意味着设计不再是为教师的教学效率服务，而是为幼儿的问题解决、深度探究而服务。在问题式学习课程中，设计是指教师通在观察幼儿真实生活、游戏以及学习情境，并对所收集的事实性证据进行分析评估后，围绕幼儿的问题式学习活动所采取的有目的、有计划并富有创造力的一系列教学行为。

设计环节需要重点关注两个方面：
- 教学策略与行动应当有理有据。教师的设计需要以对幼儿的观察和对问题的评估作为参照，并基于对幼儿当下学习的研究之上。

- **真正体现教师的支架作用**。设计是为了服务幼儿当下的学习，设计的思路来源于对问题的深度理解，设计应着重于问题方案的开发，着力于有准备的学习环境设计，以期待幼儿主动、自发地好奇和探究，有依据的设计能够使促进幼儿最佳学习及发展成为可能。

（一）问题方案的内涵

克伯屈在1918年发表了《方案教学法》一文，倡导方案教学。引起学前教育界关注的意大利瑞吉欧教育体系，其主要特征之一也是方案教学。在方案教学中，一个方案是一个值得做更多学习的主题的深入探究。探究通常在一个班级中以小组的方式进行，有时以整个班级的形式进行，偶尔也以个体的方式进行。方案的最重要特征是着意地将活动的努力放置于寻找问题的答案，而这些问题是由幼儿、教师或师生共同对主题的探究而提出的。[①]

在问题式学习课程中，问题方案是教师对幼儿所要学习的课程内容的谋划和预设。具体来说，"问题方案"是指教师基于对幼儿活动的观察、评估，围绕所确立的、有价值的问题进行的教学方案设计，包括场景描述、结构不良问题、策略资源、信息资源、引导性问题、教学建议、给家长的一封信等构成要素。

（二）问题方案的特点

马拉古兹曾说："我们确实没有什么计划和课程，与幼儿在一起，三分之一是确定的，三分之二是不确定的或新的事物。"[②]问题式学习课程没有固定的"教材"或预先设计好的"活动方案"，而是师幼共同建构的、预设与生成相结合的弹性课程。

1. 预设性

问题方案的预设性与计划性更多的是教师基于对幼儿发展的一般规律、教育原理的认识以及幼儿兴趣点的判断，对幼儿学习内容所做的一种谋划和设计。虽然问题式学习活动强调问题的生成，强调教师要追随幼儿，但这并不意味着放任幼儿、忽视教师的主导作用。教师在对幼儿活动进行观察、评估之后，针对聚焦的问题展开的问题方案设计可以帮助教师成为一个有准备的教师，了解幼儿已经掌握了哪些经验，明确幼儿的最近发展区，了解此类问题背后隐含的知识经验，以进一步支持教师的教和幼儿的学。需要注意的是，问题方案所呈现的是静态下的课程内容，预先设计好的课程内容只是为教师教育教学提供方向上的参考和指引，并不是确定好了的、要求教师在

---

①陈菲菲、胡娟、张海燕、张云亮：《幼儿园课程概论》，132页，上海，复旦大学出版社，2015。
②孟瑾：《"生活化、游戏化"幼儿园课程》，31页，南京，南京师范大学出版社，2019。

教学中必须忠实执行的，在具体的动态课程实施过程中，教师可以根据教学实际灵活调整课程内容。

2. 生成性

生成性是基于对幼儿游戏活动中的观察，教师在课程实施过程中及时对问题方案进行调整。问题方案具有生成性的特点，其开发和运作的历程彰显着特定情境中师生间的互动、体验、顿悟、灵感和创造，伴随着活动过程中一系列的非预设性、不确定性和动态性。"兴趣"是生成性的重要体现，问题式学习课程尊重幼儿的兴趣、谋求教师与幼儿的共同兴趣，并在此共同兴趣点上开展有价值的活动。问题方案不是预设的教学计划，而是时刻以幼儿为中心，关注幼儿的兴趣和个体差异，在问题场景中具体生发何种问题有待幼儿和教师一起去探索和发现。

（三）问题方案的意义

第一，问题方案整合幼儿有益经验，促进幼儿身心全面和谐发展。幼儿园问题式学习课程致力于幼儿学习思维的转变，在发现问题、解决问题的过程中促进幼儿团队合作、交流沟通、问题解决、信息素养、想象与创造等素养的提升。幼儿各领域的学习与发展在其生活和游戏中自然地发生。联合国教科文在《学会生存——教育世界的今天与明天》中明确提出："教育应该较少致力于传递和储存知识，而应该更努力寻求获得知识的方法（学会如何学习）。"因此，问题式学习课程秉持一种"新知识观"，拓宽了幼儿学习内容的范畴，我们不仅关注幼儿"学什么"，即静态的知识、技能和方法、情感态度价值观等，还关注幼儿"怎么学"，课程内容包括幼儿学习的结果，同时也包括了幼儿学习的过程，即动态的幼儿在体验和行动过程中习得的"学会学习"的内容。

第二，问题方案有助于幼儿的学习向生活世界回归。如杜威所言，生活世界中的所有一切都从生命出发来结成一种关系网，因此，感性个体才在周围的一切中直观到生活和精神的具体表现。生活，个体独特的生活构成了个体的生命的世界。学习内容与现实生活的距离越近，越能引发儿童的学习兴趣，儿童的学习也就越有效。幼儿园课程内容是随着生活情境的变化而发生变化的 ，选择和组织学习内容时都要考虑生活化原则，使幼儿真正在生活中学习、从生活中学习、为了生活而学习。因此，问题式学习课程内容不是远离幼儿生活的抽象知识经验，而是来源于幼儿的生活，服务于幼儿的生活，具有真实性的特点。

第三，问题方案为教师提供教学支架。问题式学习课程为教师提供了指引，帮助教师在追随幼儿的过程中选择有价值的学习内容及科学的教育方式。学习内容为教师的教学提供了支架，帮助教师在生成性的教育现场中发现有价值的学习契机，与幼儿一起对人、事、物展开深度探究，提高教学质量。教师基于对幼儿在游戏中的观察与评估，和幼儿一起锁定要探究的核心问题，基于观察和评估进行问题方案的设计，在此过程中，教师会对问题所发生的场景进行梳理，思考核心问题背后所隐含的幼儿问题解决路径、学习方式、知识经验，建立相关的策略资源库，筛选相关的信息资源，预设活动中的关键引导性问题，思考教学建议以及致家长的一封信。通过整个问题方案的谋划与设计，教师做好了随时迎接幼儿积极探寻世界的准备，为接下来问题式学习活动的生成与展开搭好平台。

（四）问题方案的构成要素

问题方案由场景描述、结构不良问题、学习目标、学习资源、引导性问题、教学建议、给家长的一封信等要素组成。接下来，将以"种植中心"问题方案为例详细阐述问题方案的每个构成要素。

1. 场景描述

问题方案的第一个要素为场景描述。情境认知理论认为认知过程的本质是由情境决定的，情境是一切认知活动的基础，知识镶嵌于产生它的情境之中。因此，问题式学习课程内容所涉及的经验不是脱离幼儿实际生活的、抽象的文字符号，而是镶嵌于一个个真实的问题情境中。问题情境或问题场景与幼儿的生活场景紧密相连，它不仅仅局限于幼儿活动的教室、学习中心或幼儿园范围内，而且"越过围墙"，拓展到幼儿生活的社区和整个社会。

在种植中心，幼儿所探索的问题不是教师指定的，而是源于幼儿真实的生活。幼儿在幼儿园室内外环境里随处可见到各种各样的植物，他们发现树叶随着季节萌发嫩芽、颜色逐渐变黄飘落；发现菜园里的菜苗一天天长高，喜欢观察种植中心水培荠菜苗的生长情况；发现果树开出花朵、结出果实，喜欢收集果树下掉落的种子，会提出各种各样的问题，如"这是什么种子？""这是什么树？"对于生活在城市的幼儿来说，虽然每天都会吃到各种食物，但并不太了解这些食材的来源，在家庭中也较为缺乏参与种植活动的机会。因此，在幼儿真实的生活里蕴含着许多具有探究价值的高影响力问题，这些都是可以引发幼儿深度学习的宝贵教育契机。

2. 结构不良问题

问题方案的第二个要素为结构不良问题。与结构良好问题相比，结构不良问题更能引发幼儿的深度学习。结构不良、开放的问题，是指问题应该具有一定的复杂性，包括许多相互联系的部分。结构不良的问题与结构良好的问题有所不同，这类问题没有足够的现成信息，需要幼儿去收集信息，必须通过观察、比较、操作和推理等方式才能发现问题的症结所在。解决结构不良问题可以发展幼儿的思维、创新和迁移能力，将幼儿看作主动的问题解决者而不是知识的接受者。

正如陈鹤琴所说"大自然、大社会都是活教材"。在问题式学习课程中，幼儿所探究的核心问题来源于幼儿真实的生活与学习，问题的来源不仅仅是局限于班级或幼儿园范围内，幼儿在自己的家庭中、社区中发现的感兴趣的问题也有可能引发集体的探究兴趣。在问题方案中，结构不良的问题不是指某一个具体的、细小的问题，而是具有开放性、灵活性、弹性的"大问题"。在这一大类问题里，随着幼儿学习兴趣的转变、探究的不断深入以及活动现场现实条件的变化，可能引发一连串的"子问题"。

在种植中心，幼儿可能围绕"种什么植物""如何照顾菜园子"等结构不良问题展开持续的、深入的探究。

3. 策略资源

问题方案的第三个要素为策略资源。要获得好的学习效果，需要的不是浅层的参与，而是持续投入与专注，在活动面临困难或没有达到预期效果的时候，需要不断地努力与坚持，主动参与需要目标驱动。追随幼儿并不意味着教师对幼儿的放任自流，教师需要做到"心中有目标"，对幼儿通过此类问题的解决可以习得的经验有清晰的了解，这样才能在具体的教学实践中做到有的放矢，精准支架幼儿的学习。在问题式学习中，策略的构建往往是最具挑战的，策略的形成不但需要创造性思维，也需要学习者具有一定的相关经验或知识背景。问题式学习中强调幼儿是学习的主体，问题是幼儿主动发起的，问题解决的策略构建也是幼儿来完成的，成人不能替代。由于幼儿因其生活经历少而不具备丰富的经验，需要有足够的学习资源来弥补其知识经验不足的问题，因而与问题解决相关的策略资源库就显得非常重要，它可以开阔幼儿的视野，对幼儿的问题解决起到非常重要的支持作用。

在种植中心，幼儿通过相关案例的学习，了解到问题解决路径有哪些，可能的学习方式有哪些，可能会遇到哪些问题等。再回到当下问题解决的情境中时，就受到启发，会了解到种植过程中可能会遇到病虫害的问题。同时，幼儿在相关案例的启发下，可以学习到在种植活动过程中多样化的学习方式，如在选种、栽培、管理、收获等。幼儿会在丰富背景知识的前提下，发现叶子的枯萎、虫子对植物的侵蚀、花朵的凋零、植物生长的差异。幼儿也有可能有依据地猜测各种原因，进行调查、探访、搜集信息，通过浇水、施肥、捉虫、拔草、修理等活动，验证已有的猜测。

4. 信息资源

问题方案的第四个要素是学习资源。学习资源是指有利于课程实施的，有利于实现课程目标的，支持教师的教与幼儿的学的一切资源，包括图书资源、视听资源、操作材料以及一些现实素材等。学习资源从使用对象上来分可以分为幼儿学习资源和教师学习资源，从性质上来分可以分为信息化的电子学习资源和实物的、活动的物质资源。需要注意的是，学习资源不是固定的、一成不变的，教师只是事先提供一个预备的、可供选择的学习资源，随着问题式学习活动的推进，学习资源会不断扩充。同时，教师也不是学习资源的唯一提供者，幼儿、家长都是学习资源的提供者，幼儿会根据自己的活动兴趣和需要创造性地建设许多学习资源。

在种植中心问题方案中，幼儿的学习资源可能包括相关视频、图书等，同时也包括了"深圳光明农场"等可供幼儿参访的公共学习资源，幼儿园合作的花草供应商等专家学习资源。关于教师的学习资源则包括了园内外与种植相关的各种案例资源、论文、教师用书等信息资源和实物资源。

5. 引导性问题

问题方案的第五个要素是引导性问题。引导性问题在活动开展过程中至关重要，直接影响到后续活动开展的方向及质量。在问题方案中，教师需要围绕所确定的核心问题设置一些有价值的开放性问题，在团体讨论或者幼儿活动过程中引发对话、深化思考，使得幼儿在不同的思想观点碰撞中获得对所探究的核心问题更为广泛而深入的理解。引导性问题不是随意设置的，而是要引发幼儿的行动与思考，与幼儿真实的生活场景相连接。

在种植活动前，教师可以询问幼儿"我们幼儿园有哪些菜""这种植物哪些部分可以食用"等问题，让幼儿的活动空间从教室扩展到幼儿园，引发幼儿的感知、操作和探索。

6. 教学建议

问题方案的第六个要素是教学建议。在问题式学习活动过程中，教师需要基于对幼儿活动的观察和评估，在课程资源、教师角色、支持性学习环境等方面做出计划和调整。在问题方案中，教师可以列举一些能够有效帮助和促进幼儿学习与发展的教育途径与方法，以更好地支持幼儿的学习活动。教师可以针对幼儿在不同的探究阶段提供不同的支架策略，回应每位幼儿，支架幼儿的个性化学习，支持幼儿从现有水平向更高水平的飞越。当然，给出的教育建议并不是固定的、必须遵循的，教师可以在与幼儿的互动中，根据幼儿的活动兴趣和需要灵活运用各种教学策略。

教师可以针对幼儿在种植前的准备、制订种植计划、种植、种植管理、收获等阶段采用不同的教学策略和支架，激发幼儿探究的欲望，发挥创造力和主动性，从而对生命的认知、体验、感悟更加深刻。

7. 给家长的一封信

给家长的一封信是问题方案的第七个要素。家庭在幼儿的问题式学习中的作用不容忽视。幼儿每天往返于家庭和幼儿园，家庭和幼儿园是其生活的主要空间。家长从幼儿出生之日起即参与到幼儿的成长过程中，是幼儿成长过程中的重要他人。幼儿园应当和家长建立起真正的伙伴关系，重视家长在幼儿成长和学习过程中的重要角色和作用，家园联动、密切配合，共同促进幼儿的学习和发展。在问题式学习活动正式开始之前，教师会面向整个小组的幼儿家长建立微信群，并向幼儿家长发出"给家长的一封信"。信件内容会包括幼儿目前正在从事的问题式学习活动的简介、该问题式学习活动蕴含的教育价值以及家长在活动过程的支持策略，以鼓励和支持幼儿家长在活动过程中的伴随性参与。以下是种植中心致家长的一封信。

种植中心给家长的一封信

家长们：

你们好！众所周知，蔬菜水果是幼儿生活中最常见的食物，但是现代都市中幼儿往往只知道蔬菜水果是妈妈从超市里买回来的，缺乏对植物的生长环境与过程方面的知识经验。关注生命是儿童的天性，种植活动中幼儿会对植物的生长过程充满好奇，会对生命充满感情、倾注热情。幼儿会发现叶子的枯萎、虫子对植物的侵蚀、花朵的凋零、植物生长的差异，幼儿也有可能猜测各种原因，并精心呵护，进行浇水、施肥、捉虫、拔草等活动，关注和记录植物生长过程中的每一个细节，对自己种植的植物会产生较强的责任感与使命感。在参与种植与管理的过程中，幼儿可能产生各种各样的问题。教师希望借助幼儿对种植的兴趣，提供更好的亲近自然的机会，在接下来的活动中与幼儿一起进行深度探究种植，让幼儿关注、关爱生命的天性得以展现，并在自主探索中获得相关的关键经验。

种植活动是一种综合性的活动，是一种有温度和有情感的活动，涉及数量、测量、空间、协作、规划、表现、责任感、任务意识及审美等多方面的经验，幼儿在种植过程中收获的不只是能力和知识，还有情感和态度。教师会与幼儿一起实地观察室内外环境、采收成熟作物、亲子制作美食、品尝等方式激发孩子探究的兴趣，与幼儿探究做好种植前的准备，讨论制订种植计划，参与种植管理，进行布展、向他人分享自己学到的一切，支持他们利用多种感官在种植活动中发现问题，产生探究的欲望，不断地激发幼儿的创造力和主动性。在种植的过程中，幼儿对于植物的知识经验得以不断丰富，对生命的意义与生长的过程会有更多的理解，同时对于各种蔬菜水果的探究也能帮助孩子建立健康的营养观念。

您可以在家做的事情：

在整个学习过程中将非常需要您陪伴孩子，关注孩子的学习需要，跟进孩子的学习，支持孩子主动学习的欲望，协助孩子进行信息调查、实地参访等活动；您还可以观察记录孩子积极的行为表现，与孩子一起畅聊与种植相关的话题（例如，当季的蔬果、不同植物的生长习性、果实种子的位置、种子的传播途径、植物的栽培方法及生长发育过程等），鼓励孩子提出问题，积极思考，在孩子需要检索和收集信息时，与孩子共同搜集他所需的信息，帮助孩子形成较具体的认识，推动孩子的学习内化与策略建构，我们将会在学习时间请孩子在小组面前进行分享这些带来的信息，锻炼孩子的语言表达能力，提升孩子的自信心及增进同伴间的情感，您可以与孩子共读搜集的信息，帮助孩子了解内容形成认识，邀请孩子在家人面前练习或复述，以便他自信满满地在集体面前进行分享。

当孩子遇到困难或向您提出问题时，请您不要急于立刻告诉他们答案，而是陪伴孩子一起去寻找答案，鼓励孩子把收集到的信息记录下来，带来幼儿园与同伴分享。孩子的成长离不开家长的陪伴，感谢您的支持与配合！

第五章 课程评价

　　问题式学习课程中的课程评价具有明确的价值定位：以评促学、以评促教、以评提质。这三项价值引领犹如三股麻绳紧紧拧在一起，拉动了问题式学习课程评价体系的建构和运用。"以评促学"表明了问题式学习课程评价的核心目标——通过评价进一步推动幼儿的学习与发展，为幼儿的问题解决提供个性化、连续性的支持。"以评促教"是指教学评价贯穿问题式学习活动的全过程，教师不再游离在教学评价之外，既是评价对象也是评价主体。通过持续的自我反思、即时的同伴反馈，从而不断改进教育教学实践，最终达到促进教师专业成长和发展，提高问题式学习活动质量的目的。"以评提质"则是问题式学习课程评价的本体性功能，也是幼儿园课程改革和教育质量提升所提出的要求。通过联结多方主体，系统收集有关课程的信息和咨询，对课程的理念、目标、实施及儿童发展结果等一系列的课程要素进行价值研究，从而诊断出课程需改进之处，明确改革方向，达到精准提升课程质量的目的。

　　问题式学习课程评价坚持以下两个原则：其一是注重评价过程的持续性。课程评价应该成为与课程运行融为一体的过程，问题式学习的评价不仅是学习的成果和内容，还要审视学习过程，评价过程不是在评价完某个环节后戛然而止，而是保留上一次的评价并将评价结果融入下一次的评价中，关注的是对幼儿学习过程的持续性评价。其二是尊重评价主体的多元性。问题式学习课程评价的主体是多元的，是教师、幼儿、家长多主体评价的结合，在学与教评价中融入多元化的声音，与家庭、社区建立连接，多元化的声音和跨越边界的连接能提供一套相呼应但又各不相同的文化实践，这些文化实践促进学习者发展把学习融入当下情境的能力，深化对学习的理解。

∽ 第一节 幼儿学习与发展评价 ∽

　　幼儿学习与发展评价是问题式学习课程评价的重要组成部分，建构科学的幼儿学习与发展评价体系对于推进幼儿园问题式课程实践具有重要意义。问题式学习课程尊重幼儿发展的阶段性和连续性，要求教师持续追踪幼儿的问题式学习过程，强调形成性评价与阶段性评价结合、正式观察与非正式观察兼容、主观描述和指标分析互补。因而，问题式学习课程中对幼儿学习与发展的评价始终是以对幼儿的自然观察为底色，在自然观察的基础上，设计观察指引以及行为检核表等工具，来帮助教师更精准观察、更科学分析，并通过过程性的观察资料和评价分析逐渐建构起学习档案，以此获得对幼儿学习与发展的全面认识。

一、观察

幼儿学习与发展评价是一个持续的、动态的过程，而观察在其中起到了支撑性的作用，贯穿了幼儿的整个问题式学习过程。通过观察幼儿的游戏活动和问题解决过程，积累丰富的具有典型意义的行为表现和各种作品，并作出理性的判断，从而为儿童的学习与发展提出适宜的、持续的支持策略。

（一）观察要点

自主游戏活动和问题式学习活动是问题式学习课程中的基本活动形式，二者也是幼儿园教育情境的重要构成部分，为幼儿提供了探索周围世界、自由表达和创造的机会，合力促进了幼儿的全面发展，了解两类活动的观察要点是观察评价幼儿学习与发展的前提。

1. 自主游戏中的观察要点

游戏对于儿童早期发展的价值不言而喻。游戏是最自然的学习环境，是儿童探究和学习的首要方式，也是引发儿童产生问题的最有效的催化剂。在游戏的过程中，儿童是自由的、安全的，同时也是快乐的，能够获得来自同伴、教师积极的反馈，孩子会呈现出最自然最真实的状态，他们可以自己做主玩什么、怎么玩、和谁玩、用什么东西玩，他们的语言、社交、认知、运动等多个方面的发展水平也会在这些环节中表现出来。通过观察解读儿童的自主游戏，可以为下一步的组织实施收集证据，并能有效支持对儿童发展水平的判断。

（1）观察要点一：幼儿的游戏行为

当游戏越自主，孩子越自由时，他们会有各种各样行为表现，很多教师时常陷入误区，认为观察就是睁大眼睛去发现让人眼前一亮的事情，去等待所谓真正有价值、有意义的"魔法时刻"，从而作出判断——儿童正在游戏中进行有意义的学习。但这类观察具有时效性、随机性的特点，得到的结论往往也是片面的。真正的观察，是要求教师能主动地围绕所看到的幼儿的活动情境，多维分析，从那些看似普通、平凡的行为中找到能够读懂幼儿思维的细节，找到解读幼儿心灵秘密的密码，找到支持、帮助、指导幼儿学习与发展的依据。

表5-1是幼儿游戏行为的观察要点及发展提示，教师在幼儿游戏过程中可结合表中所列出的要点进行观察。

表5-1　游戏观察要点及发展提示

	观察要点	发展提示
表征行为	能否清楚地分辨自我和角色及真和假的区别	自我意识
	出现哪些主题和情节	社会经验范围
	动机出自物的诱惑、模仿、意愿	行为的主动性
	行为仅仅指向物还是指向其他角色	社会交往与语言表达
	行为指向哪些相对应的角色	社会关系认知
	行为与角色原型的行为、职责的一致性程度	社会角色认知
	同一主题情节的复杂性和持久性	行为的目的性
	行为是以物品为主还是以角色关系为主	认知风格
	是否使用替代物进行表征	表征思维的出现
	同一情节中是否使用多物替代	想象力
	替代物与原型之间相似的程度	思维的抽象性
	用同一物品进行多种替代	思维的变通和灵活
	用不同物品进行同一替代	思维的变通和灵活
	对物品进行简单改造后再用以替代	创造性想象
构造行为	关于结构材料拼搭插接的准确性和牢固性	精细动作与手眼协调
	关于造型是先做后想，还是边做边想，或先想好了再做	行为的有意性
	构造哪些作品	生活经验
	是否按一定的规则对材料的形状、颜色有选择地进行构造	逻辑经验
	注重构造过程还是不同程度地追求构造结果	行为的目的性
	是否会使用多种不同的材料搭配构造	创造力与想象力
	构造作品外形的相似性	表现力
	构造作品的复杂性	想象的丰富性
	是否能探索和发现材料特性并解决构造中的难题	新经验与思维变通
合作行为	独自游戏，平行游戏还是合作游戏	群体意识
	更多主动与人沟通还是被动沟通	交往的主动性
	更多指挥别人还是跟从别人	独立性
	是否会采用协商的办法处理玩伴关系	交往机制
	是否会同情、关心别人和博得别人的同情与关心	情感能力
	交往合作中的沟通语言	语言与情感的表达与理解

续表

	观察要点	发展提示
规则行为	是否善于调整自己的行为以适应他人	自我意识
	是否能爱惜物品、坚持整理玩具、物归原处等	行为习惯
	是否使用一定的规则解决玩伴纠纷	公正意识
	是否喜欢规则游戏	竞赛意识
	是否自觉遵守游戏规则	规则意识
	是否创造游戏规则	自律和责任
	游戏规则的复杂性如何	逻辑思维

（2）观察要点二：幼儿的游戏水平

在创设问题式学习环境时，有一条非常重要的法则，即将"有价值的问题"预埋进游戏情景中，刺激儿童在玩的过程中生发出问题，主动进行探究。课程创设了不同类别的游戏活动情境，并梳理出了不同游戏情境的发展线索。教师在对幼儿的自主游戏进行观察时，可以根据幼儿所处的游戏情境的类别和发展线索，判断幼儿当下所处的阶段，并在此基础上通过投放新材料、行为示范等方式来拓展幼儿的思维、引导他们向更高层次的水平发展。同时，在儿童由"当下的游戏水平"向"下一阶游戏水平"过渡的过程中更容易生发问题式学习活动。

因此，游戏水平是游戏观察中重要的要点。表5-2所给出的是课程中建构活动情境的发展线索示例，教师观察时可做参考。

表5-2　发展线索—以建构游戏活动情境为例

游戏情境类型：建构活动	
内涵：建构游戏情境是以建构游戏为主体的综合性游戏情境。在这一游戏情境中，幼儿会利用各种建筑和结构材料（积木、积塑、金属结构材料、沙、雪等）进行各种建筑和构造活动，以及反映现实生活的游戏	
发展阶段	具体表现
认识积木	探索材料是建构游戏的第一阶段。幼儿在这个阶段，感兴趣的是材料本身。比如了解积木有多重、摸起来感觉怎样、积木的大小等。通过不断的探索，幼儿逐渐知道了积木的特性，也了解了积木的用途
搭高和围合	第二阶段的幼儿会继续对积木的特性和用法进行探索，经常出现重复性排列、堆叠与象征行为。经常看到幼儿在地板上玩积木时，会把积木一块一块垒起来，垒出积木塔，并研究不同的垒法会有什么不同的结果。处于这个阶段的幼儿也开始运用想象力及重要的认知技巧
初步设计	在第三阶段，幼儿建构的经验愈加丰富，他们建构的技巧已经非常熟练，思维和创造性参与的程度也越来越高，出现了建构的主题，能够根据现实进行设计，作品常出现搭桥、搭围墙等，并开始考虑作品的对称性
实质建构期	到了实质建构期，经验丰富的幼儿能够灵敏而有技巧地把积木叠放在一起。幼儿学会利用拱形的积木块学会跨越、绕过障碍物的方式，对搭建的东西做些改变。能创作出很有艺术性的、复杂的东西出来，并且知道他们搭建的建筑物是什么

2. 问题式学习活动中的观察要点

问题式学习活动具有周期性的特点，儿童的问题解决需要经历发现问题—理解和认识问题—行动中解决问题—回顾反思四个过程。每一个阶段之间都具有很强的联结性，上一个阶段幼儿的行为会对下一阶段活动的效果产生较大的影响。只有经历完整的问题解决周期，才有可能进入深度学习，获得发展。同时，在幼儿问题解决的过程当中存在关键点——问题意识、问题表征、策略建构、具体行动、儿童的布展。这些关键点对幼儿的问题式学习活动进行有着直接影响，教师要观察和解读问题解决各阶段中幼儿关键性的行为表现，以此评估幼儿的问题解决水平（见表5-3）。

表5-3　问题式学习活动的观察要点

观察要点	具体内容
问题意识	问题意识是幼儿发现问题的基础，意识到问题的存在是思维的起点，同时也是思维的动力，有了问题才会有思考。幼儿的问题意识在日常生活、学习活动和游戏活动中有迹可循，有时问题以口头语言的方式直接表达出来，幼儿也可运用表征记录的方式间接表达出遇到的问题
问题表征水平	理解问题的实质就是对问题的主动建构与理解，将提出的问题转化为内部的心理表征，这是开展后续问题解决活动的重要基础。幼儿的问题表征大致要经历三个阶段：1.处于朦胧的迷思中，对问题只具有很模糊的感觉；2.能对已知问题或者进行言语或书面描述；3.能理解需要解决的问题，并能够评价同伴对于问题的看法
策略建构	幼儿创造性思维的发展。在幼儿进行策略构建这一环节，需要关注幼儿能否将所有信息集中指向某个中心点，形成确定的、唯一的答案；能否独立或在引导下扩散、辐射思维，思维方向分散于不同的方面，提出多个解决方案，并在解决问题之前是否有意识地进行比较、选择、推理和判断
	策略的可行性。在关注幼儿策略构建的多样性基础上还需要关注策略的可行性。这直接体现了儿童的经验水平和认知的准确性，也间接影响到问题的解决
	策略的迁移。儿童能否将以往用的解决策略运用到当前的问题解决情境中，具有反思和迁移的能力，适应不断变化的环境
具体行动	信息搜集。需要关注儿童的信息素养，他们是否具有多途径、多形式的信息搜集意识和能力。更高水平的儿童还能通过表征的方式，将信息进行分类整理
	合作意识与合作能力。解决问题通常是需要幼儿与同伴合作进行的，他们的合作意识与合作能力应当成为观察的一个重要内容。教师需要关注幼儿是否能够采取积极、友好的行为与同伴分享信息、策略，能否理解和采纳他人的观点
	问题解决的情感态度。儿童是具有畏难情绪的。很多时候，他们能够敏锐地感知到困难的发生，但是可能会在真正开展解决活动时出现退缩的行为。在这一阶段，教师要关注幼儿对于问题解决的情感态度，他们在执行问题解决方案时的积极性、面对挫折时的态度等

观察要点	具体内容
儿童的布展	布展是指问题式学习课程活动过程中及活动结束后，师幼共同将幼儿问题解决过程及阶段性成果进行展示的一种形式。布展不仅指最后的展览，还包括布置展览的过程，布展过程由幼儿主导，幼儿边回顾、边布展，展览布置完成后，幼儿可以邀请同伴、教师、其他幼儿、园长、家长甚至社区相关人员通过参观他们的展览，幼儿通过介绍、交流、现场体验等方式向观众展示他们的活动过程及成果

（二）逸事记录法

幼儿园教师常用的幼儿观察与记录方法是叙述性描述的方法。所谓叙述性观察，就是用文字描述的方式记录所观察的行为。在叙述性观察中，教师最为常用的是逸事记录法。

1. 逸事记录法内涵及分类

逸事是指独特的事件，也可以是观察者感兴趣的、有意义的事件。逸事记录法，指教师在不刻意安排的自然情景中，将认为有价值的、有意义的行为和反应，或感兴趣的事件以文字描述的方式进行记录，供日后分析用的一种方法。逸事记录的内容往往包括：事件发生的经过，包括事件发生前后的因果关系和来龙去脉；事件发生的情境则包括事件发生时，周围人、事、物的互动情形和应答对话等。

逸事记录法所记录的逸事，可以分为以下三种类型。

- 问题型逸事。这类逸事记录的是幼儿成长中遇到的各种问题。既可以是幼儿在探索过程中感到好奇的问题，也可以是幼儿发展中遇到的问题，如进餐速度慢、入睡困难、入园适应慢等。

- 发展型逸事。幼儿发展过程中的一些具有里程碑意义的事件。比如，第一次在集体活动中公开表达自己的观点、第一次有了分享行为等。幼儿在某个方面得到进步的事件都是发展型逸事的来源。

- 趣味型逸事。幼儿独特的思维、身心发展特点使他们对事物有独特的认识，同时也带给成人思考，把这些童言稚语记录下来，形成趣事型逸事。类似的趣事常常发生在亲子互动、师幼互动、幼幼互动中，记录下来是很好的成长记录内容。

2. 逸事记录法的运用

（1）确定观察目的

逸事记录的记录方式有随机观察和系统观察两种，旨在对观察对象或观察者感兴趣的行为或事件，施以简短的文字描述。教师必须事先确认真正的观察目的，再选择以何种方式实施逸事记录法。

- **随机观察的逸事记录**：观察目的可能在于了解不特定的观察对象、行为或事件，以作为进一步观察的参考。
- **系统观察的逸事记录**：教师于事前已规划好所要观察的对象、行为或事件，其观察目的在于了解某些特定的观察对象、事件或行为的概貌，作为深入观察的切入点。

（2）选定观察情境

观察者在开始观察前，必须选定观察的位置，而观察位置的选择亦因观察者在观察活动中所扮演的角色而有所不同。若是参与观察，应以最自然的互动方式进行，而观察位置亦随实际活动的需要而移动，并不限制在特定观察位置。若是非参与观察，则以不干扰观察对象活动的位置为佳。

（3）准备观察工具

由于逸事记录是一种开放、描述性、简短的观察形式，因而教师需要准备具有便利性的工具方便随时记录。教师可以准备一本小本子和一支笔随身携带，借助事先设计好的观察表格，则可在观察现场直接使用，当目标行为出现，便及时记录下来。也可以用手机进行拍照记录下来，或者利用便条纸或回收纸，于纸上先用笔简单地划分要记录的事实描述和分析解释的位置，后续再进行整理撰写。

（4）注意事项

在使用逸事记录法对幼儿进行观察时，需要注意以下事项：

- 在自然情景中进行观察，不能打断幼儿正常的游戏活动、生活活动以及学习活动。
- 在自然观察后需要尽快进行逸事记录。
- 记录事件发生的情境，描述事件发生的场地，记录事件发生的日期和时间，列出事件涉及的儿童和成人。
- 必要时可以为记录的活动写下有用的注解，记录中需要描述细节，使事件更清晰。
- 如果记录了幼儿的对话，记下原始用语。
- 有序撰写逸事记录。
- 获取完整、准确的信息，在记录时尽量保持客观。
- 解读观察时需要保持客观理性。

表5-4是教师在一次团讨中所撰写的随机式的逸事观察记录，教师在团讨结束后依据团讨的表征记录及时进行了撰写，并在随后支持这9名幼儿开展了"生日会"的随机问题式学习活动。

表5-4   随机式逸事记录

观察类别：随机式的观察

地点：前草坪

日期：2020年6月8日

时间：上午团体讨论环节

基本活动：团讨中9名小朋友计划举办生日会

观察对象：9名小朋友计划游戏的过程

事件：

今天上午小朋友们在前草坪玩游戏，她们在自己搭建的小房子玩游戏，彦琳小朋友拿来了一个圆形的玩具，摆弄了一会儿，说："娜娜，今天是我的生日，这是生日蛋糕，祝我生日快乐吧！"娜娜："祝你生日快乐，祝你生日快乐……"，两个小朋友玩起了过生日的角色扮演游戏。

回到教室后，在团讨时间，小朋友分享了自己的游戏，并提出了自己的问题：

彦琳的问题：我们的房子太小了，而且全是草，没有人来参加我们的生日会。

娜娜的问题：我们没有彩带也没有气球。

基于小朋友们提出的问题，我们聚焦了核心问题并展开了讨论：生日游戏怎么玩？

小睿：要挂漂亮的气球和彩带装饰房子。

李辕：过生日的时候还要准备很多水果和零食。

雅楠：过生日的时候还要戴生日帽，唱生日歌。

柏易：可以自己做一个蝴蝶结送给好朋友。

娜娜：我们还需要准备蛋糕的盘子、叉子、杯子，还需要准备一张桌子，这些都放在桌子上。

彦琳：我们要把前草坪的房子变得再大一点，邀请很多很多小朋友来参加我们的生日聚会。

小兮：我们可以带自己喜欢的玩具跟好朋友交换玩具玩。

一诺：我们可以准备一个蛋糕，然后把礼物藏在蛋糕里面，等到切蛋糕的时候才知道里面藏了什么礼物。

可森：我们可以准备生日礼物，泡泡机还有小汽车都可以。

教师反思/解读：

前草坪幼儿自主搭建的房子引发了很多可以玩的游戏，孩子们可以自主摆弄装饰自己的房子，同时这个游戏是由一个幼儿在自由游戏后提出自己在问题而发起的，提出问题后引起了很多小朋友在兴趣，通过团体讨论，幼儿结合自己自身社会经验，将这个生日游戏变得更好玩了。在第二天开展户外游戏前，可以提醒这九名孩子去实施他们的想法，更有目的性和计划性地进行自己游戏，能够尝试分配角色。同时明天上午还需要过去再仔细观察幼儿的游戏进展。

（三）持续性记录法

1. 持续性记录法的内涵

持续性记录法是按照事情发生的顺序，将观察对象的行为以描述的方式详细记录下来的观察记录方法，不仅可以对某一特定幼儿进行观察记录，还可以对一个幼儿团体进行观察记录。持续性记录法虽然也是用描述的方式对幼儿行为进行记录，但是却比逸事记录法更加完整和翔实。逸事记录法只是记录下观察者感兴趣、认为有意义的事件，而持续性记录法则是将所有与观察对象有关的行为都记录下来。

在问题式学习课程中，教师通常在下列情况中运用持续性记录法：

- **对幼儿某一领域发展的持续记录。**幼儿的发展是持续的、不间断的，教师可以对幼儿某个方面的发展进行持续的记录。比如，围绕幼儿的健康领域，记录其单脚跳动作发展的历程。

- **对某次问题式学习活动过程的记录。**幼儿的问题式学习活动必须历经完整的周期，才能达到深度学习的目的，因此可以围绕问题式学习活动进行详细的记录，沿着问题式学习活动的各个阶段记录下儿童的策略和行动。

- **对幼儿某一行为问题改善的持续记录。**问题行为不是一天产生的，其矫正或改善也不是一天就能完成的。为此，围绕某一问题行为，持续记录其行为的变化、措施的变化，可以让我们看到行为是如何一步步改善的。

2. 持续性记录法的运用

（1）选择观察目标

持续性记录法的观察对象选择范围较广，教师既可以从感兴趣的偶发事件或者具有重要意义的事件中选取个别幼儿，也可以在活动中选取幼儿互动团体进行观察。互动团体是指幼儿之间以互动为纽带的交往团体，其中互动可以是语言互动，比如，两个幼儿相互讲故事；也可以是非语言互动，比如，几个幼儿一起搭积木等。

确定观察目标后，观察者在采用持续记录法对目标幼儿进行观察记录之前，要把观察对象的基本情况进行详细记录。

（2）描述客观事实

首先，进行持续记录时，观察记录的内容不仅包括幼儿本身，还需要包括观察幼儿与外界互动过程中所说的每一句话、所做的每一件事，以及观察对象作出这些言行举动时所处的背景和环境。为保证观察记录的客观性，教师需严格按照行为发生的先后顺序进行记录，不能颠倒顺序或以概括性的方式进行主观推测。

其次，为了保证观察记录的客观性和翔实性，同时也为了减轻人工记录的工作量，教师可以使用现代设备来辅助记录对目标幼儿或幼儿团体的观察。教师可以通过反复观看录像或照片，将这些内容由录像或照片转录成文字进行分析，从而避免因记录速度问题而遗漏信息。

最后，教师进行记录时要时刻提醒自己，在记录过程中不应加入自己的主观想法与评价。

（3）分析与评估

教师在进行详细的观察记录后，还需要在观察记录的基础上对幼儿的行为表现和发展状况进行分析。由于持续性记录法收集的资料具有翔实性、客观性等特点，这些观察资料可以从不同角度进行反复分析。例如，可以运用问题式学习课程目标体系来分析幼儿的学习与发展水平，也可以从课程内容的角度分析幼儿经验的建构情况，同时也可以从问题式活动出发，分析幼儿当下是否遇到难题，可能由什么原因导致，从而提供下一步策略。

（4）提出下一步想法

在进行分析后，还需要根据分析的结果为日后的教学提出改进措施和建议。由于持续性记录法能够十分详尽地记录观察对象的行为，所以教师可以将目标幼儿目前的表现与该幼儿先前的行为进行比较，从而发现幼儿的发展，并为进一步教学提供支持和帮助。

表5-5是教师在设计中心所开展的一次问题式学习活动的观察记录，教师围绕观察对象翔实地描述了事件、幼儿的行为表现并做出了分析评估。

表5-5　持续性记录表

观察日期：2021.11.15	观察地点：设计中心	观察对象：蒋一、江原、罗云
观察内容：幼儿与同伴分享解决稳固的策略		观察人：梁茜
客观描述	老师邀请小朋友们进行关于怎样才能稳固的解决策略的分享。 蒋一："三角形最稳固。"接着描述了她的支撑实验：先尝试了一条线不成功，后面还尝试了正方形和五边形，发现都不稳固。最后才得出三角形是最稳固的结论。 江原："互锁能稳固，我有上乐高课，我周一没有上乐高课……"还提到了三角能固定。老师："那三角能不能用于稳固？"江原："不能，要有棵大树才能三角固定。"老师："那你待会可以试试看。" 罗云用拍摄到生活中的照片去给大家解释他的发现。罗云："一个不稳定的靠在稳定的上面就稳固了。""两个不稳定的在一起，有个角度就稳固了。"老师："有个支撑点。"罗云点点头。接着罗云指着照片中的标识牌："这里是有螺丝可以固定的。"接着又指着树上的广告牌说，"这个是用绳子去固定的。"	
分析评估	1. 幼儿通过周末和家长的研究和分析，丰富了他们的已有经验。他们前期在家做过实验和观察，发现了三角形、螺丝、绳子等是能帮助他们解决稳固的问题。 2. 幼儿会把生活经验关联到和迁移到他们的学习中，正如江原会把在外面上乐高课学习到的互锁结构融入解决问题策略中，这个解决策略就和别的辅助材料帮助稳固是不一样的，是通过搭建的结构去稳固作品。江原也提到了三角固定，但是当老师问到三角是否能固定时，江原回答不能，说三角固定是用于大树的，要有棵大树。这说明了他对三角固定的认知是和特定的场景（一棵大树）相捆绑，并没有能像理解互锁结构一样去迁移和运用	
下一步想法	1. 根据幼儿的已有经验，提供更多相应的辅助材料（三角形的搭建材料、绳子、螺丝、乐高等）引导幼儿对他们的作品进行稳固。 2. 鼓励和引导幼儿去把生活中获得的经验和技能（如互锁结构和三角固定结构的技术）用于他们的作品中，帮助他们经验的迁移和运用	

二、作品分析法

作品分析法是一种基于幼儿真实表现的评价方法，可以为教师提供观察和分析幼儿的依据，有助于教师更好地了解幼儿的发展状态和水平。采用作品分析法进行幼儿学习与发展评价，主要是将幼儿的个人表现与作品作为依据，依据一定的标准，支持幼儿自评、同伴互评以及教师评价，目的并不是进行幼儿与幼儿之间的比较，而是在于阶段性对幼儿问题式学习活动情况进行诊断，及时地了解幼儿的学习状况，有效增强幼儿的学习兴趣。

（一）幼儿作品类型

从更广泛的角度去理解，作品泛指任何产品，即由人类或大自然创造的任何事物。在对"作品"内涵理解的基础上，问题式课程将幼儿作品界定为幼儿在幼儿园教育活动中创造的任何事物，强调幼儿的创造性和作品的多样性。幼儿作品不仅有精美或不精美的折、剪、贴、卷纸和泥塑、图画、文字等作品，还有幼儿创造的完善或不完善的游戏及其规则，以及幼儿哼唱的完整或不完整的歌曲小调等各种水平、各种类型的形式存在。

问题式学习课程中的幼儿作品一般包含两类。一类是幼儿自己创作并保存下来的有关作品，如陶艺作品、种植的植物、设计的机器人、制作的蛋糕等，这类作品通常会以实质的形式存在。另一类作品是由活动的性质和特点所决定的，通常不会以实质形式存在，但能够记录幼儿参加学习活动过程，并能体现幼儿的创造性，反映幼儿的思维水平，例如，幼儿的表征记录、教师记录幼儿参与学习活动过程的记录单、反映演出活动的照片或录像等。幼儿作品可以真实地记录幼儿的学习与发展过程，通过作品取样系统对幼儿的作品进行评价，就可以有效地对幼儿的学习过程和发展水平进行真实的评价，从而为改进教育活动过程提供事实依据。

（二）如何利用幼儿作品进行评价

1. 利用幼儿表征记录进行评价

（1）支持幼儿进行表征记录

在问题式学习活动结束后，教师会鼓励幼儿回顾自己在活动中所见所想，并通过自己的方式将印象深刻的事物记录下来。幼儿进行记录后向教师通过语言简短阐述自己的记录内容，教师使用文字将幼儿的语言忠实地反馈在幼儿的作品上。紧接着教师组织幼儿进行团队讨论，将幼儿的记录作品进行展示分享。

第一步，幼儿在结束问题式活动后，教师会通过提问激发幼儿回忆活动中的经历。例如，今天有什么新的发现？和小朋友们遇到了什么有趣的事？碰到了什么困难呢？你怎么去解决这个问题的？解决了问题，你感到开心吗？等等。这些问题都是提示性的问题，目的是给幼儿提供反思的支架。为了应答这些问题，幼儿需要努力回忆和反思自己在问题解决过程中的行为、想法。这也为后续的表征记录奠定了基础。

第二步，幼儿根据自己的回顾自主选择自己接下来要记录的内容主题，表达自己在问题解决过程中的所思所想。学前期，幼儿主要以符号表征为主。起初，年龄稍小的孩子可能只会用简单的线条或他们熟悉的图形来代表他们所要记录的事物/事件。随着年龄的增长，他们会运用更加抽象、清晰的符号来进行表征。中班后期的孩子已经可以使用思维导图来表征自己的学习活动或者学习收获。幼儿会每人制作一本专属的记录本，在记录时拿出。记录本便携且方便保存，为幼儿未来回顾自己的成长提供了依据。

第三步，幼儿将记录单独呈现给教师，并用语言描述自己的记录作品。教师倾听并将幼儿的语言用文字记录在作品上，以便日后回顾。这一步是非常有价值的，一方面能够支持幼儿用更高概括性的语言表达自己的所思所想，另一方面也为教师的观察和评估提供了清晰的证据。

需要注意的是幼儿是表征记录的主体，表征记录的目的是在记录的过程中促进幼儿自我反思能力的发展，而教师能够通过记录内容和幼儿对自己的评价了解幼儿内心的真实想法。因此在表征记录的过程中，幼儿是活动的主体，表征记录具体的内容和主题由幼儿自主选择。若幼儿在活动中没有特别的发现或想法，教师可以鼓励幼儿记录生活中印象深刻的事物，帮助幼儿积累经验。教师要保证幼儿是记录和分享的主体，由幼儿选择讲述记录的内容及活动过程，包括在活动中遇到的困难和思考出的解决方法。

（2）分析幼儿表征记录

幼儿有关游戏的表征记录是问题式学习课程的重要组成部分，教师可以结合课程目标体系、课程内容体系两部分的内容，对幼儿的学习与发展情况进行评估。通常可以从以下几个要点对幼儿的表征记录进行分析。

首先，对幼儿整个画面进行白描，用简洁的语言描述画面所反映的内容。白描的过程中还需要参考幼儿的记录和描述。接着，从图像的特点、人物及人物关系、幼儿描述等方面对画面进行分析。在对画面的分析结束后，教师要根据课程目标体系以及内容体系进行识别和评价，判断幼儿所处的水平。最后则是根据判断和分析提出下一步的想法。

值得注意的是，一方面，幼儿的问题解决能力展现在多个不同的方面，如发现关键性问题的能力，与同伴的合作能力、交流沟通能力，动手操作材料的能力等。教师在评估幼儿表征记录的同时，应关注幼儿多方面的能力表现，综合地作出评价。另一方面，幼儿的问题解决能力不是一次表征记录就能完全展现出来的。幼儿在各个阶段的进步是较明显的，但只有通过对比才能体会到其中变化。教师可以收集和整理有关某个幼儿的表征记录的分析，再将相同主题的内容串联至一起进行分析，关注幼儿动态的表征记录，全面、及时地了解幼儿的学习进步和发展，不断地在心中"更新"评价幼儿的学习发展现状。

2. 利用幼儿其他作品进行评价

（1）支持幼儿自评

教师可以多组织团讨，提供机会让幼儿能够分享自己的作品或者过程性的资料。分享过程中，教师可以为幼儿提供一定的支持，如提供拍摄的活动照片、询问幼儿活动经过了哪几个阶段、作品是如何制作的等帮助幼儿进行回顾。在分享后，教师引导幼儿对活动中的关键部分进行评价，可以询问幼儿以下问题以帮助幼儿进行评价。

你遇到了问题吗？

这和你计划的是一样的吗？

你是怎么解决的呢？用了哪些办法？

最后你成功了吗？为什么会成功/失败呢？

你觉得过程中最让你满意的是什么？最困难的地方是什么？

如果下次遇到了类似的问题，你会怎么办？

（2）引导幼儿进行同伴互评

幼儿在向集体分享自己的作品时，教师可以询问其他幼儿是否有同样参加这个活动？有没有经历过类似的体验？你觉得他做得怎么样？你同意他/她这样做吗？通过简单开放的问题引发幼儿的思考。同时参加过同一PBL活动的同伴会根据自己在场景中的学习经历对其产生评价，或是根据自己的已有经验作出判断。如当幼儿分享自己所制作的蛋糕时，幼儿会依据标准来评价蛋糕的香味、甜度等要素，来自同伴的评价能够激发幼儿动力也能够拓展幼儿的思路。当幼儿分享自己当小医生的记录时，其他同伴会对作品进行观察、讨论，可能会提出与其不同的想法，例如，认为小医生的帽子不应该是粉色而是白色，小医生应该有体温计等。幼儿能够从其他同伴的语言中获取各种意见，从而不断完善自己的学习内容。

（3）教师进行评价

当幼儿分享作品时，教师除了搭建语言支架来拓展幼儿的思维外，还需要依据问题式学习活动的目标、问题式学习课程目标体系以及课程内容体系对幼儿的作品进行分析，对问题式学习活动进行即时判断。需要注意的是对幼儿的作品的评价不是判断优劣，而是找到幼儿可发展之处，从而给出具体可实施的策略。

三、检核表和评定量表

教师通过检核表了解幼儿在各个领域上当前的学习与发展水平，从而把握幼儿的最近发展区，能够有针对性地在如区域游戏、自主学习等个别化学习环节进行互动，或在小组活动、集体活动中有目的地给予幼儿关注，让每个幼儿都实现在原有基础上的发展。同时，问题导学活动中幼儿遇到的障碍与幼儿在各领域已知经验息息相关，对小组幼儿的领域学习与发展水平的把握是教师引导幼儿分析问题、拟定学习议题的基础。检核表评价的结果有助于家长了解幼儿在各领域的学习与发展情况，是家园合作共同推动幼儿在关键能力上发展的基石。

（一）幼儿学习与发展水平分级量表

1. 幼儿学习与发展分级量表的编制

（1）建构问题式学习课程目标体系

为了保证幼儿学习与发展评价内容的标准化，课程结合有关规范性文件和国内外最新研究成果，遵循全面性、发展性、适宜性等规则，采用理论与实践相结合的方式制定了问题式学习课程评价目标体系。并在此基础上，通过十余年对幼儿细致的观察、记录，分析并总结出了一些具体的行为指标，使课程目标体系以细化程度高的方式呈现，具有观察指引的价值，并且使用更加具有普遍适用性，帮助教师真正地理解和执行。科学、清晰、全面的课程目标体系为教师进行评价提供了具体对象，让教师指导评价什么。这种兼顾标准和过程评价可以提升教师的评价能力和评价意识，为建构良好的幼儿学习与发展分级量表打下基础。

（2）确定幼儿学习与发展量表的维度及观察项目

问题式学习课程中幼儿学习与发展评价的内容主要包括两个部分。第一个部分包含了身体健康与动作发展、认知、语言、社会—情感、审美五大领域的儿童早期学习与发展方面的内容，也是早期儿童学习与发展的基础。第二个部分是儿童核心素养发展方面的内容，具体包括好奇心、合作解决问题、交流沟通、想象创造、信息素养、元认知六大核心素养，它们是幼儿进行问题式学习的核心，也是幼儿继续学习的关键。

在此目标体系的基础上，确定了幼儿学习与发展量表的维度以及观察项目，最终编制出如表5-6所示的分级量表。

表5-6 观察项目"能够专注倾听"分级量表示例

发展领域—语言领域—学会倾听		
观察项目：能够专注倾听		
儿童在与人互动时越来越专注地听他人说话		
标记孩子所能达到的最接近发展水平：		
第一级□	第二级□	第三级□
1.1 在他人说话时，眼睛注视着对方 1.2 别人对自己说话时能注意听并作出回应	2.1 初步自主地集中注意力倾听他人说话 2.2 理解如何仔细倾听，以及为什么倾听很重要	3.1 认真倾听并仔细观察发言者，能够关注谈话对象所提到的细节信息

2. 幼儿学习与发展分级量表的使用

（1）持续性观察和记录

幼儿学习与发展分级量表的使用主要通过教师采用观察评价并搜集整理佐证材料，在关键性阶段运用分级量表对儿童进行评估。持续性的观察和记录是教师运用评价标准的首要也是必要环节。所谓的持续性的观察是发生于日常常规活动之中，是以一个周期、学期或以整年为单位的持续观察。每学期入学初，就要求教师开始进行观察和数据收集，数据资料包括教师的观察记录、幼儿的游戏记录、幼儿的作品等。学期末根据所收集的数据资料进行评估，这样的评估能够涵盖整个学期，具有持续性的特点。同时，根据固定周期进行进度监控评估能够保证细致反映幼儿发展。

教师依照分级量表通过观察、互动等方式记录儿童在学习、游戏活动或日常生活等情境中的一系列表现，了解儿童所取得的成就、兴趣与学习风格。教师不必毫无根据地花费大量精力事无巨细地记录儿童的每一件小事，只需记录体现领域一级目标内容的活动或材料作品，进而将其作为评估幼儿发展水平的依据。这种方式虽然花费教师大量的时间去执行观察任务，但却较少干预儿童的活动，在自然情境下全方位搜集儿童学习与发展的信息，能够确切了解儿童的水平。

（2）整理幼儿发展性资料

通过观察记录，教师会收集到许多与标准相关的幼儿照片、视频和儿童作品。在收集到这些资料后，教师可以依据分级标准所包括的内容对其进行简单的标记，例如，在一份观察记录文本的最显眼位置上标注"社会发展-人际交往-主动发起合作"。第一个标注的标签代表了所体现的关键领域，第二个标签则是体现的关键经验，第三个标签则是观察情境中儿童的具体行为。当然，一份观察记录通常能够体现多个领域或核心素养的发展，教师在标注时根据实际情况处理。

通过这样的方式，教师对所收集的海量数据进行了预处理，为后续的教学决策和正式评估奠定了基础。需要注意的是，教师对幼儿学习与发展数据的预处理已经具有价值判断的性质，但此时的价值判断是具有时效性的，只能代表儿童当下的发展水平或发展需求，不能反映儿童整体、全面的发展水平。

（3）评估

为了更有效地开展评价工作，课程中的形成性评价具有周期性。一般情况下，课程要求班级教师在学期中和学期末依据标准，基于所收集、分类的观察资料以及幼儿作品等，逐条查阅不同阶段的定义，将幼儿的发展水平确定在某一个阶段范围内。在这一过程中，教师需要在整理分析资料的基础上，结合自身的专业知识、评价标准衡量儿童学习与发展的水平，详细呈现儿童在每个评价内容方面所展现的特点。在这一过程中，教师要尽可能地搜集更多关于儿童学习与发展的信息，以确保判断的准确性和有效性。

使用幼儿学习与发展分级量表进行评估后，教师会获得两份报告，一份是班级总体情况报告，使教师对班级儿童发展的整体水平有准确把握；另一份则是针对每名幼儿的个体报告，使教师对每名儿童在各个领域的学习与发展水平能够有清晰的了解。这两份报告对下一步的课程实施与规划、班本计划的制订、家园协作都有指导性作用。尤其是在家园协同方面，这份报告能让教师更有针对性地与家长进行交流，增强学习与家庭之间的对话，从而建立起强大的伙伴关系。

（二）幼儿问题式学习行为观察表

在问题式学习活动组织实施过程中，观察者对照检核表上有关幼儿行为表现指标，对幼儿在问题式学习互动情境中特定行为发生情况做出标记，以此来审视幼儿行为技能技巧及核心素养发展变化。问题式学习行为观察表最大的优点是能为教师对幼儿的观察提供结构化的框架，使得教师在运用时方便、快捷。教师在实施问题式学习活动中可以凭借发展检核表，提醒自己所要重点观察的范围，并使观察聚焦到观察表所述的典型行为，直接记录目标行为出现与否。

1. 问题式学习行为观察表的编制

问题式学习行为观察表的建构遵循了以下几个步骤。

第一步是确定观察目标，列出观察维度。顾名思义，问题式学习行为观察表的目的是了解儿童在问题式学习活动中的行为表现是否能够体现核心素养的指引，从而判断儿童的学习状态和学习深度。因此，基于问题式学习课程目标核心素养体系，我们确定了问题式学习行为观察表的六大维度：好奇心、合作问题解决、交流沟通、想象创造、信息素养、元认知六大观察维度。

　　第二步是列出可观察行为。列出可观察行为。确定观察维度之后，为了便于观察和记录，需要每一维度都逐一分解为可观察到的具体行为。行为指标在表述上，需要使用正向的表述方式，并且是客观描述性的非判断性的语句，以保证所观察内容的具体、详细、客观。依据核心素养目标体系，最终形成确定了以下行为。

　　第三步是结合问题式学习不同阶段的特点，确定各阶段观察评估的关键点，按照一定逻辑将细化后的行为指标进行组织整理，最终形成问题式学习行为观察表。问题式学习行为观察表是一种半封闭式的检核表，在所有行为指标的下面为教师留出一定的空间呈现对幼儿的观察说明，见表5-7。

表5-7　问题式学习活动中的观察行为表

幼儿姓名：　　　　观察日期：　　　　　　观察教师：

指标评价		做得非常好	能做到	有时能做到	不能做到	没有出现
观察维度	具体行为					
好奇心	会被新奇的事物吸引					
	对周围的人和事物表现出兴趣					
	能对感兴趣的事务仔细观察					
	反复操作、摆弄材料					
	喜欢冒险					
	探索中有所发现时感到兴奋和满足					
	经常提问					
	会进行追问					
	渴望通过讨论获取更多信息					
合作问题解决	擅于寻求帮助					
	乐于提供帮助					
	能够经常主动发起和参与合作性的活动					
	愿意分享自己对问题的认识和策略					
	合作中愿意接受同伴的意见或想法					
	能结合同伴的信息解决问题					
	能够通过协商进行角色和任务的分配					
	游戏中受同伴欢迎					
	主动承担较难的任务分工					
	在解决冲突中显示出妥协的能力					
	与成员一起设定规则，自觉遵守规则					

	指标评价	做得非常好	能做到	有时能做到	不能做到	没有出现
交流沟通	能理解他人的话语					
	能说出图画书中的主要情节，并有自己的理解和想法					
	能够围绕话题说出自己的感受					
	对看到的、听到的、触摸到的、感觉到的和尝到的东西做出回应					
	能用适当的词描述别人的动作或是图片上的事情					
	讲述时能使用一些表示因果、假设等结构相对复杂的句子					
	能有序、连贯、准确地介绍自己熟悉的事物					
	愿意用图画、符号等方式记录自己的想法和发现					
交流沟通	遵循对话礼仪					
	运用恰当方法进行辩论					
	能解释自己的观点					
想象创造	乐于进行想象创造					
	能够主动思考问题的多种解决方案					
	能根据情境，产生灵活多样的想法、方案或活动					
	能说出自己与别人不同的想法					
	能清楚表达自己与众不同的想法并形成作品					
	经常能提出创造性的观点，产生新的游戏想法					
	能有计划、有主题、有细节地进行想象创造					
信息素养	具有主动搜集信息的意识					
	遇到问题时，知道可以通过多渠道搜集信息来解决问题					
	能明确地提出自己的信息需求，知道要解决问题还缺乏哪些信息					
	能够采用多种方式获取信息（如网络检索、采访、查阅图书、与同伴交流等）					
	能够根据需要综合运用多种方式获取信息					
	能够用多种方式记录所获取的信息（如拍照、录音、图画、符号及简单的文字等）					
	有意识进行信息的筛选					
	能够将已获得的信息进行整理，并准确地表达出来					
	能恰当地使用信息					

续表

指标评价		做得非常好	能做到	有时能做到	不能做到	没有出现
元认知	了解自己的特征					
	了解自己的喜好					
	了解自己的特长					
	具有初步的计划能力					
	有意识地调整自己的策略并给出一个理由					
	在结果不令自己满意时会反思和调整自己的行为，对自己造成的不良后果愿意加以弥补					
	具有成就感					
	敢于尝试有一定难度的活动和任务					
	具有自我认同感					
综合评价：						

2. 问题式学习行为观察表的应用

应用前开展教研活动，引导教师熟悉观察维度和具体的指标。帮助教师在对幼儿行为表现进行观察时，能快速聚焦到目标行为，保证观察与注意的内容更加稳定一致。在理解过程中，教师可以不断积累活动过程中幼儿真实会出现的行为表现，并自行将其扩充到行为指标下，作为表现实例。观察时，教师指向幼儿发展的具体方面，对照表格中幼儿行为的相关描述在表上进行相应的标记。

在问题式学习活动每一阶段进行观察。问题式学习活动的情境是变化、开放的，幼儿在不同的问题式学习活动阶段中行为表现也会有所不同。因此，教师要预先具体分析问题式学习活动阶段，考虑该解读中容易出现较多的"表现指标"并以此重新调整观察表。在观察时间的选择上，教师需要在问题式学习活动组织实施周期内对每名幼儿进行多次、反复的观察（每阶段至少1次），并在观察表中相应处作出标记。在问题式学习活动结束后，教师再对行为检核表进行整理、归纳，根据检核表中多次的标记，对幼儿在整个问题式学习活动中的发展状况进行判断。

　　分析幼儿学习与发展状态使用问题式学习行为观察表的最终目的在于理解幼儿的行为，明晰幼儿的发展状态，为下一步问题式学习活动的组织实施提供参考。教师需要根据观察表上所呈现的结果，对幼儿在本次问题式学习活动内容的学习状态和发展变化做出客观、科学的描述和解释。

　　在真实情境中评价，与布展、幼儿学习档案结合使用。问题式学习行为观察表的使用应在真实的情境中进行，是在教师对幼儿长期观察的基础上进行的。教师对每一个项目的评价都应该结合幼儿当下真实的学习与生活，联系幼儿以往的经验进行评价，而非单凭某个孤立的片段或是脱离真实问题式学习活动进行评价。检核表评价应与幼儿学习档案结合，每一个项目的勾选都有幼儿真实学习表现的支持。

四、学习档案

　　创建幼儿学习档案是评价儿童学习与发展的重要策略。学习档案既可以详细、生动地描述幼儿在园的学习与生活，又可以帮助教育者对幼儿的发展过程进行动态、适宜的、情境性的纵向评价，以弥补横向评价的不足。更为关键的是档案评价能够将幼儿、教师和家长的注意力集中在幼儿的学习上，这个过程能刺激发问、讨论、猜测、提议、分析和思考等一系列能力。

（一）幼儿学习档案的建立和丰富

　　"档案评价"的实施，并非是幼儿园中任何作品都照单全收，而是有计划地选取作品，并根据拟定的目标，系统地收集作品。档案的形成是幼儿、教师和家长都要参与的一个动态过程，随着幼儿学习的推进，档案袋的内容越来越丰富，越来越能体现幼儿的学习与进步。

1. 教师主导

　　幼儿园课程评价中的幼儿发展评价主要应由班级教师进行，教师有针对性地不断积累幼儿个体各方面的发展信息，进行记录和评价，并梳理信息，形成幼儿个体学习档案。

　　确定学习档案建立与收集方案。学习档案评价能结合幼儿的生活经验，配合幼儿的身心发展，与学习与发展目标、课程理念相互呼应。

　　收集幼儿的作品，为作品做说明。教师收集幼儿作品后，记录幼儿作品意见，并写下自己简短的反馈，反馈应能回答以下问题：

　　活动是谁发起的？

　　对幼儿来说，这是一项突破吗？

　　这个作品是否代表幼儿在某一特定结果或目标上有进步？

是否显示幼儿能在新的情况下运用已知的观念和技巧，或是扩展已知的观念和技巧？

为幼儿和他们的活动拍照，对照片的活动进行简单说明。照片不追求艺术价值，但应该能清楚地反映幼儿的活动及活动发生的情境。拍照后，教师应对照片的活动进行简单说明，简单记录所拍的内容或物体，包括日期、场所、幼儿的姓名以及特殊的地方。在补充照片的基础信息后，教师应在照片旁边给予评价与反馈，对照片的评价应该能回答以下问题：

活动由谁发起？

进行的是哪一种学习？

幼儿遇到问题了吗？他又是如何解决问题的？

活动体现了幼儿哪些方面的兴趣、进步与特长？

2. 邀请家长参与

收集幼儿在家中的作品，邀请家长将家庭中幼儿相关活动的照片、作品保存记录，并放在学习档案袋中。档案袋评价提供各种与幼儿和他们的家庭接触的机会，能够让教师更了解幼儿如何学习，以及他们独特的兴趣、能力和需求。

3. 加入幼儿视角

询问幼儿对作品的意见。请幼儿针对这项作品口述简短的意见，你可以提出问题帮助幼儿思考："你如何创作这项作品的？""你喜欢这项作品的哪些部分？"记录幼儿为什么会选择这个作品，放入档案袋中，一开始幼儿可能只会回答一两个字或是直接说"我不知道"，但是只要持续运用这个过程和幼儿一起工作，经过一段时间后，幼儿的回答就会比较详细。

鼓励和支持幼儿自主选择要放入档案袋的作品。当幼儿完成一个活动，在过程中，你可以和幼儿一起讨论，哪些作品很重要，应该把它们继续存放在学习档案中。

4. 建立与丰富幼儿学习档案的注意事项

关注幼儿的进步、兴趣与擅长的事情。问题式学习课程坚持幼儿是有能力的学习者，幼儿之间存在着明显的个体差异，幼儿的性格、兴趣、学习方式、擅长的智能领域都有很大不同，所以在学习档案中，教师应尊重幼儿发展的差异性，在学习档案中更多体现幼儿的进步、兴趣与擅长的事情，而不是将其做成幼儿"缺点""问题"的集中营。

不能只有作品没有评价与反馈。学习档案袋是幼儿学习与发展评价的方式之一，评价是其主要功能，所以在为幼儿建立和丰富学习档案的过程中，教师不仅要收集幼儿的作品、记录幼儿的学习足迹，还要对幼儿的作品进行评价与反馈，对学习档案袋呈现出的幼儿学习进行评价与反馈，否则学习档案袋就会沦落为简单的幼儿作品集或是幼儿学习的流水账，难以发挥其评价功能，缺少分析、评价与反馈环节，教师、家长与幼儿难以从对经验的反思中学习，难以借助学习档案支持幼儿的学习。所以，幼儿的学习档案袋不能只有作品而没有评价，教师应该对幼儿典型的作品与活动进行及时、科学的反馈，并将反馈与评价也作为幼儿学习档案的一部分，以使学习档案真正发挥其发展性评价的功能。

收集幼儿自发创作的作品，记录幼儿自然情境中的活动。将重点放在搜集幼儿自愿制作的作品上（真实的作品），而不是放在教师要求下所做的作品上，如此才能保证所搜集到的作品能真实地呈现幼儿的特点。不要要求幼儿摆姿势，因为这样会改变他们正在进行的活动，鼓励幼儿假装教师并不存在。教师的观察记录应在不打扰幼儿正常活动的情况下进行，只有这样，学习档案袋才能最真实、客观地反映幼儿的学习与发展情况。

（二）幼儿学习档案的内容选择

幼儿学习档案袋收集了各种各样不同的项目，能揭示出幼儿在问题式学习过程中的不同方面的成长。日常学习与工作的内容都能反馈关于幼儿发展与成长的信息，但并非所有的内容都值得放进幼儿学习档案袋，为了能全面体现幼儿学习的深度与广度，问题式学习课程中，幼儿学习档案袋中应包括专题问题式学习活动学习档案和日常学习档案两部分的内容。

专题问题式学习活动学习档案是指幼儿参与专题问题式学习活动过程中的学习档案，体现幼儿问题式学习的深度，教师要注意幼儿档案的连续性，体现幼儿问题式学习活动中纵向学习与发展线索，体现在启动、核心问题、展开及回顾反思环节中幼儿的学习，体现幼儿在一个问题式学习活动中的成长与进步；教师应重点收集能反应幼儿发现问题以及问题解决过程的代表性作品或活动；专题问题式学习活动学习档案应该能反映幼儿在课程目标上的发展情况的内容。

档案袋中还应包括日常学习档案，日常学习档案能呈现幼儿学习的广度，涵盖幼儿各种类型的学习活动，如随机问题式学习活动中的学习、生活活动中的学习、户外活动中的学习等；日常学习档案应该能够反映幼儿如何统整各领域的学习，如何进行跨课程领域的学习与发展，[①]包括幼儿各领域代表性的作品和活动，也能体现幼儿在健康、语言、社会、认知、审美五大领域的学习线索；日常学习档案应该能展现幼儿的进步，体现幼儿的兴趣、才能、学习方式、重要成就等内容，类似的作品要多次收集，以便作为比较及辨别幼儿进步的基准。

无论是专题问题式学习活动学习档案还是日常学习档案，幼儿学习档案袋中应包

---

①［美］马戈等：《作品取样系统——教室里的真实性表现评价》，51页，南京，南京师范大学出版社，2009。

括以下内容。

幼儿表征作品。档案袋中最典型的内容便是幼儿的表征作品，包括平面表征和立体表征，平面表征作品又分为图画作品和书写作品。幼儿的表征作品是其认知发展和创作能力的真实反映，持续地、有选择性地收集和评价可以反映幼儿的学习与发展线索，了解幼儿感兴趣的内容。教师可以在作品上注明幼儿的全名、创作的日期和教师的反馈。表征记录是幼儿视角下的活动记录，为教师反思、评价、设计活动提供了丰富的信息。

教师观察记录。教师的观点记录应该关注幼儿的长处，反映所处环境中学习机会和课程的结构化观察，记录幼儿感兴趣的东西、话题、体现个体差异的信号，活动；记录阻碍幼儿学习的因素，大多数幼儿都喜欢的活动的特点和幼儿遇到的挑战以及解决问题的办法；记录幼儿用来交流想法或感受的一百种语言，这些语言表现的幼儿的想法；记录幼儿合作完成的任务。

幼儿活动照片或视频。照片或视频是呈现幼儿问题解决过程最有效的方式之一，能直观地反映幼儿正在做什么以及活动的情境脉络。照片和视频还能记录和保留那些难以收录进学习档案的作品，如积木搭建作品、舞蹈等。照片和视频是丰富的事件、活动和信息载体，为教师、幼儿和家长进行回顾反思和评价提供了最真实的影像记录。

问题式学习行为观察表。问题式学习行为观察表列出了对幼儿学习与发展适宜的期望，可以帮助教师勾勒出幼儿进步的状况。

（三）幼儿学习档案的使用

1. 调整教师的教学

学习档案在儿童已有的经验和未来的经验之间架设了一架桥梁，支持教师调整其教学方法，使其教学既适应儿童目前的需要，也要能适应其他的、未来的新需要。幼儿的经验是指向未来的，它蕴含着自我生长、自我更新的力量，经验总是"蕴藏于现在之中的未来"。教师通过学习档案，可以清晰、深刻地了解每一位幼儿的学习与发展轨迹，洞察幼儿的兴趣、经验与特长，这些都是教师调整教学的珍贵的参考资料。

2. 与家庭反馈幼儿的学习

教师可以把学习档案视为一个发展学习循环的机会，也就是从学校到家庭，再由家庭回到学校的循环过程。通过学习档案向家长反馈幼儿的学习，幼儿的学习不再只是教师口中枯燥的语言描述，作品、照片、视频等使得幼儿的学习变得趣味十足，成为了家长可见可闻的一幅幅生动的画面。在此基础上，教师再针对幼儿的学习情况与家长进行讨论，进行下一步的计划，家长真正感受到幼儿的学习与进步，也感受到教师对幼儿的关注与付出，会更愿意配合教师进行下一步的教育活动，幼儿园与家庭之间产生了有意义的沟通，幼儿在家庭的学习和在幼儿园的学习也形成了良性的循环。

3. 支持幼儿回顾自己的学习

学习档案评价让幼儿可以回顾和重述与学习和个人才能有关的故事，联结幼儿过去、现在与未来的经验，反思过去，并计划未来。学习档案是幼儿进行自评的重要工具，教师可以定期把学习档案交还幼儿，给幼儿留出回顾、反思的时间，让幼儿在学习档案中开启一段时光之旅，回到过去，了解自己的学习，看到自己在过去取得的成就，同时展望未来。学习档案是为了促进学习而进行的评价，支持幼儿建构作为学习者的自我身份，正因为有了学习档案，幼儿才能够认识到这个学习过程是有价值的。

∽ 第二节　为教学提供支持的评价策略 ∽

一、活动优化

（一）活动优化的内涵与价值

活动优化，是指在教育教学活动中，教师成为一个团体，团体中一般包括演讲者、参与者及协调者三种角色，所有成员针对问题式学习活动进行研讨评价，聚焦问题并建构策略最终优化活动的一种真实性评价方式，活动优化包括活动分享、自评互评、聚焦问题、建构策略、优化调整五个主要环节。活动优化的开展时间和形式相对灵活，在活动实施前、实施过程中及活动结束后均可进行，参加讨论的人数在3～10人为宜，可以是3人左右的三角团讨论，也可以是6～10人的圆圈团讨论。

活动优化将教师专业发展、课程质量、幼儿学习与发展融为一体。活动优化是对问题式学习活动的形成性评价和诊断性评价，教师不仅在实践，也在反思实践，并不断地学习新知识，了解新信息，提升专业能力，改善实践。活动优化使教师形成学习与实践共同体，用一种智慧的方式共同工作，以解决问题、厘清概念、评估活动、扩展论述。真正的对话中人们有意识地去创造能够分享各自的想法并进行合作的机会。活动优化促进了教师嵌入式学习的发生，学习是在活动优化的过程之中发生和存在，是在需要解决一个具体问题的情形下发生的真实学习。

（二）活动优化的原则

1. 对事不对人，要求严格，态度友善

活动优化旨在促进和改善问题式学习活动，而非对教师的教学能力进行评价，参与的教师应始终秉持对事不对人的理念，将讨论的核心聚焦在问题式学习活动上，在讨

论的过程中，参与者对演讲者应该是友善的、平等的态度，而非批评的、居高临下的指导。对人友善并不意味着对内容敷衍了事，相反，正是因为活动优化的目的在于解决问题、优化问题式学习活动，参与者应对讨论的内容严格要求，以使团讨活动发挥价值。

2. 围绕问题，对话聚焦，建议具体有帮助

活动优化中主持人的角色是非常主要的，她不仅要维持良好的讨论氛围，还要时刻把握团讨的方向与内容，避免活动优化偏离核心问题，当参与者陷入对问题细节的争论中，当讨论的话题逐渐与问题无关，主持人要能敏锐地觉察，并及时将话题拉回活动优化的核心问题。在讨论过程中，参与者要提一些具体、有帮助的建议，而非泛泛而谈，只是讲空话、套话。

3. 人人参与，轮流发言，不打断他人，维持良好的讨论氛围

活动优化在于分享所有人的智慧，不同人看问题的视角不同，观点的碰撞才能产生新的想法，所以每一位参与者的地位都是平等的，每一位参与者的发言都应该被支持，只有这样，才能发挥实践共同体的优势，活动优化过程中避免一言堂现象的发生，同时主持人应维持良好的讨论氛围，不随意评判他人，让每一个人都乐于发言贡献自己的智慧。

4. 从幼儿学习出发，以支持幼儿学习为目的

尽管活动优化是在讨论问题式学习活动，但是参与者们必须牢记所有的教学实践最终目的都是支持幼儿的高质量的学习与发展，所以在进行活动优化的过程中，教师们应从幼儿的学习出发去考虑问题，而不是为了某些"便捷""轻松"的目的提一些看似对教学实践有帮助实则对幼儿学习与发展毫无益处的建议。

（三）活动优化的流程

活动优化主要由五个环节组成，分别是活动分享、自评互评、聚焦问题、建构策略、优化调整，这五个环节之间形成了一个良性循环，通过评价聚焦问题，通过集体智慧解决问题，不断促进问题式学习活动质量的提高，见图5-1。

1. 活动分享

活动优化的第一步是活动分享，活动分享的目的在于让所有参与活动优化的成员了解本次讨论的活动，这是后续进行评价和优化的基础。这个过程主要由作为演讲者的教师主导，分为演讲者介绍及参与者提问两部分。

在介绍环节，演讲者需要对活动进行概述，如

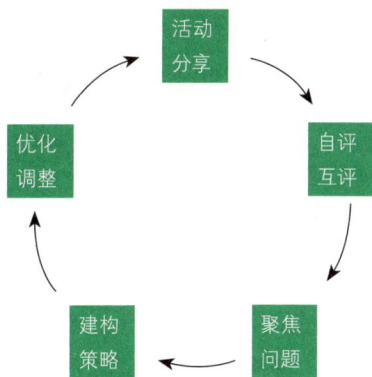

图5-1 活动优化循环流程

果是在设计阶段的活动优化，演讲者需要介绍他为什么要做这个活动，打算如何启动，幼儿需要解决的核心问题是什么，活动如何展开以及如何布展。而如果是在实施或总结阶段，演讲者则需要介绍活动开展现状，幼儿的学习情况如何。在介绍过程中，演讲者在介绍活动开展情况时应尽量保持客观，不要对活动进行美化，这样才能发现问题。

演讲者介绍后，参与者可以向演讲者提出一些问题，以便更好地了解活动，并能帮助大家对活动进行更深入的思考。演讲者可以提一些事实性的问题，也可以提一些探究性的问题，促进演讲者对活动有更深入的思考。比如：你觉得这个活动适合多少幼儿一起做？你觉得这个项目中幼儿可以独立做的事情有哪些？

需要注意的是，活动分享环节也可以以现场观摩、视频回放等方式进行，再辅以演讲者对活动的介绍，这样的活动分享更直接、客观、具体。

2. 自评互评

活动分享结束后，所有人需要对活动进行评价，演讲者对自己的活动设计与实施进行自我评价，指出自己觉得比较好的地方，同时提出自己在过程中发现但难以解决的问题。

演讲者评价结束后，参与者对活动进行评价，互评阶段往往从积极正面的反馈开始，参与者对活动中值得学习的部分进行评价，可以用下面的句式："我觉得这个活动最吸引我的地方是……""我觉得这个活动最有价值的地方是……"在进行积极的反馈后，参与者就活动不足之处提出自己的想法，可以用以下的句式："我觉得还有一点需要改进的是……需要注意的是……"

3. 聚焦问题

在自评与互评后，根据演讲者的自评提出的困惑及参与者的评价聚焦本次团讨的核心问题，一次讨论只解决1～2个核心问题，核心问题主要是由演讲者提出的问题及困惑，确定问题后，大家就问题进行分析，主持人引导大家思考以下问题：

问题的核心是什么？需要达到什么样的目标？

我们对于这个问题了解什么？

对于这个问题还需要了解什么？

通过哪些途径可以搜集信息？

4. 建构策略

聚焦与分析问题后，如果通过教师当下的已有经验即可解决问题，那么参与者便可围绕问题和要点进行头脑风暴，提出具体的、可操作的建议，在此过程中演讲者记录大家的意见和建议，主持人把握讨论的时间和内容，确保讨论围绕问题，每个人都能贡献智慧，整个讨论氛围和谐。最终由演讲者对大家的意见和建议进行反馈，并确定会在实践过程中使用的策略。

如果教师当下的已有经验不足以解决问题，全体成员在构建策略前搜集问题解决需要的信息，确定信息搜集渠道后分工合作尽可能全面地搜集有价值的信息资源。在搜集信息学习的基础上，团队成员再次进行讨论构建策略，最终确定2~3个解决方案。

5. 活动优化

演讲者将活动优化构建的策略运用到实践中，检查策略的有效性，并根据实践反馈调整策略，直至解决问题，最终优化问题式学习活动。

6. 循环

活动优化后的活动分享环节既是对上一个团讨的总结与反思，也是下一个团讨的开始。对于团讨实施效果的总结反思可以以多种方式呈现，一种方式是在下一次团讨开始前进行，教师还可以通过撰写内讯等方式与大家分享。

（四）活动优化的策略

1. 头脑风暴

在构建策略过程中，可以采用头脑风暴的方式激发团讨成员的思维，尽可能想出更多的想法。具体来说，头脑风暴是指团讨成员在一定时间内尽可能多地寻找解决问题的办法，头脑风暴要遵循以下几个原则。

暂缓评论：在思考解决问题的策略阶段，关注的一点是"寻找可能性"，既然是寻找可能性，那么一切会损害可能性的做法都要被暂停，所以在整个创想过程中，有一个非常重要的原则就是"暂缓评论"，不但不能对他人的观点做评论，对自己头脑中萌生的想法也不要轻易怀疑和打压，让想法尽可能自由地生长，同时，还要想办法刺激更多的想法产生。

标题式概括：头脑风暴阶段不需要将每一个想法细化，老师们只需要将想到的策略的关键词记录下来即可。

异想天开：鼓励那些听上去很疯狂、不切实际的想法。

借题发挥：每个人都可以将自己的想法说出来，鼓励参与者在他人想法的启发下提出新的想法。

享受过程：参与者将过程作为一种乐趣，不要当成是压力。

2. 视觉思维

在团体讨论的过程中，可以通过思维导图等认知工具使思维可视化、条理化，帮助大家澄清观点与看法。如在问题分析阶段，将大家关于问题的想法制作核心问题思维导图。

3. 角色扮演

在构建策略阶段，可以通过角色扮演的形式检验策略的有效性并对策略进行完善，老师们都有丰富的实践经验，对于幼儿的特点有比较深入的理解，角色扮演活动在一定程度上能够模拟真实活动。在角色扮演过程中教师运用提出的策略，在角色扮演结束后对策略进行完善或调整。

二、内讯

（一）内讯的内涵与价值

内讯即内部通讯，在问题式学习课程中，内讯是指教师将自己在教学实践中组织的活动、有价值的内容、困惑的现象撰写成文，并进行反思，发布在幼儿园线上交流平台，全园所有老师均可阅读学习，并可对教师在内讯中提到的问题、现象、反思等内容进行评价。内讯是教师自评与同事互评相结合的一种发展性评价方式。

内讯通过微信群等线上交流平台搭建教师分享、反思和评价的平台，促进了教师的专业发展。教师在撰写内讯的过程中，需要回顾教学实践并对教学实践进行反思，这是教师的第一次学习与发展，而在其他教师提出建议后，教师又能吸收其他人的视角，对内讯所写内容产生更深刻的认识，实现了经验的社会建构。

内讯使幼儿园内教学经验与智慧得以流动，提供了教师互相学习的平台，营造了良好的学习共同体氛围。内讯鼓励每一位教师展示自己的教学，其他教师也能从内讯中学习吸收有益经验运用到自身的实践中，整个教师团队形成了互相学习、互相支持的良好氛围。

（二）内讯的要点

内讯重在内容，重在教师回顾反思的过程，而不在文采与形式。教师写作水平的提高是循序渐进的过程，最初可以只是活动的分享与简单的反思，在班级群内分享，收集了班级教师的意见后再分享到更大的平台，教师的写作经验逐渐丰富后，可以提高内讯写作的要求，指导教师在写作时关注活动的核心，并进行有针对性的反思。

分享重在互相学习，营造敢于分享、乐于分享的线上交流氛围。内讯的目的在分享经验，集体学习与提高，所以在对内讯进行评价过程中，教师要秉持对事不对人的原则，多发现教师活动和反思中的亮点，对活动提出真诚的、具体的、有帮助的建议。年级长、教研员、园长等领导要营造一个宽松的交流氛围，以支持内讯真正发挥其价值。

三、反思性团体讨论

（一）内涵及价值

问题式学习课程中，反思性团体讨论是一种基于教育叙事研究的教师教学评价策略。通俗地讲，教育叙事研究就是研究者通过讲教育故事对相关问题进行研究。叙事研究对学前教育领域的意义是巨大的，教师虽不是专业的研究者，但幼儿园是最容易开展叙事研究的地方。反思性团体讨论则是在教师撰写问题式学习故事的基础上，通过团体讨论的组织形式共享共议，对描（叙）述问题式学习活动组织实施过程中的真实情景（事件）对相关教育问题进行探究。反思性团讨的实质是将客观过程、真实体验、主观诠释有机融为一体，发现和揭示相关教育经验所具有的意义。

通过撰写问题式学习故事，教师能够重回教育现场，对孩子的行为表现、教师的支持策略、活动的质量进行反思，提炼出自己的观点，并在这个过程中逐渐形成自己的教学智慧。教师一旦拥有教育智慧，就可以成为能够"四两拨千斤"的人。而通过团体分享和讨论，讲述者和倾听者可以达成共同理解，共同探究教师的教学行为和支持策略对幼儿教育实践所产生的影响，从而将个体智慧凝聚成为团体智慧，推动团体智慧的发展。

（二）如何开展反思性团体讨论

1. 分享者撰写问题式学习故事

反思性团体讨论一般发生在学期末，问题式学习故事所跨越的时间范围为一整个学期，因而问题式学习故事的撰写是逐步建构的，教师在日常教学实践中需要积累大量素材，如观察记录、教学日记、幼儿的作品、音视频资料等。撰写时，再从大量的素材中进行选择和取舍，尝试找到一个新颖又有意义的切入点，再将这些素材串联起来，形成文档或者借助PPT向同伴展示。

通常，问题式学习故事的内容结构具有三个要素。第一个要素是故事背景，即阐述问题式学习活动产生的原因、发生的背景，也可以是介绍自己确定问题式学习故事主题的原因。第二个要素则是对故事的描述，教师可以围绕故事主题，对选取的问题式学习活动案例或多个活动片段的情境、气氛、情节、细节、幼儿行为进行文字描述。当然，为了使故事更有感染力和信服力，可附加图片、幼儿作品、自身的反思等内容，并且可以在讲述时借助现场视频的辅助。第三个要素是对故事的分析，这一部分所呈现的教师对所选取的事件所作出的"意义诠释"，包括教师的观点、情感感受甚至是疑惑。这三个要素是问题式学习故事内容的基本构成要素，教师可以在此基础上增添属于自己独特的要素，在反思的基础上提出下一步措施、或者围绕某个点进行深入思考，例如，一位老师在撰写问题式学习故事时，对幼儿提问产生了兴趣，在分享时，她就向同伴们分享了她所查到的一本有关幼儿提问的书并分享了其中的内容。

2. 设计优质经验分享意见反馈表

优质经验分享意见反馈表是由教研部门依据问题式学习活动特点以及质量标准所设计的，目的是便于倾听的老师能够在听故事的过程中快速找到重点，从而做到即时反馈。优质经验分享意见反馈表主要包括三大部分的内容，第一部分是故事中的幼儿，主要反馈的是故事是否能够体现幼儿核心素养和关键经验的发展；第二部分是故事中的教师，主要反馈的是故事中教师的教学行为和策略；第三部分是倾听者的思考，这一部分是开放式的，倾听的教师可以围绕所分享的问题式学习故事表达自己的观点、感受以及意见。最终，优质经验分享意见反馈表会成为讨论的素材，让分享者了解自己的闪光点，获得自我效能感，同时也帮助分享的老师能够发现自己的不足，并获得来自同伴的建议和支持。

3. 进行讲述

教师借助投影仪将自己的故事以文档或幻灯片的形式呈现出来，并确保所有教师都能看得到。同时，讲述者附以语言说明，讲述自己的问题式学习故事。在这个过程中应保证演讲者汇报的流畅性，讲述过程中禁止提问、聊天，以免导致打断演讲者的思路。同时，倾听的教师可以同步进行优质经验分享反馈表的填写，边听边思考。

4. 团体讨论

当教师分享结束后，倾听的教师可以自由表达感受和想法，围绕自己所填写的优质经验反馈表提出故事所体现的优点、发现的问题、存在的疑惑，或者是提出支持性的策略。倾听的教师反馈完后，分享的教师可以进行回复。讨论的过程中要以积极、正向的语言激励分享的教师，要以包容的态度提出存在问题，并调动个人智慧，帮助可能存在困惑和难题的教师。

5. 回收表格

交流结束后，统一回收优质经验反馈表，并将其形成电子文档上传至课程资源平台供参与教师进行后续的整理和反思。

在反思性团体讨论中，参与的教师都具有双重身份，既是分享者，也是倾听者。他们能够在安全、包容的氛围中自由地发表自己对教育教学的所想所思，也能借助"问题式学习故事"这一方式对问题式学习活动的组织实施展开更深入的研究。

～ 第三节　高质量问题式学习的八项特质 ～

问题式学习是整个问题式学习课程的基石，也是编织课程要素的核心指引，对问题式学习特质的评估应当成为问题式学习课程评价的重要一环。学前教育质量一般包括条件质量（如师资、幼儿园环境等）、过程质量（如师生互动、家园关系等）以及结果质量（幼儿学习与发展水平）三项内容。就评估内容范围而言，对有效问题式学习是否呈现八大特质的评估属于教育过程质量评估，关注的是与幼儿问题式学习有着直接联系的重要变量，如师幼互动、儿童主导的学习、创造性思维的参与等。基于过程的发展性学前教育质量评价的出发点在于发现质量问题、改进质量水平、提高质量保障能力。因而高质量问题式学习评估的价值追求是引导课程各环节中的参与人员进行评估，使用自我评估的反思和行动来改进问题式学习课程。通过实践与特质要素、指标的比对，能更精准地发现问题，制订改进计划，合理有效配置课程各要素，由此推动问题式学习课程质量的螺旋式上升。

有质量的教育过程是教育者在充分的学前教育资源支持下，利用合理的方法和手段，积极影响学习者的过程。换言之，理想的具有高质量的问题式学习应当是由儿童主动发起学习活动，通过探索周围的人和物，尝试用自己的方式来解释问题或现象并获得经验。同时，高质量的问题式学习需要在具有积极情感关系的氛围，教师持续的专业支持也会让儿童更积极地探索世界，更有自信地面对未知的难题。基于理想样态，我们从儿童主动学习、儿童思维参与、教师专业素养、积极的情感关系四个维度提炼了对幼儿问题式学习质量具有重要影响的八项特质——问题式学习质量的八项标准：重视儿童发起的活动、自我导向的学习、持续的分享思维、创造性问题解决、对幼儿学习特点及身心发展规律的充分认识、对问题式学习课程知识的全面理解、以贡献策略为荣的班级文化、基于观察指标解读的亲师互动（见图5-2）。

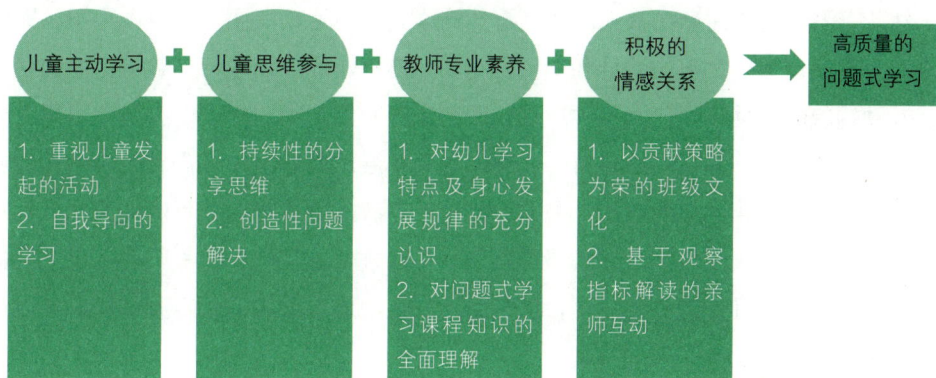

图5-2 问题式学习八项特质图解

问题式学习的八项特质可以作为教师研训、管理监督、观察反馈、幼儿学习与发展评估的指引。通过自我评估所得的结果可以引导管理者、一线教师以及家长关注问题式学习中的真实问题，为深入研究问题式学习理论与实践提供依据。这是问题式学习课程得以持续发展的基本前提。首先，可以将问题式学习八项特质作为教师研训的主体，让教师对有效问题式学习形成深刻的理解。随着课程的发展，以有效问题式学习为主题的研训应成为一种持续性的活动，使教师不断反思如何将理念转化为具体可实施的策略。其次，问题式学习八项特质可以在后续的研究中建立起标准体系，作为管理和监督的工具，帮助行政管理者实践和确定课程进一步发展方向以及后续管理支持策略。再次，问题式学习八项特质可以联结教学团队、管理者以及家长成为共同体，使其按照一致的价值理念同时聚焦某一个或多个实践方面，并反馈真实的想法或问题，共同制订改进计划。最后，强调问题式学习八项特质的要义在于促进幼儿的学习与发展。有效问题式学习是幼儿学习与发展的重要变量，意味着可以从体现问题式学习的核心内涵着力，发现问题并有针对性地制订促进幼儿学习与发展的策略。

一、重视幼儿发起的活动

维果茨基认为，所有的学习和意义都是在与他人的互动中建构起来的。从这一个角度来看，幼儿从出生开始就是主动的建构者，而不是被动的接受者。强调幼儿学习的主动性实质上是在尊重幼儿的主体性，主体性具体是指一个人在世界中存在、观察和回应的方式。幼儿具有有限的主体性，因为他们尚未具备根据自己的思想和决定采取行动的技能，并且容易受环境影响从而妨碍他们主体性的发挥。因而，为了支持幼儿的主体性，激发幼儿学习的主动性，教师需要识别环境中的限制因素并在实践中注意支持而非主导幼儿的经验。

幼儿有限的主体性意味着由幼儿发起的问题式学习活动需要得到双向平衡，即活动由幼儿发起但需要教师的引导和支持。在幼儿自主游戏中，教师应敏锐地探知幼儿发起互动的趋势或关注到已发生的互动，适当介入并制定相应规则，有效地引导、拓展幼儿自发的互动，在互动和支持的过程中达到拓展幼儿思维，提高幼儿自发活动质量的目的。因此幼儿发起的活动，需要教师采用与教师主导的活动不同的方法。教师不是要决定幼儿应该做什么，而是要观察幼儿的兴趣并支持他们。教师需要为幼儿的游戏和学习提供适宜性的支持策略，以帮助幼儿实现游戏或学习的目标，同时也能最大程度地鼓励幼儿追求自己的兴趣。

为了支持幼儿发起的活动，教师必须努力接近幼儿和他们的活动，以提供精确而有效的支持。与幼儿紧密合作可以帮助教师理解幼儿的游戏，以及游戏中发生的学习。密切关注每个幼儿的进步，在他们需要帮助的时候介入，促进幼儿发展各项能力，并获得经验。[①]重视幼儿发起的活动并提供有效的支持，需要满足以下关键元素。

支持并鼓励幼儿主导的活动。支持幼儿发起活动的第一步是承认和接受幼儿主

---

① 参见［美］埃里克·M. 纳尔逊：《以儿童为中心的学习环境的设计与实施 室外课堂》，北京，教育科学出版社，2017。

导的活动，树立起幼儿是具有巨大潜力的主动学习者。幼儿的活动和行为看上去常常是漫无目的、重复的、毫无意义的，他们经常来来回回地重复某一项动作。但幼儿的思维往往就是在自我重复的过程中发展起来的，因此支持幼儿发起的活动需要教师转变理念，承认和相信幼儿是有能力有想法的个体，同时去观察和欣赏幼儿是如何游戏的，去发现幼儿在游戏中能够做什么，进而更好地支持幼儿在游戏或生活中主动探索、思考问题以及与他人互动。

确定幼儿的需要。确定幼儿的需要具体是指教师在信任幼儿的基础上通过观察评估去理解幼儿行为背后的意图，获知幼儿真正的发展需求。当教师对幼儿缺乏了解和信任时，他们会对幼儿的行为表现出难以理解和不愿认同的态度，从而对幼儿的活动横加干预，破坏幼儿的主动性，使幼儿的活动成为教师主导的。因而，教师需要积累大量有关幼儿发展的知识，如年龄特点、学习方式、幼儿游戏类别和发展形态等。在大量知识经验的支持下，通过观察幼儿的行为和语言，判断幼儿正在做什么，知道他们的活动需要怎样的支持。

培养幼儿自我服务能力。幼儿自我服务能力的高低对幼儿的主动性具有直接影响，自我服务能力越弱的幼儿对成人的依赖程度越高，会下意识希望成人帮忙处理一切难题并经常性发出求助信号。教师需要重点关注幼儿自我服务能力的发展，学会放手，给予幼儿充足时间去练习生活的基本技能，培养自我服务的意识。教师不能包办幼儿的所有活动，代替幼儿的思考和操作，只有发现幼儿已经没有新想法，或评估发现幼儿着实没有具备相应的能力，才能提供帮助。

提供物质支持。物质支持是指具有保障幼儿能够自主开展游戏活动和生活活动的空间环境、材料以及时间。具体指游戏材料自然生态且富有自然野趣，学习环境具有多种特征且预埋了问题，活动时间充足且灵活。同时材料的使用充分开放，不受功能限制，最大程度保障幼儿的自主探索空间、多元的探索对象以及充足的探索时间。

提供信息和心理支持。教师对幼儿自主活动的支持，不仅体现在物质保障上，还需要提供信息和心理支持。教师虽然不能干预幼儿的自主活动，但需要尝试将自己置于一个最佳的位置，来帮助幼儿从他们自己的活动中学习和成长。幼儿会从教师提出的各种适宜的问题、意见和线索中获益。

二、自我导向的学习

自我导向的学习，又称为自我调节的学习，一般是指学习者自觉确定学习目标，选择学习方法，监控学习过程，评价学习结果的过程。有关学龄前儿童自我导向学习的研究由来已久，其中一项重要的议题是幼儿自我控制能力的发展与幼儿开展自我导向的学习之间的关系。幼儿自我控制能力很早就出现了，并随着脑机能的成熟和年龄的增长逐渐发展。自我控制能力对幼儿开展自我导向的学习具有关键影响，伴随着学习的全过程。麦考姆斯提出自主学习大致包含三个阶段：第一是目标的选择和确定，第二是计划和策略选择，第三是计划执行以及评价阶段。在这三个阶段中，幼儿都需要付出更多的认知努力，指引自己的注意，监控学习或解决问题的进展，控制自己的情绪，调整自己的策略，最终还需要进行自我评估。当然，因为幼儿自我控制能力尚处于发展状态，因此侧面反映出幼儿的自我导向的学习需要成人提供支架，并且成人提供支架后要逐渐退出，将学习的控制权交还给幼儿，从而让幼儿的学习过程从"外在控制"转向"自我控制"。因此，高质量的学前教育需要促进幼儿自我控制能力的发展，让幼儿自己管理自己的学习，同时教师需要采取措施支持幼儿的自主学习。

当幼儿的学习过程转向"自我控制"后，学习不再是幼儿对教师输出信息的简单复制和引入，而是一种积极的、有目的的自我建构，是幼儿在充分认识个人需要和环境信息的基础上，对自己行动所做出的自由的选择。幼儿自我导向的学习的基本特征为：学习内容的自我选择、学习任务的自我规划、学习行为的自我控制、学习结果的自我调节以及学习过程的自我评价[①]。支持幼儿成为其学习的控制者，需要从"支持自主的教师"以及"满足幼儿的真实需要"两个方面考量，具备以下要素。

（一）支持自主的教师

支持自主的教师是幼儿进行自我导向学习的保障。教师对幼儿自主学习的支持以及控制权的让渡具体表现为，教师在学习过程中给予儿童独立思考、解决问题和自主选择的自由程度，也可以解释为教师能够尊重和采纳幼儿的观点，体验幼儿的感受和对问题的理解，为幼儿提供信息和选择机会，并尽量不用强制和控制等方法，具体表现为以下行为。

允许幼儿以自己的方式做事。 教师允许幼儿独立开展各类游戏活动或者按照自己的方式解决学习中的问题。在相信幼儿的前提下鼓励幼儿自我选择，并在一日生活安排中给予幼儿充分地进行"自我选择"的机会与时间。例如，允许幼儿自主选择活动的类型、自主选择活动的材料、自主选择学习中心等。

提供行为或语言的示范。 提供行为或语言的示范是有效地支持幼儿进行自主学习活动的支架，能够激励幼儿继续向前学习。

[①] 崔红英：《基于自主学习的幼儿园音乐教育研究》，硕士学位论文，南京师范大学，2016。

给予幼儿讨论的时间。针对幼儿的某一问题或话题，教师需要给予幼儿充分的思考和讨论的时间。在问题式学习活动的每个环节，老师都需要抛出问题引导幼儿思考和讨论，通过讨论澄清问题，激发幼儿兴趣，寻找学习策略并进一步明确目标。

倾听幼儿的想法。作为支持者，教师通常是以旁观的姿态置身于幼儿的学习活动中，因而倾听是一项重要能力。当幼儿发言时，教师需要表现出微笑接纳的神态，或用鼓励的目光注释幼儿，从而激发幼儿大胆表达的勇气。

提供解释、阐述或理由。具体是指教师通过解释澄清概念、阐述行为的理由，以使幼儿的学习目标更明确，学习任务更明晰。除了直接用言语解释外，教师还可以通过提问来引导幼儿理清思路。

提供鼓励。当幼儿的学习面临困难时，教师通过语言、眼神、动作等积极的方式鼓励幼儿继续努力，运用激励的策略引导幼儿进行自我超越。

采纳幼儿的观点。在问题式学习活动中，教师能够换位思考，站在幼儿的角度思考问题，承认或采纳幼儿的观点，使幼儿感受到自己被重视。

（二）满足幼儿的真实需要

幼儿是学习的主体和控制者，教师是幼儿开展自我导向学习的保障，问题式学习活动是实现幼儿学习的载体。问题式学习活动需要具备真实、开放、多元、具有挑战性等特征，才能够支持幼儿自我导向的学习。

问题具有真实性。能够满足儿童真实发展需求的学习活动一定是由儿童生活中遇到的真实问题所驱动的。因而，问题式学习活动中的核心问题必须具有真实性，以便儿童能够受自我驱动卷入到解决问题过程中去。

活动兼具适宜性和挑战性。只有在儿童最近发展区内的活动，才能够让儿童产生"跃跃欲试"的状态。因而问题式学习活动应当是有一定难度的，正是已知与未知间适当的差距才会持续激励幼儿开展自我导向的学习。

具有开放教学时空结构。教学时空结构是教学时间结构与教学空间结构的简称。支持幼儿自主的问题式学习活动需要打破传统的时间和空间限制，使儿童的学习具有连续性和持续性，允许儿童按照自己的计划规划学习时间，并能将学习延伸到各个空间。

三、持续性的分享思维

持续性分享思维最早出现在有关英国早期教育有效性的研究中，关注的是师幼互动过程中双方思维的交汇和发展。在该项目中，持续共享思维被定义为：两个或两个以上的人以一种智慧的方式一起来解决问题、澄清概念、评估活动或扩展叙述，要求对话双方都对思维作出贡献，并且思维要得到拓展。持续的分享思维是协作和双向的——构成了"思想的交汇"，双方通过引入、相互扩展思想及知识来互动和学习，这通常发生在成人与儿童之间，也可以在同伴的互动中实现，其核心是在更有知识的其他人的支持下发展儿童批判性思维的过程。更具体来说，持续性分享思维是指在合作的情形下，成人支持幼儿自己的想法并通过阐明概念、评价活动或是扩展叙述等策略支持幼儿扩展自己的想法。实质上就是通过师生之间的沟通和语言呈现幼儿的思维和学习，并在对话的过程中促进知识的建构和幼儿思维发展。

持续性分享思维被视为幼儿创造性和批判性思维的一部分，也被视作是高质量学前教育的重要特征。幼儿与教师之间的持续性分享思维对幼儿学习与发展的意义在于幼儿有机会与成人一起参与到有意义的活动中，他们能够彼此分享意义、参与理解。在分享与对话的过程中，所有人的状态都是放松的、快乐的、充满好奇心的，幼儿会感到自己的想法被倾听被理解，于是更愿意表达，更容易被激发出创造力。同样，在解决问题的过程中，幼儿会有机会与同伴或成人探讨、分享观点，共同想办法解决问题，通过这样的方式建构自己的观点与学习。

思维流动、深度投入和想象力共同影响学习过程，加深幼儿的理解，特别是持续性的共享思维的参与，能将他们的学习引到更复杂的思维领域。为了更好地支持可持续性思维的发展，高质量的问题式学习活动中，教师需要在倾听幼儿的基础上读懂幼儿的想法，并通过言语帮助儿童形成观点、提炼经验、拓宽思路等。因而需要满足以下关键要素。

幼儿自由表达。在问题式学习活动中，需要营造一种积极的氛围鼓励幼儿表达自己的观点，为幼儿提供交谈和表达的机会，使幼儿生成自己的观点和思考。

频繁交流。持续性的分享思维本质就是通过交流对话来拓展思维，因而教师与幼儿、同伴之间交流的频率是其发展的基础条件。

提出开放性问题。在交流对话中，教师提问是拓展幼儿思维的重要方式。开放性问题的答案是不固定、不唯一的，能够给予幼儿更广阔的思维空间，思维的灵活性也会在不断的思考中提高。

示范更高级的语句和词汇。语言是幼儿思维发展的桥梁，教师在交流的过程中需要示范更高级的语句和词汇，为幼儿创造天然的语言学习环境。

重复和延伸儿童的观点。教师通过重复幼儿的话语，或补充以及具体化儿童的观点，从而达到确认幼儿观点并达成共识的目的。

交流时提供信息。交流时能够提供信息，引导幼儿更全面地思考问题，拓展幼儿的理解或行为。

观点和思维可视化。教师可以通过记录的方式，尤其可以借助思维导图类的工具来记录幼儿的观点、兴趣和对话，让幼儿的思维可视化。

四、创造性解决问题

创造性解决问题主要强调的是问题解决过程中幼儿创造性思维的参与。创造性思维蕴含了两种思维方式：发散思维和聚合思维。发散思维与创造性思维或提取记忆的能力有关，能够帮助人们产生独特且多样的对开放式问题的回答；聚合思维则意味着对每个问题都能给出一个正确答案，通常与智力测试相关。因而，创造性问题解决与一般的问题解决的不同之处在于着重强调问题解决者在选择或执行解决方案前，要尽可能地想出各种不同的办法，解决问题时要延缓判断，以免更佳的问题解决构想被抹杀。在学前期，儿童问题解决过程的创造性思维运用具体表现为幼儿面对问题具有自己的想法，充满了好奇心和想象力，时刻准备着去"试一试"解决问题并且能够找到新的解决办法。当遇到问题后，幼儿能够从当前发生的事件以及已有的经验中寻找模式和规律，提出多个解决问题的策略，预测可能发生的事情并验证自己的想法。

罗伯森用四个步骤描述了创造性思维的过程，分别为准备、酝酿、明朗和验证。相应地，在解决问题过程，处于准备阶段的幼儿可能会围绕问题搜集来自各方的信息，过程中也不断更新他们的想法。到了酝酿阶段，幼儿需要花时间处理各种信息，使其转变为自己的想法，并尽可能产生更多的想法。明朗阶段时，幼儿会在前期信息搜集、观点整合的基础上"顿悟"，进而产生一个富有创造力的策略。产生富有创造力的策略并非是创造性问题解决的重点，幼儿还需要通过各种方式验证自己的想法，以确定和完善自己的理解。

需要满足以下要素，以便更好地支持幼儿创造性思维在问题解决过程中的发挥：

幼儿想象力的展现。想象力是幼儿创造性思维的基础，它能使幼儿以独特而有创造力的方式生成自己的想法并使想法形象化。因而教师要提供开放、富有想象力的材料来激发他们的创意和想象，并提供机会让其展现想象力。

营造学习共同体。创造性问题解决非常注重小组合作，成员的对话交流能支持创造性思维的发展。教师的作用是根据合作学习的规则组成教师以及幼儿共同参与的小组，并营造轻松愉快的学习氛围，使小组成为一个良好的"学习共同体"。

允许幼儿试错。尝试错误是幼儿发展过程中的必经阶段。教师要给予幼儿尝试错误的机会，等待幼儿在尝试错误的过程中解决问题，获得丰富的学习经验。

激活幼儿背景知识。在确认问题的过程中，教师首先必须要引导幼儿激活与问题情境相关的已有的知识经验，接着引导幼儿明确已有知识与新学习知识之间的差异。

发挥"支架"作用。在整个学习过程中，教师要做的不是给幼儿提供现成的资料或答案，而是通过制定时间计划、在元认知水平上对问题解决过程进行提问、及时给学生以必要的反馈等一系列支持性或支架性工作，将幼儿引向问题空间，以促进学生积极地探究新的领域、新的信息。

引导问题后的反思。反思的意义主要体现在帮助幼儿回顾自己的思维过程并改进思维策略，引导幼儿审视策略运用的情境。

提供适宜的反馈。主要任务包括提供反馈，就幼儿的推理过程进行提问和启发，鼓励他们对信息进行批判性评价，帮助幼儿在问题讨论中协调、整合基本知识与实际技能等。

示范专家思维过程。教师要起到示范专家的思维过程的支架作用和教练作用，通过提出能启发幼儿的深层理解的问题，来示范高水平的思维技能。比如，问一些"为什么""你是什么意思""你怎么知道这是对的"的问题。

五、对幼儿学习特点及身心发展规律的充分认识

优质的教学需要专业的决策，这意味着教师需要有充实的专业准备、持续的专业发展，坚实的专业基础。最佳的实践不是以假设为基础，而是以关于幼儿学习与发展的知识为基础。只有当教师以幼儿的发展和学习研究以及关于教育有效性的知识为基础，才能了解不同年龄的幼儿是如何发展和学习的，以及什么样的途径和方式能最适宜有效地支持他们的发展和学习。高质量的问题式学习重视教师专业发展，引导教师关注幼儿的年龄特点、关注幼儿的学习，要求教师依据对幼儿行为的观察和识别，做出相应的教学决策，为幼儿提供适宜的支持和指导，扩展和丰富幼儿的学习和经验，能够带来幼儿的进步和变化，包括幼儿游戏水平的提高。

专业基础有三个组成部分。第一，教师要认识幼儿的发展特点，以帮助教师理解幼儿的学习发展，并将这种理解运用于创设早期教育环境，使得每名幼儿都能在其中茁壮成长，关于儿童的认识促使教师更清晰地关注自己在教谁。第二，教师需要掌握有关学习过程和有效教学策略的知识，这涉及如何教的问题。第三，教师必须深入掌握有关学科和领域的通识性知识，这些通识性知识奠定了教师教什么的基础，也为教师扩展儿童的思维和经验提供了可能性。

（一）幼儿发展知识

幼儿发展知识对幼儿园教师是合理实践的基础，对引导教师树立科学的儿童观、

教育观以及顺利开展保教工作有着重要的作用。教师必须认识到儿童的发展是一个连续的过程，并了解儿童发展的里程碑及其意义。同时，还需要在掌握幼儿发展知识的基础上，运用专业理论指导实践。

幼儿园教师应具备的幼儿发展知识包含如下方面。

- 了解儿童在发展和学习方法上的差异性。
- 明确环境对儿童成长、发展和学习的影响。
- 了解发展迟缓、残疾和特殊需要对儿童的影响，确保所有儿童充分发挥其潜能。
- 了解儿童的语言习得过程和读写技能。
- 了解儿童的身体发育阶段，包括大肌肉动作技能和小肌肉动作技能的发展。
- 了解儿童在与成人和同伴的互动中，如何获得社会和情感上的发展。
- 了解儿童如何通过探索、调查、互动、操作材料和解决问题来发展其数学技能和科学推理能力。

（二）有关学习过程和有效教学策略的知识

早期儿童教育的工作人员需要较好地掌握合适的教学方法以帮助儿童的理解和兴趣的充分发展，具备计划和丰富发展适宜性课程的能力，能使用各种教学策略，将儿童学习经验整合、贯穿于学习内容和发展领域。幼儿教师有关学习过程和有效教学策略的知识是在实践中获得发展的，幼儿教师的教学能力建立在其对儿童发展的了解以及促进儿童探索技能基础之上。课程中，从如下方面对教师提出了详细的要求。

- 掌握和理解儿童发展的原则、领域。
- 了解游戏的价值并掌握游戏互动中的技能。
- 了解观察、记录和评估工具的类型和目标。
- 鼓励儿童从探索、实践和应用中学习，从而获取新技能和新知识。
- 掌握多样的教学方法和手段，具备适宜地呈现概念和技能的能力。
- 了解适宜的技术工具，并使用它们来支持教学实践、加强儿童学习。
- 能够组织开展正式与非正式的小组实践活动。
- 掌握鼓励儿童同伴互动的支持策略。
- 具备设计适宜的、可预测的、连续的、有弹性的一日生活流程或计划的技能。
- 在一日生活中，能够计划和实施适宜的、流畅的过渡环节。

（三）有关学科和领域的通识性知识

通识性知识是指幼儿园教师应具有的有利于开展有效的教育教学工作的普通文化知识，它对提升幼儿园教师的文化素养和启发个人思想具有十分重要的意义。在现今社会文化的多元性要求下，学前教育阶段较之于其他阶段，通识性知识所涉及的范围更加广阔。学前教育工作者在面对特定儿童群体时，针对其社会文化背景、个性需要、认知及情感，应创造性地将通识性知识运用到具体问题中。幼儿园教师通识性知识的要求共包含五个方面的内容。

- 具有一定的自然科学和人文社会科学知识。
- 了解中国传统文化并能与实践相结合。
- 掌握幼儿园各领域教育的特点与基本知识。
- 具有相应的艺术欣赏与表现知识。
- 具有一定的现代信息技术知识。

六、对问题式学习课程知识的全面理解

课程框架是一个起点，教师需要运用其专业知识，配合有关儿童的独特情况，根据需要作出调整。此外，课程指引能够给予教师一些方向，协助他们组织和发展最能有效实现问题式学习目标的学习经验和教学策略。问题式学习课程为教师提供了一个行之有效的课程框架以及相关的专业发展计划，使教师更有精力关注儿童本身，选择适宜的策略支持儿童的游戏与学习。全面理解课程知识的资深教师能支持儿童开展更多的与课程相联系的活动，让儿童在拓展的活动中发展自己的能力。在问题式学习活动进行中，为儿童互动提供最为有效的指导，最大程度地运用持续性分享思维促进儿童学习与游戏。

考察教师对问题式学习课程知识的理解与掌握，主要是从课程架构的各个要素出发。通过观察教师教育实践，评估教师是否在实践中体现了天性、生长、包容的课程理念，做到了以幼儿为中心，引导幼儿开展基于问题的学习；在师幼互动过程中是否做到心中有目标，有效促进幼儿核心素养发展；尊重幼儿身心发展特点，以适宜的方式支持幼儿各类问题式学习活动的开展，学习环境创设方面，场地、材料、时间、空间、氛围能否满足幼儿游戏、学习和生活的需要；学与教方式上，教师能否坚持观察–评价–设计的原则，遵循幼儿问题解决心理机制，通过随机问题式学习活动与专题问题式学习活动引导幼儿开展自主学习与合作学习，解决问题。学与教评价方面，教师能否合理运用幼儿成长档案袋、检核表等对幼儿进行发展性评价，并运用评价结果有效支持幼儿的学习与发展。教师对通识性知识的掌握也可以通过师幼互动观察了解，教师能否根据幼儿的性格、家庭环境、社会文化等因素进行个性化、适宜的师幼互动。具体体现为以下要素。

- 了解问题式课程的理论基础；
- 认可并践行问题式学习课程理念；

- 熟悉问题式学习课程目标体系；
- 能够将问题式课程目标体系与实践有效结合；
- 了解八大类问题的内涵、学习方式、解决路径以及蕴含的经验；
- 具有指导八大类问题的适宜性策略；
- 理解问题式学习环境八要素的内涵；
- 创设蕴藏八大要素的问题式学习环境；
- 支持幼儿自主游戏的开展；
- 坚持观察–评价–设计的原则；
- 支持儿童展开随机问题式学习活动；
- 支持儿童开展专题问题式学习活动；
- 了解问题式学习课程中的主要评价策略；
- 能够运用课程评价指标体系评估幼儿的学习与发展。

七、以贡献策略为荣的班级文化

早期儿童的学习与发展建立在"关系"的基础上。高质量的问题式学习强调教师应把与每个孩子形成温暖的、积极的关系放在首要地位，因为这种关系对幼儿各方面的学习与发展至关重要，能够使有效的、积极的引导成为可能。

幼儿园班级是一个初级的社会群体，它具有群体性、组织性、制度化三个特征。[1] 班级管理是幼儿园管理中的重要分支，具体是指教师以幼儿的身心发展规律为依据，以学前教育原则与观念为指导，实现班级中的人、事、物的互动，进而实现各种教育目标和幼儿发展的动态过程。在适合儿童发展的实践中，班级教师应当创建并维持一个支持所有儿童发展和学习的"学习者共同体"。因而班级管理不只是掌控秩序从而使教师能顺利有效地进行教学活动，更是在充分了解幼儿、不断反省修正、互动对话、妥善规划环境与课程等基础上创建团结友爱的共同体，引发积极的教与学的关系，并促进幼儿行为、学习、心理和人格的健全成长。

幼儿园的教育环境是儿童在家庭之外参与时间最长的环境，而幼儿所在的班级也会是幼儿参与的第一个具象的学习共同体，因此班级管理的价值追求就是提供一个支持所有儿童发展和学习的生理、情感和认知环境。这个以班级为单位的共同体植根于教师之间、幼儿之间、教师和幼儿之间甚至是教师和家长之间的稳定、积极和相互关怀的关系。创建团结友爱的共同体，需要保证班集体中的每一名成员都是平等的，都

---

[1] 郑三元：《幼儿园班级管理制度化生活的特征及反思》，载《学前教育研究》2001（1）。

能感受到彼此的尊重的关爱，具有安全舒适的心理氛围。同时，每个班级都应当在问题式学习课程架构的基础上，结合本班级的实际情况创设班本课程，班级中的教师应当具有一致且清晰的发展理念、发展目标以及实施策略。当班级中各成员的关系是亲密、融洽的，并且所持的价值理念一致时，为班集体中的每一位成员的学习与发展而思索和贡献策略就会成为学习共同体所有成员的责任。相应地，创设以贡献策略为荣的班级文化需要满足以下要素：

- 具有符合班级幼儿特点的班本课程方案；
- 班级教师具有一致的教育理念；
- 班级内的每名成员都受到同等的重视；
- 班级内每名成员间都建立起和谐的关系；
- 具有帮助儿童建立责任感和实现自我管理的策略；
- 对儿童行为设定清晰合理的限制并能持续地遵守；
- 教师在与班级其他成员的互动中表现出高度的责任感；
- 创设和维持保障幼儿健康和安全的物理环境；
- 创设确保共同体成员感到安全舒适的心理氛围；
- 班级环境秩序良好且遵循有序的日常安排。

八、基于观察指标解读的亲师互动

高质量的家园合作应当是以建立平等的双向交流的关系入手。幼儿园应当开诚布公地和家庭讨论想法和分歧，达成共识，建立互惠关系，这种关系在课程建设和发展过程中是值得维护、必须被鼓励的。幼儿高质量的问题式学习需要鼓励家长投入进来，重视与家长的沟通与分享。幼儿园和教师可以通过家长会、家访、家长工作坊等多种形式与家长分享幼儿相关信息，让家长了解幼儿园、课程、教学策略、教育目标，并为家长提供建议，帮助家长通过家庭学习环境支持幼儿的学习，指导家长如何通过家庭学习环境实现发展目标。此外，邀请家长参与到关于幼儿学习项目的决策中，可以形成教育机构与家长之间的良性互动。

正如评估幼儿需要提供大量事实性证据作为说明，教师与家长的沟通交流也应建立在对幼儿的观察评估的基础之上。一方面，通过观察评估所收集的有关于幼儿学习与发展的事实性资料是真实的、科学的，能够准确反映幼儿的发展状况以及发展需求。这些全面、真实的资料使家长和教师间的沟通更有效更真诚，从而建立起亲密的合作关系。另一方面，良好的亲子关系也是幼儿发展中所需要的关键要素，只有那些认真观察并陪伴孩子一起成长的父母，才能够发现和理解孩子，从而与孩子形成良好关系。因而教师对幼儿详细科学的观察评估满足了家长的需求，便于家长了解幼儿需求并提供适宜的支持策略。下列是高质量的亲师互动所需要满足的要素：

- 家长和教师具有一致的发展理念和发展目标；
- 家长和教师为实现共同目标相互尊重、合作、分担责任和协调冲突；
- 定期反馈与幼儿学习与发展相关的观察评估资料；
- 欢迎家长参与并提供大量家长参与的机会；
- 通过与家长的合作获得儿童相关信息；
- 针对家长的育儿问题提供针对性的建议；
- 基于观察评估与家长确定儿童发展的重点和关注点。

以上特质及相应的指标体系都直接或间接地反映了对问题式学习过程中的重要要素。这些要素所代表的并不仅仅是对幼儿、教师、家长、班级等单个要素，更强调的是这些要素间的联结与关系对问题式学习的影响。制订八项特质及指标体系目的在于幼儿园能够通过自我评估获得自我改进和发展的能力。园长、教研员、教师、家长、幼儿等都是课程评价的主体，依据高质量问题式学习指标体系在过程中对教育现场进行真实性、情境性的评价，并将阶段性评价结果作为课程方案改善的依据。

后　记

　　人生百年，立于幼学。今年是我在幼儿园工作的第三十四年。从内陆到沿海，从教师到园长，我始终奋斗在学前教育一线，见证了中国学前教育的发展，努力探索着学前素质教育的改革之路。我的心中始终坚守着一个朴素的信念，学前期的幼儿应该拥有一个快乐而幸福的童年，不能在束缚和呵斥中长大。我一直认为，传统教学着眼于知识传授，以填鸭式呈现给幼儿无法理解的概念和知识，幼儿被动接受并机械记忆成人认为重要的知识，这种死记硬背的学习严重脱离了幼儿生活，远离童年应有的游戏世界，失去了童年的快乐，也偏离了人生正确的发展方向。传统教学无法培育幼儿适应未来社会所需要的各种能力与素养，同样，我们也无法用过去的知识和教学方法教现在的孩子去适应未来的生活，教育亟须对此做出回应，而且这种回应必须从学前教育开始。

　　在长期的教育实践研究中我发现，聚焦于问题的学习活动对幼儿有着强大的吸引力。问题式的学习活动能够激活幼儿的思维，使幼儿在动手动脑、讨论交流中不断生发创造性的想法，幼儿学习的专注力和坚持性都非常好。在以幼儿为中心的问题式学习活动中，幼儿的眼睛是闪亮的、情绪是愉悦的，思维非常活跃。他们积极与同伴交流，共同创造作品，在问题解决中不断获得成就感，自信心也越来越强。这使我对问题式学习的研究产生了浓厚的兴趣。

　　随着钻研的不断深入，我接触到医学教育领域中的基于问题学习的教学模式，它强调学习者在问题情境中主动建构知识来解决实际问题，被认为是最符合时代需要的教学模式之一。问题式学习强调把学习设置到复杂的、有意义的问题情境中，通过让学习者合作解决真实性问题，主动地学习隐含于问题背后的科学知识，并将之灵活应用于问题解决中，形成解决问题的技能和主动学习的态度。这种教学模式和我的教育理念不谋而合，它就像是一颗定心丸，坚定了我探索支持幼儿通过问题进行学习的想法。自此以后，我带领深圳市第十一幼儿园团队对幼儿园问题式学习的应用与实践进行了持续、深入的探索，开展了以问题式学习为核心的系列研究，逐步构建了问题式学习的完整方案、课程体系及支持系统。

　　现在看来，问题式学习不仅吻合学前教育的政策和改革需求，也适应了当代社会的发展需要。人类正在步入智能时代，人工智能、物联网、无人驾驶、量子计算等各种高科技正在逐渐取代人的工作，对人的合作、知识更新和应用知识解决实际问题等能力培养提出了新要求。应该说，问题式学习越来越具有生命力。为此，我尝试从研究和实践中梳理成果，以问题式学习课程丛书的形式与大家分享。

回首走过的道路，无尽的感谢涌上心头。课程研究历经十多年，我们得到了深圳市教育局各级领导的关切和支持，也得到了许多对幼教事业有着无限热爱的专业人士的帮助。因此，首先要向在研究过程中给予了我们大力支持和帮助的专家团队表示感谢。感谢南京师范大学博士生导师虞永平教授，一直鼓励着我们坚持探索、在面对难题无助之时总是耐心解答，雪中送炭，专业的引领使我们的研究不断向新的高度攀升。虞老师不计任何报酬的无私帮助时常令我感到愧疚，我理解这是因为大家都有一个共同的情怀，就是要拼力打造属于我们中国本土的优质课程，可我感到还是做得不够好，无以回报虞老师对我们的支持和信任。感谢深圳市教育科学研究院博士后潘希武副院长，利用周末休息时间带领我们的研究生团队开展了问题类型的深入研究，大大提高了课程研究的深度，提升了课程研究的质量，使我们感到获益匪浅。感谢深圳大学师范教育学院费广洪教授，百忙之中多次来园指导课程目标的研究，指导我们系统建立了课程目标及指标体系，帮助团队一起攻克难关。我们还邀请了深圳大学师范学院刘国艳教授，华南师范大学郑福明教授，华东师范大学学前教育系钱雨教授、徐韵教授，浙江师范大学杭州幼儿师范学院刘宝根教授对课程理论和目标的研究进行了指导，得到了很大的帮助。在长期的实践研究中，深圳市的知名学前教育专家蔡伟忠博士、时萍教授，深圳市教科院的刘华教授、马灵雁老师等也为我们的课程研究给予了持续的帮助和支持。我们还要感谢北京师范大学出版社给予我们的宽容和理解，交稿时间虽一拖再拖，却仍是满满的鼓励和支持，使我们的梦想最终得以实现。

此外，我很庆幸有一群与我同样执着于问题式学习研究的小伙伴们，他们无畏艰难、不计得失，为着专业梦想勇攀高峰，他们对这套丛书的贡献非常大。研究生团队包括姜丽云、刘露、李佳欣、余悦粤、贺旭雅、杜伦、谢杨、刘瑞霞、邢思远、陈易萍、俞思慧、陈炯姗、刘颖、史文超、王佳韵、卢李鸽等硕士研究生，他们参与了问题式学习课程理论的研究与写作；骨干园长和教师团队包括王煦、周丽霞、谭甜、宋媛、方越丽、梁茜、朱细欢、谭碧莹、杨耀君、房少萍、侯茂琳、李玥、谢林利、林弋婕、黄青棠、陈淑清、陈小玲、吴蓉、陈燕君、温知仪、杜小玲、朱素雪、张华倩、何春华、阮晶、曹琼等优秀园长和教师，他们参与了问题式学习课程实践研究与案例写作；保障团队包括李捷夏、张凤、罗旖、许钟灼、黄鹤、朱慧群、戴茂生、康美兴、秦晓望、陈秋珍、唐后芳、郭宝贵、杨秀芬、李润凤、罗丽婵、彭招兰、温美芳、方龙波、邹伟导、吕光东、杨永华、杨晓红、谭静云等技术人员，为丛书写作提供了很多技术支持和后勤服务。

在历时十多年的研究中，我们的研究团队从一个一个的案例研磨到开发出一套系统完整的课程理论与实践方案，期间历经的艰辛无法用言语描述。我不能忘记，每个周末大家都不舍得休息聚集在一起研讨的情景，不能忘记寒冷的假期我们仍在静静的园中研究思考，不能忘记为了一个难题大家争得面红耳赤的场景……好在不管怎样艰难，我们都坚持下来了。我们创造了一个崭新的课程，它能够为孩子们带来快乐、能够使孩子们获得更好的发展，我们为此而感到骄傲。因此，首先要向和我一直奋斗着的同事们说一声"谢谢！大家很棒！"，向扛起重担的研究生团队以及不断迎接挑战的一线教师团队表达衷心的感谢！

愿大家的帮助和支持终能化作一股强大的力量，让问题式学习课程和实施团队借着这股力量，为更多的孩子缔造出幸福和有意义的童年，为我们祖国的学前教育事业增砖添瓦。

池丽萍

2021年12月31日

一、著作类

1. 陈帼眉，冯晓霞，庞丽娟. 学前儿童发展心理学. 北京：北京师范大学出版社，2018.

2. 池丽萍. 基于问题的学习（PBL）在幼儿园主题探究活动中的应用. 广州：广东教育出版社，2016.

3. ［美］戴维·H. 乔森纳. 学会解决问题. 刘名卓，等译. 上海：华东师范大学出版社，2015.

4. ［美］戴维·H. 乔森纳. 学习环境的理论基础. 上海：华东师范大学出版社，2002.

5. 董奇. 儿童创造力发展心理. 杭州：浙江教育出版社，1993.

6. 简楚英. 幼儿教育课程模式. 南京：南京师范大学出版社，2018.

7. 孔起英. 幼儿园美术领域教育精要：关键经验与活动指导. 北京：教育科学出版社，2015.

8. 李季湄，冯晓霞.《3—6岁儿童学习与发展指南》解读. 北京：人民教育出版社，2013.

9. 柳倩，周念丽，张晔. 学前儿童健康学习与发展核心经验. 南京：南京师范大学出版社，2016.

10. ［新西兰］玛格丽特·卡尔，等. 学习故事与早期教育：建构学习者形象. 北京：教育科学出版社，2015.

11. ［美］玛乔丽·J. 科斯泰尼克，等. 发展适宜性实践：学前教育活动的组织与评价. 郑福明，等译. 北京：教育科学出版社，2021.

12. ［美］米丽娅姆·别洛格洛夫斯基，［美］莉萨·戴利. 让早期学习理论看得见. 南京：南京师范大学出版社，2018.

13. ［瑞士］皮亚杰. 皮亚杰教育论著选. 北京：人民教育出版社，1990.

14. ［英］桑德拉·斯米特. 维果茨基导论：给早期儿童教育工作者和学习者的指南. 罗瑶译. 南京：南京师范大学出版社，2020.

15. ［美］斯蒂芬妮·桑顿. 儿童怎样解决问题. 四川：四川教育出版社，2008.

16. 王春燕. 中国学前课程百年发展与变革的历史研究. 北京：教育科学出版社，2004.

17. 王秀萍. 幼儿园音乐领域教育精要：关键经验与活动指导. 北京：教育科学出版社，2015.

18. 王懿颖. 学前儿童音乐教育. 北京：北京师范大学出版社，2019.

19. 叶平枝. 幼儿园健康领域教育精要——关键经验与活动指导. 北京：教育科学出版社，2015.

20. 虞永平. 生活化的幼儿园课程. 北京：高等教育出版社，2010.

21. 虞永平. 学前课程价值论. 南京：江苏教育出版社，2002.

22. 郁振华. 人类知识的默会维度. 北京：北京大学出版社，2012.

23. ［美］约翰·杜威. 民主主义与教育. 王承绪译. 北京：人民教育出版社，2001.

24. ［美］约翰·杜威. 学校与社会·明日之学校. 赵祥麟，等译. 北京：人民教育出版社，2005.

25. 张俊. 幼儿园科学领域教育精要——关键经验与活动指导. 北京：教育科学出版社，2015.

26. 张明红主编. 学前儿童社会学习与发展核心经验. 南京：南京师范大学出版社，2018.

27. 赵祥麟，王承绪编译. 杜威教育论著选. 上海：华东师范大学出版社，1981.

28. 钟启泉. 课程的逻辑. 上海：华东师范大学出版社，2019.

二、期刊论文类

1. 陈睿. 5-6岁幼儿审美想象的实验研究. 幼儿教育，2012（11）.

2. 池丽萍，杨宁. 基于问题的学习模式（PBL）在幼儿园的应用研究. 幼儿教育（教育科学版）. 2011（7-8）.

3. 池丽萍. 基于问题的学习——一条实现学前儿童素质教育目标的有效途径. 学前课程研究. 2009（2）.

4. 池丽萍等. 基于问题的学习（PBL）在幼儿园5岁~6岁大班教学中的应用——一项探索性实证研究. 早期教育（教育科研版）. 2014（3）.

5. 邓赐平. 皮亚杰发生认识论视角下的儿童思维与智慧发展. 心理研究，2020，13（4）.

6. 姜新生. 幼儿问题意识培养的理性思考. 学前教育研究，2008（3）.

7. 李同吉，吴庆麟. 论解决结构不良问题的能力及其培养. 华东师范大学学报：教育科学版，2006（24）.

8. 李新. PISA视域下的合作解决问题能力：内涵、测评及反思. 世界教育信息. 2018，31（5）.

9. 林丽珍，姚计海. 国外社会情感学习（SEL）的模式与借鉴. 基础教育参考，2014（11）.

10. 刘国艳. 基于以问题为基础的教学拓宽学生的创造性思维——PBL教学法在心理学教学中的应用. 济宁学院学报，2009，30（4）.

11. 刘旭光. 什么是"审美"——当今时代的回答. 首都师范大学学报（社会科学版），2018，242（3）.

12. 刘易，符芳. 促进幼儿自主性与规则意识协调发展的教育策略. 学前教育研究，2016（01）.

13. 刘云艳. 幼儿好奇心基本结构的研究［J］. 西南大学学报（人文社会科学版），2006（3）.

14. 马晓丹，王艳芝. 合作问题解决（CPS）中"合作"价值的缺失与重构. 天津师范大学学报（基础教育版）. 2019（3）.

15. 秦金亮. 有效学前教育机构的特征——英国EPPE项目对我国学前教育质量政策制定的意义. 外国教育研究，2017（1）.

16. 王靖，崔鑫. 深度学习动机、策略与高阶思维能力关系模型构建研究. 远程教育杂志，2018，（6）.

17. 王小英，刘思源. 幼儿深度学习的基本特质与逻辑架构. 学前教育研究，2020（1）.

18. 王银玲. 美国3~8岁儿童以游戏为中心的课程及其启示. 教育理论与实践，2021，41（14）.

19. 杨阳. 法国学前教育的目标、性质与管理及启示. 学前教育研究，2016（9）.

20. 叶平枝. 在幼儿教育课程改革背景下重新审视关键经验的意义、内涵与特征. 学前教育研究，2018（11）.

21. 虞永平. 高质量发展背景下的课程、学习与教师发展. 幼儿教育，2021（3）

22. 虞永平. 实习场与幼儿园课程. 幼儿教育：父母孩子，2007（1）.

23. 虞永平. 幼儿园课程建设是系统和长期的工作，幼儿教育2020（1，2）.

24. 原晋霞. 皮亚杰知识分类理论对幼儿园教学的启示. 早期教育（教师版），2012（1）.

25. 岳亚平. 不同专业发展阶段幼儿教师知识结构的特征比较. 学前教育研究，2021（9）.

26. 张蓓. 皮亚杰认知发展理论对早期阅读的启示. 基础教育研究，2014（10）.

27. 张红霞. 绘本阅读与幼儿审美心理发展. 学前教育研究，2018（5）.

28. 张景璐，于海波，徐海阳. ATC21S项目中"合作问题解决"能力评指标体系及启示. 教育理论与实践，2017，37（14）.

29. 张亚杰. 基于元认知融入的幼儿园活动模式研究——以数学领域为例. 教育研究与实验，2016，000（002）.